Jacek Hugo-Bader

Ins eisige Herz Sibiriens

Jacek Hugo-Bader

Ins eisige Herz Sibiriens

Eine Reise von Moskau nach Wladiwostok

Aus dem Polnischen von Benjamin Voelkel

Mit 48 farbigen,
15 Schwarz-Weiß-Abbildungen
und einer Karte

Mehr über unsere Autoren und Bücher:
www.malik.de

Bibliografische Information der Deutschen Nationalbibliothek
Die Deutsche Nationalbibliothek verzeichnet diese Publikation in der
Deutschen Nationalbibliografie; detaillierte bibliografische Daten
sind im Internet über http://dnb.d-nb.de abrufbar.

MALIK NATIONAL GEOGRAPHIC

Deutsche Erstausgabe
September 2014
© Piper Verlag GmbH, München 2014
© Jacek Hugo-Bader, 2009
Die polnische Originalausgabe erschien 2011 unter dem Titel »Biała gorączka« im
Verlag Czarne, Wołowiec. Der Band wurde für die vorliegende Ausgabe vom Autor
überarbeitet und um zwei Texte erweitert. Die Kapitel »Genosse Kalaschnikow«
und »Das Lehrmittelmagazin« stammen aus: Jacek Hugo-Bader, »W rajskiej dolinie
wśród zielska«, Czarne, Wołowiec 2010, S. 9–21, 257–284.
Redaktion: Claudia Alt
Umschlaggestaltung: Dorkenwald Grafik-Design, München
Umschlagfotos: Dmitry Pichugin / Fotolia (vorne), mauritius images / Alamy
(Jeep vorne) und Stefan Volk / laif (hinten)
Autorenfoto: Lidia Sokal
Innenteilfotos: Jacek Hugo-Bader, außer: S. 154 (picture alliance / AP Photo)
Karte: Sebastian Kullmann/Agencja Gazeta
Satz: Fotosatz Amann, Memmingen
Papier: Naturoffset ECF
Druck und Bindung: CPI books GmbH, Leck
Printed in Germany   ISBN 978-3-492-40459-4

Das Papier wurde aus chlorfrei gebleichtem Zellstoff hergestellt.

INHALT

Anstelle eines Vorworts **9**

Vanishing Point **11**

Der Idiotentest oder Ein kleines und unpraktisches
russisch-deutsches Wörterbuch des Hippie-Slangs **39**

Bomschicha **67**

Tollwütige Hunde **89**

Minenfeld **115**

Miss HIV **139**

Genosse Kalaschnikow **155**

Das Lehrmittelmagazin **173**

Ein Fleckchen Himmel **213**

Das Schwarze Quadrat **243**

Der Zopf des Schutzengels **247**

Das Weiße Fieber **269**

Die Schamanin der Säufer **299**

296 Stunden **317**

Magellan 2008 **343**

ANSTELLE EINES VORWORTS

Ich bin in den Jahren 1991 und 1992 ein paarmal in die UdSSR gefahren, dann wollte ich nicht mehr. Wunderbare Menschen und Beleidigung des Verstandes. Große Kunst und erniedrigende Suche mit heruntergelassener Hose nach zumindest einem Stückchen Toilettenpapier. Großartige Architektur und vor dem Fenster ein Müllhaufen bis zum zweiten Stock. Es fehlte mir damals als Reporter an Verständnis, an Entschlossenheit. Und so macht sich Jacek Hugo-Bader für mich auf den Weg in jenes russische Imperium. Denn wenn ich seine Reportagen lese, habe ich den Eindruck, dass er speziell für mich, den Leser, all diese Abenteuer erlebt. Er erlebt sie sozusagen in meinem Namen. Ich weiß, dass andere auch diesen Eindruck haben: Sie lesen und spüren, dass er dort ihr Mann vor Ort ist. Und er begibt sich dorthin, wo ich Angst hätte hinzugehen.

Ryszard Kapuściński hat das Imperium aus der Vogelperspektive beschrieben; er hat die Mentalität der Menschen, ihre Verhaltensweisen, die gesellschaftlichen Prozesse erfasst.

Hugo-Bader beschreibt es aus der Perspektive des herumstreunenden Hundes; er packt die Menschen bei ihrer Mentalität und ihren Verhaltensweisen, die Gesellschaft bei ihren Prozessen und obendrein die Ratte am Schwanz.

Mariusz Szczygieł

Ching Li. Ein reisender Chinese irgendwo bei Nowosibirsk

VANISHING POINT

Ich betete nur, dass er nicht nachts in der Taiga den Geist aufgibt und dass ich nicht auf Banditen treffe. Auf das erste Unglück war ich vorbereitet, auf das zweite nicht. Ich war wohl der einzige Verrückte, der ohne Waffe durch diesen schrecklichen Landozean reiste, dazu noch alleine.

Der Lieblingssport der Einheimischen ist das Schießen. Sie fahren ganz normal auf der rechten Straßenseite, aber ihr Lenkrad befindet sich auch rechts, weil die Autos aus Japan stammen. Sie haben die linke Hand am Steuer, also können sie die rechte ganz leicht aus dem Fenster strecken und während der Fahrt mit dem, womit sie bewaffnet sind, auf Informationstafeln, Straßenschilder und Reklamen ballern. Im Osten Sibiriens habe ich keinen einzigen Wegweiser gesehen, der nicht durchlöchert war wie ein Sieb. Kleine und große Kaliber, einzelne Schüsse, Serien und manchmal riesige Löcher von ganzen Schrotladungen.

Alle paar Dutzend Kilometer steht das Wrack eines ausgebrannten Autos. Mit Sicherheit sind sie im Winter kaputtgegangen, und zwar nachts, ihre verzweifelten Besitzer haben sie angezündet, um sich aufzuwärmen.

Es besteht eine kleine Chance, dass sie so überlebt haben.

Nacht

Stümper.

Vor der Abreise hätten sie sich erkundigen sollen, wie man eine Winternacht in der Taiga übersteht.

Ich stelle das Auto immer mit der Motorhaube in Windrichtung. Für alle Fälle. Wenn der Wind aus der anderen Richtung weht, kann er die giftigen Abgase hereinblasen. Ich lasse das Auto auf niedrigen Touren laufen, damit es warm bleibt. Der Kraftstoff geht mir nicht aus, der Wagen verbraucht nur etwa einen Liter in der Stunde, und der Tank ist noch mindestens halb voll.

Das ist ein heiliges Prinzip, wenn man im Winter mit dem Auto durch Sibirien reist: So oft zu tanken, dass der Tank immer mindestens halb voll ist. Doch vor dem Schlafengehen schalte ich den Motor aus. Das Risiko ist zu groß. Der Wind wechselt in der Nacht die Richtung, und schon wache ich nicht mehr auf. Dafür stelle ich meinen Wecker im Telefon. Alle zwei Stunden stehe ich auf und lasse den Motor an, damit er zehn, fünfzehn Minuten läuft. Es geht nicht einmal darum, die Kabine aufzuwärmen, sondern um den Motor und die Ölwanne. Und darum, die Batterie aufzuladen. Schon bei 30 Grad Frost hat man ohne diese Manöver keine Chance, dass das Auto am Morgen anspringt, weil das Motoröl so zäh wird wie Knete. Einmal habe ich bei solchen Temperaturen Öl und bei der Gelegenheit auch Brems- und Servoflüssigkeit nachfüllen wollen. Alle waren so zähflüssig, dass sie nicht aus der Flasche fließen wollten.

Aber nehmen wir an, das Telefon hätte sich entladen und ich wäre bis zum Morgen nicht aufgewacht. Man muss ein Feuer machen. Natürlich reist kein vernünftiger Mensch ohne eine Axt durch Sibirien. Du hackst Holz und schichtest einen Stoß auf, aber du kannst ihn nicht einmal mit Benzin anzünden, weil schrecklicher Frost herrscht, der Wind weht und alles voller Schnee ist. Ich habe in einer Kanne eine fertige Mischung aus Benzin und Motoröl im Verhältnis eins zu eins dabei. Damit lässt sich sogar nasses Holz in Brand setzen.

Aber nehmen wir an, ich würde in den Steppen hinter dem Baikal festsitzen und nicht in der Taiga. Es gibt nichts zum Feuer machen. Ich habe es dabei. Aus Europa bringe ich eine Kiste voll Holz mit nach Sibirien. Natürlich geht es nicht darum, sich die Hände zu wärmen. Man muss das Feuer auf eine Schaufel nehmen (sie ist genauso wichtig wie die Axt) und es unter das Auto schieben, den Motor aufwärmen, vor allem die Ölwanne. Ebenso gut kann ich das mit einem Benzinbrenner machen. Das ist ein sehr einfaches Gerät, das einem kleinen Flammenwerfer ähnelt und das ich mir bei einem Schrotthändler für 600 Rubel (30 Euro) gekauft habe.

Aber nehmen wir an, es herrscht so starker Frost und ich habe so lange geschlafen, dass die Batterie sich ganz entladen hat. Ich habe eine zweite. In der Fahrerkabine, wo es bedeutend wärmer ist. Ich muss sie nicht einmal wechseln, weil sie mit der anderen über Kabel verbunden ist. Es genügt, einfach den Schalter umzulegen.

Aber nehmen wir an, dass der Motor, der dich wärmt, kaputtgegangen ist. Du musst mindestens bis zum Morgen durchhalten. Zwar gibt es eine sibirische Redensart, dass man nicht einmal seinen Feind allein in der Taiga zurücklässt, aber das gilt nicht für Situationen auf der Straße und in der Nacht. Der Verkehr nimmt dann sehr stark ab, und keine Macht der Welt könnte einen russischen Autofahrer dazu bewegen, nach Sonnenuntergang anzuhalten. Sie fürchten sich vor Banditen.

Die beste Lösung ist eine *Webasto*, eine Heizung, betrieben mit einem kleinen Verbrennungsmotor, der unabhängig vom Automotor funktioniert. Sie kostet 1000 Euro, also habe ich mir das gespart, aber ich habe einen kleinen Reisekocher, den ich in der Fahrerkabine anzünde und vor dem Schlafengehen ausmache, um Gas zu sparen. Nachts wärmen mich eine oder zwei Kerzen, die ich auf den Boden stelle. In der kältesten Nacht, die ich im Auto verbracht habe, betrug die Temperatur morgens minus 36 Grad, aber in der Kabine waren es nur 15 Grad unter null.

Natürlich habe ich einen herrlichen Daunenschlafsack, eine Daunenjacke und immer einen Vorrat an Trinken und Essen für mehrere Tage.

Traum

Im März des Jahres 1957, vielleicht am 9. März um 13.00 Uhr, an einem Samstag, denn samstags fanden die wöchentlichen Versammlungen der Wissenschaftsabteilung bei der *Komsomolskaja Prawda* statt, erhielten zwei Reporter vom Chefredakteur einen ungewöhnlichen Auftrag. (An diesem Tag und zu dieser Stunde kam ich unvorhergesehen auf den gebohnerten Dielen zwischen Küche und Schlafzimmer in der Wohnung meiner Großmutter an der Warszawska-Straße 62 in Sochaczew auf die Welt.)

»Unseren Lesern muss über die Zukunft berichtet werden«, sagte der Chefredakteur der *Prawda*. »Beschreibt, wie das Leben in der Sowjetunion in rund fünfzig Jahren aussehen wird, sagen wir am neunzigsten Jahrestag der Großen Sozialistischen Oktoberrevolution.«

Das heißt im Jahr 2007.

Das Buch von Michail Wassiljew und Sergei Guschtschew, den Journalisten von der *Prawda*, trägt den Titel *Reportage aus dem 21. Jahrhundert*. Die Autoren schrieben, dass wir im Alltag Elektronenmaschinen und künstliche Gedächtnisse verwenden werden (wir nennen sie heute Computer), winzige Sende- und Empfangsstationen (Handys), Bibliotranslation (also das Internet), dass wir Autos aus der Ferne öffnen (also mit einer Fernbedienung), Fotos mit einem elektrischen (digitalen) Apparat machen und Satellitenfernsehen auf Flachbildschirmen sehen werden.

Sie schrieben darüber zu einer Zeit, als es in dem Haus, wo ich auf die Welt kam, nicht einmal einen Schwarz-Weiß-Fernseher, eine Toilette und ein Telefon gab, um den Arzt zu rufen.

Wassiljew und Guschtschew verbrachten die meiste Zeit in den Moskauer Laboren der Akademie der Wissenschaften der UdSSR, dann versetzten sie sich in Gedanken in das Jahr 2007 und begaben sich mit einem herrlichen Düsenflugzeug auf eine Reise nach Sibirien.

Ich entschied mich, mir ein Geschenk zum fünfzigsten Geburtstag zu machen und mit dem Buch durch ganz Russland zu reisen, von Moskau nach Wladiwostok. Aber ich würde nicht mit dem Flugzeug reisen wie die Autoren der *Reportage aus dem 21. Jahrhundert*. Mit dem Zug wiederum war ich schon ein paarmal dorthin gefahren.

Mein Gott! Das ist doch die Gelegenheit, das Bravourstück Kowalskis zu wiederholen! Des amerikanischen PS-Kriegers, Halbgotts, einsamen Fahrers, der letzten heldenhaften Seele auf diesem Planeten, für die Geschwindigkeit Freiheit bedeutete. So heißt es über ihn in *Vanishing Point*, dem berühmten amerikanischen Film, der in den Siebzigerjahren zum rebellischen Manifest meiner Generation wurde. Endlich gibt es eine Gelegenheit, um einen Jugendtraum zu verwirklichen und so wie er einsam mit dem Auto einen ganzen Kontinent zu durchqueren, nur dass meiner zweieinhalbmal größer ist als Amerika, die Straße hinter Tschita endet und ich darauf bestehe, im Winter zu fahren. Ich will unbedingt den Winter in Sibirien erleben.

»Im Wiiiinter?! Wenn du an Weihnachten nicht zu Hause bist, brauchst du überhaupt nicht mehr zurückzukommen«, sagt meine Frau, und ich weiß, dass das kein Scherz ist.

Verdammt! Das bedeutet, ich muss mich beeilen. So wie Kowalski! Ich allerdings wegen der Feiertage, während er um eine Portion Speed gewettet hatte. Und er hatte einen Dodge Challenger, Baujahr '70, mit achtzylindrigem 7,2-Liter-Motor, der bis zu 250 Kilometer in der Stunde fahren konnte.

Sponsor

Mit potenziellen Geldgebern hatten alle Reisenden ihre liebe Not, Kolumbus, Amundsen, Livingstone und Nansen nicht ausgenommen.

Der Chef der Reportage-Redaktion sagte, es komme gar nicht infrage, mich für mehrere Monate ins Ausland zu schicken, weil ich damit das Budget für die Dienstreisen der ganzen Abteilung verschlingen würde.

Also rief ich selbst bei den Marketingchefs jener polnischen Niederlassungen von Autokonzernen an, die ich im Telefonbuch fand, und schickte ihnen schriftliche Kooperationsangebote. Ich benötigte Geld und ein Auto und argumentierte so, dass es keine bessere Reklame für sie geben würde, als wenn das Auto mit mir den Weg zum anderen Ende des eurasischen Kontinents überstehen würde, im Winter, durch ganz Russland – von Warschau nach Wladiwostok.

Toyota, Nissan, Honda, Hyundai, Suzuki, Subaru, Mitsubishi, KIA, alle asiatischen Marken, ebenso Volvo, haben nicht einmal auf meine Einladung geantwortet. Die Franzosen, Fiat und Ford habe ich nicht kontaktiert, weil mein Bruder, der sich mit Autos auskennt, sagte, dass er mich nicht mit einem Auto fahren lasse, das mit einem F anfange. BMW, Mercedes und Land Rover hatten keine »freien Kraftfahrzeug-Kapazitäten«. Jeep war bereit, ein Auto zu spendieren, aber kein Geld. Mit allen Bedingungen einverstanden war nur die Firma Kulczyk Tradex, der Importeur von Audi, Volkswagen und Porsche.

Sie boten den mächtigen Luxus-Geländewagen Audi Q7 an. Vierradantrieb, 4,2-Liter-Benzinmotor, 350 Pferdestärken, von null auf hundert in sieben Sekunden, Höchstgeschwindigkeit 240 Kilometer in der Stunde – zweieinhalb Tonnen Bourgeoisie für 350 000 Złoty (87 500 Euro). In meiner Vorstellung sah ich mich, wie ich auf ein Bier vor dem Laden in der heruntergekommenen Kolchose Metschta Iljitscha (Iljitschs Traum) vorfahre und mit den Jungs von dort über das Leben plaudere.

Der Winter rückte näher, und ich zögerte immer noch, den Vertrag mit dem Sponsor zu unterschreiben. Die ganze Philosophie meiner journalistischen Arbeit kann ich in einem Wort zusammenfassen: eintauchen. Mit dem Hintergrund verschmelzen, nicht hervorstechen, nicht ins Auge fallen, unbemerkt vorbeihuschen. In der Kolchose Metschta Iljitscha wäre ich mit meinem Q7 so unauffällig wie ein Außerirdischer. Außerdem ist meine Arbeitsweise sehr sicher, weil ich nicht die Aufmerksamkeit von Ganoven auf mich lenke.

Ich rief den Sponsor an und teilte ihm mit, dass ich das Geld nehmen würde, das Auto würde ich nicht benötigen.

So trennten sich unsere Wege.

Verzweifelt ging ich zu meinen Chefs. Ich warf die Landkarte auf den Tisch, schilderte meine Träume, dass ich mich von Kulczyk Tradex getrennt hatte, und sagte, wenn sie mir das Geld nicht gäben, würde ich es mir bei meiner Frau holen (weil sie über das Geld wacht), aber es sei eine Schande, wenn eine arme Frau die *Wyborcza* sponsern müsse. Sie gaben mir das Geld. Doch für ein Auto reichte es nicht, also musste meine Frau 25 000 Złoty (6250 Euro) vorstrecken.

Ich entschied, dass ich in Moskau ein russisches Auto mit örtlichem Nummernschild kaufe und auf diese Weise, ohne Aufmerksamkeit zu erregen, in aller Ruhe an den Stillen Ozean gelange. Von den russischen Autos hat nur der Lada Niva einen Vierradantrieb, aber die einheimischen Spezialisten sagen, dass hinter dem Ural niemand in der Lage ist, ihn ordentlich zu reparieren, sowie der UAS, den mir in jeder Kolchose selbst die Traktoristin mit dem Hammer repariert, weil er angeblich das unkomplizierteste Auto auf der Welt ist.

Krusak

Der UAS-469 (Uljanowski Awtomobilnyi Sawod); Automobilwerk Uljanowsk), den ich für mich suchte, wird sowjetischer Jeep oder russischer Krusak genannt, was vom japanischen Land Cruiser abgeleitet ist. So werden hier alle Geländewagen genannt. Meistens heißt er nur kurz UAS oder Uasik, was an das russische Verb *lasit* – klettern – erinnert und passt, weil er überallhin kommt. Das Modell wird seit 1972 unverändert produziert, auch der Gelände-Kleinbus, der aufgrund seiner Form *buchanka*, also Brotlaib, genannt wird, läuft immer noch vom Band. Hinter dem Ural nennen sie ihn »Tablette«. Er hat sich seit 1958 nicht um ein Jota verändert. Beide Modelle wiegen zweieinhalb Tonnen, haben einen Benzinmotor mit einem Hubraum von 2,4 Litern, eine vierstufige Gangschaltung und eine Leistung von lediglich 72 Pferdestärken.

Die UAS wurden in achtzig Länder verkauft, überwiegend in die Dritte Welt. Bis heute sind 17 000 Uasiks in Polen registriert, die sich noch an die Zeit des RGW und Warschauer Pakts erinnern. In den Siebzigerjahren bezwangen die Russen in diesen Autos die Sahara und erklommen auf dem Gletscher den Elbrus bis zu einer Höhe von 4200 Metern. Auf russischen Straßen fahren zwei Millionen Uasiks.

»Bastelst du gerne an Autos rum?«, fragte mich Grischa, als ich ihn darum bat, mir dabei zu helfen, einen davon zu kaufen.

»Ich hasse es«, antwortete ich ehrlich.

»Dann wirst du es lieben lernen.«

Grischa habe ich im Internet gefunden. Er ist Mitglied im Club der UAS-Liebhaber. Vier seiner Kumpel haben für diese Leidenschaft mit ihrem Leben bezahlt, weil sie versucht haben, bei laufendem Motor in ihren Autos zu übernachten. Am Stadtrand von Moskau führt Grischa eine kleine Werkstatt für Clubmitglieder.

Es war schwer, in Moskau einen ordentlichen Uasik zu finden, weil es ein Auto für das Militär, für die Arbeit im Wald und in der Landwirtschaft ist. Zum Glück erwies sich während der Suche, dass eins der Clubmitglieder sein Auto verkaufen wollte. Es war nicht billig. Für mich sollte es 170 000 Rubel (8500 Euro) kosten, aber Grischa wusste, dass der Wagen in gutem Zustand war. Das Auto war Baujahr 1995 und hatte archaische Fahrzeugfedern wie in einer Pferdebritschka, aber drei Jahre zuvor hatte Grischa den ganzen Fahrzeugaufbau samt Karosserie gegen einen fabrikneuen getauscht, größere Räder und ein Lenkrad aus einem eleganten Wolga eingebaut, die Bremsen gegen Scheibenbremsen ausgewechselt und einen für diese Autos, die klobig sind wie ein Schubkarren, einmaligen Luxus ergänzt – eine Servolenkung.

Das Wichtigste war, dass sich Andrei, der Besitzer des Uasiks, bereit erklärt hatte, ihn mir mit einer notariellen Vollmacht zu verkaufen, also würde ich drei Jahre lang mit seinen Nummernschildern fahren können. Wenn ich das Auto auf meinen Namen hätte registrieren wollen, hätte ich in verschiedenen Behörden mindestens zwei Wochen mit Schlangestehen verbracht.

Ich konnte Andrei noch um 10 000 Rubel (500 Euro) herunterhandeln, wir tranken jeder ein Glas, und ich brachte das Auto in Grischas Werkstatt, damit er es auf die arktischen Verhältnisse vorbereitete. 8000 Rubel (400 Euro) kosteten mich der Notar, die Wartung und eine neue Haftpflichtversicherung. 24 000 Rubel (1200 Euro) gab ich Grischa für Ersatzteile und die notwendigen Materialien.

Mein Uasik hatte keine Sicherheitsgurte, also ließ ich sie anbringen. Im europäischen Teil Russlands hält sich niemand, auch die Miliz nicht, an die Anschnallpflicht während der Fahrt, genau wie an das ganztägige Fahren mit Licht.

Ich wollte auch ein Radio mit einem CD-Player haben, da ich plante, mehrere Wochen hinter dem Steuer zu verbringen, und anstelle der hinteren Sitzbank einen Schlafplatz. Es mussten eine zweite Batterie und ein zusätzlicher Heizkörper eingebaut werden (wir nahmen ihn aus einem Wolga), der Blechboden musste mit einer warmen Neoprenmatte ausgelegt, die Motorhaube isoliert und der kalte Luftstrom unterhalb des Motors abgefangen werden. Grischa setzte auch ein Teil aus einem Lada ein, dank dem der Motor meines Autos warme Luft atmen sollte, und dann noch einen neuen Anlasser, weil diese höllisch oft kaputtgehen. Den alten sowie eine zusätzliche Benzinpumpe nahm ich als Reserve mit.

Ich sollte das Auto am Mittwoch abholen, aber sie hatten noch nicht einmal begonnen, und als ich am Freitag zur Werkstatt kam, scheuchte mich ein Kerl mit den Ausmaßen eines Brückenpfeilers und einer Verbrechervisage vom Hof, der sich aus einem kleinen, roten Rennwagen herauszwängte. Ich rief Grischa an, und der jammerte, es sei schrecklich, er könne nicht mit mir sprechen. Er erklärte mir, dass er mit dem Schutzgeld bei den Gangstern im Rückstand sei, und jetzt fahre er durch die Stadt und versuche, sich Geld zu leihen.

Das Auto holte ich Sonntagnacht ab. Grischa nahm für die Arbeit 9000 Rubel (450 Euro), also kostete mich das abfahrbereite Auto 201 000 Rubel (10 050 Euro).

Zum Schluss gab er mir Anweisungen zur Bedienung des Uasiks. Jeden Tag sollte ich als Erstes den Stand von Öl, Bremsflüssigkeit und Kühlflüssigkeit prüfen. Jeden Tag sollte ich mit einer anderen Batterie fahren, damit sie sich abwechselnd aufluden. Ich beachtete es nicht weiter, dass man die Heizung nicht ausschalten konnte (»schließlich ist es Winter«), die Benzinstandsanzeige nicht funktionierte (»man muss mit einer Lampe in den Tank leuchten«), das Reserverad viel kleiner war als die anderen (»zur Reifenwerkstatt kommst du irgendwie«), sich der dritte Gang sehr schlecht einlegen ließ, wenn man vom vierten runterschaltete, und die Hupe nicht funktionierte, ohne die ich mir wie behindert vorkam.

Weißt du, was eine Mikrosekunde ist? Die Zeitspanne zwischen dem Umspringen der Ampel auf Orange und dem Hupen hinter einem. Solche Witze erzählen Ausländer über russische Autofahrer, die hupen wie verrückt.

Schlittschuhe

Außerdem schalten sie das Licht nicht ein, solange noch etwas zu sehen ist, und das Fernlicht nicht aus, selbst wenn du das tust. Vorfahrt hat der Größere. Und wenn sie einen Reifen wechseln, zünden sie den zerfetzten Reifen gerne an. Ein stinkendes Feuer anstelle eines Warndreiecks. Sehr oft ziehen sie sich im Auto nichts aus und fahren den ganzen Tag in Mantel und Pelzmütze.

Die Russen sterben auf den Straßen wie die Fliegen. Im Jahr 2007 haben mehr als 33 000 Menschen ihr Leben verloren, so viel wie in der ganzen Europäischen Union, die dreieinhalbmal so viele Einwohner hat und sechsmal so viele Autos. Auf dem Randstreifen stehen alle paar Kilometer symbolische Grabmale. Meist ist es ein kleiner Metallsockel mit einem Stern obendrauf oder ein aus Armierungseisen zusammengeschweißtes Postament, das an einen Blumenständer aus den Sechzigerjahren erinnert. Wie es russischer Brauch ist, steht bei vielen Grabmalen ein Bänkchen und Tischchen mit angeschraubter Vase. In der Vase stecken Plastikblumen. Manchmal hält dort ein Autofahrer und lässt seinem verunglückten Kollegen eine glimmende Zigarette da, dazu zwei, drei auf Vorrat sowie Streichhölzer, und manchmal ein kleines Fläschchen mit einem Rest Wodka – der den Jungen mit Sicherheit umgebracht hat.

Ich machte mich am 24. November von Moskau auf den Weg. Schon am ersten Tag ging der CD-Player kaputt. Er hielt die furchtbaren Stöße nicht aus, denn je weiter man nach Osten kommt, desto schlimmer sind die Straßen. Dann kam Kasan, Ufa, und beim Ural begann Asien. Das Klima änderte sich radikal, die Temperatur fiel um mehr als zehn Grad. Ich umfuhr Tscheljabinsk, durchquerte Omsk, Nowosibirsk und stand in Krasnojarsk. Ich wandte mich geradewegs nach Süden bis nach Chakassien und Tuwa. Zwei Wochen später kehrte ich auf demselben Weg nach Krasnojarsk zurück und sauste nach Südosten bis Irkutsk.

Ich war schon 7700 Kilometer gefahren. Es war wenige Tage vor Weihnachten, also ließ ich den Uasik auf einem Parkplatz, die Batterien bei Ljoscha, einem Freund aus Irkutsk, und flog nach Hause.

Einen Monat später kam ich zurück. Der schwierigste, eisigste Abschnitt des Weges, besser gesagt der Unwegsamkeit, lag vor mir. Und Februar ist der kälteste Monat.

Den Baikal umfahrend gelangte ich nach Ulan-Ude. Ich hatte das heilige Meer Sibiriens, das mehr Wasser enthält als die Ostsee, auf dem Eis überqueren wollen, aber es friert erst Mitte Januar zu. Ich kam am zweiten Februar dort an. Die Einheimischen rieten mir entschieden von der Überquerung des Baikals ab, dafür zog ich die Schlittschuhe an, die ich durch die halbe Welt gefahren hatte, und spielte mit den Jungs von Sljudjanka Eishockey. Und auf dem zugefrorenen See sah ich den ungewöhnlichsten Uasik der Welt. Im Boden hatte er ein Loch zum Eisfischen, und aus dem Dach ragte das qualmende Rohr eines Kohleofens. Eine sibirische *Webasto*, könnte man sagen.

Von Ulan-Ude fuhr ich nach Tschita, jenseits der Stadt enden die normale Straße, Asphalt, menschliche Siedlungen und die Zivilisation. Mehr als 2000 Kilometer bis nach Chabarowsk gibt es nichts als Berge, Sümpfe, Schnee und Taiga.

Im Jahr 2007 konnten Internetnutzer von der ganzen Welt auf dem Blog »Dark Roasted Blend« die gefährlichsten Straßen unseres Planeten wählen, die die meisten Opfer gefordert haben. Von den sechs auserkorenen befinden sich drei in Russland. Eine liegt im Kaukasus an der Grenze zwischen Georgien und Russland, die anderen beiden hingegen hatte ich Gelegenheit kennenzulernen. Zunächst in Moskau, denn es ist der viereinhalb Kilometer lange Lefortowo-Tunnel, der unter dem Fluss hindurchführt und der undicht ist, wenn der Frost kommt, wird es dort glatt wie auf dem Eishockeyfeld im Luschniki-Stadion.

Die zweite Todesstraße, die ich gefahren bin, geht von meiner Route hinter Tschita ab, aber in ihrem Charme stehen sich die beiden in nichts nach. Es handelt sich um die in den Norden nach Jakutsk führende Autobahn. Obwohl »Autobahn« zu viel gesagt ist. Es handelt sich eher um eine schmale, gewundene, im Sommer schlammige und im Winter verschneite Landstraße, die ohne jeden Asphalt auf dem Permafrostboden verläuft. Ich gelangte auf ihr zur Stadt Tynda, von dort ging es weiter, durch die Taiga, zu Rentierhirten, mit denen ich mich anfreundete.

Im Frühling 2006 hatte die Schneeschmelze auf dem zentralen Abschnitt des Weges nach Jakutsk mehrere Hundert Autos überrascht. In dem furchtbaren Matsch waren sogar die Raupenfahrzeuge stecken geblieben, die zur Rettung ausgesandt wurden. Nach mehreren Wochen begannen die verzweifelten Menschen, mit der Waffe in der Hand um Lebensmittel zu kämpfen.

Ich erreichte Chabarowsk gegen Ende Februar, von dort hatte ich nur noch 770 Kilometer mit passabler Strecke nach Wladiwostok vor mir, wo meine Reise enden sollte.

Schnee

Unterwegs essen kann man in einer Bar oder in einem Café, aber der Name bedeutet nicht, dass es dort Kuchen, Likör, Kaffee und Tee gibt – eher Koteletts, Borschtsch, Hering und Wodka. Das

Wort *Blinnaja* (Crêperie) auf einem Schild bedeutet nicht, dass dort Pfannkuchen gereicht werden, *Bulotschnaja* (Bäckerei) nicht, dass es Brötchen, und *Schaschlytschnaja* (Schaschlik-Imbiss) nicht, dass es Schaschlik gibt, aber möglich ist es.

In einer *Sakusotschnaja* (Imbissbude) kann es problematisch sein mit Imbissen, aber Suppe und Hauptspeise werden serviert.

Meist sind es obskure Buden, Baracken, größere Kioske. Und je weiter man nach Osten kommt, desto mieser werden sie. Ein dreckiges Wachstuch, fettige Gabeln, nichts zum Händewaschen, und um seine Notdurft zu verrichten, muss man hinausgehen.

Nehmen wir beispielsweise eine *Sakusotschnaja* unweit des Städtchens Jerofei Pawlowitsch in Sibirien: hinter dem Gebäude ein riesiger überbordender Müllhaufen und ein auseinandergesägtes Fass. In beiden Hälften schwelt pausenlos Müll. Daneben ein Klo, das niemand benutzt. Von den beiden Übeln ziehen die Menschen den Müllhaufen vor.

Wer hier nicht alles gestanden hat! Der eine hat heute wenig getrunken, weil er ein sehr gelbes Loch im Schnee hinterlassen hat. Sicher ein *peregonschtschik*, der in Wladiwostok ein gebrauchtes japanisches Auto gekauft hat und nun darin nach Westen, nach Hause, jagt. Sie haben es immer sehr eilig, halten selten an, um etwas zu essen und zu trinken, schlafen in den Autos. Der hier hingegen ist lange gefahren und hat lange nicht gepinkelt, sein Loch ist riesig und tief. Bestimmt ein *dalnobojschtschik*, ein Mensch des »Fernkampfes«, der weiten Wege, wir nennen sie Fernfahrer. Das sind Profis, sie essen und trinken auf der Fahrt und halten nur ungern an.

Der hier war da, als der Wind geweht hat, oder er ist Künstler, weil er gerne Muster macht. Höchstwahrscheinlich aber hatte er einen sitzen und schwankte im Stehen. Fast jeder Fahrer hier genehmigt sich zum Mittagessen ganz gern ein Gläschen. In der Wildnis zwischen Tschita und Chabarowsk trifft man hundertprozentig keinen Milizionär im Dienst. Es sei denn, er fährt privat. Das dort ist seine Spur. Gleichmäßig, diszipliniert, und wenn schon mit Abzweigung, dann im rechten Winkel.

Niemand reist allein durch Sibirien. Die *peregonschtschiki* fahren in Gruppen von mehreren Autos, um sich bei einer Panne gegenseitig zu helfen. Oft, wenn jemand einen Soldaten oder Milizionär kennt, bezahlen sie ihn dafür, dass er sie begleitet, bewaffnet und in Uniform. Er beschützt sie vor Banditen und der Miliz, denn, wie man weiß, werden sich Uniformierte untereinander immer einig.

Und hier hat mit Sicherheit eine Frau gehockt, weil das Loch im Schnee schräg nach vorne verläuft. Eine Frau ist hier eine Seltenheit. Manchmal begleitet sie ihren Mann, damit er nicht am Lenkrad einschläft. Die *peregonschtschiki*, besonders die Profis, die mit Autos handeln, sind überwiegend sehr junge, unverheiratete Männer. Diese Spur stammt von so einem. Sein Loch ist zweieinhalb Meter von seinem Standort entfernt.

Bei dem hier ist es genau umgekehrt. Er hat ein Problem mit der Prostata und hat sich noch auf die Schuhe gepinkelt. Bestimmt hat er eine Arbeit, bei der man sitzt, oder er ist ein älterer Mann. Vielleicht ein Berufskraftfahrer oder ein Reporter.

Alle Menschen der Straße haben eine eiserne Lebensmittelration dabei. Ich nehme seit Jahren Landjäger, aber eine, die durch und durch getrocknet ist. Sie ist hart wie ein Stück Holz und lässt sich nicht normal zerbeißen, aber man kann sie langsam kauen. Die Russen sind verrückt nach getrocknetem Fisch, den man mehrere Jahre essen kann. Ich habe in Sibirien Lkw-Fahrer gesehen, die einen Vorrat an Kalorien und Eiweiß in Form von *struganina* mit sich führten. Sie verwahren sie beim Werkzeug oder dem Reserverad, denn es ist ein großer, roher, gefrorener Fisch, den man je nach Bedarf mit einem großen Messer wie einen Holzklotz abhobelt, und die Späne wälzt man in Salz und Pfeffer und isst sie schnell auf. Aufgetaute *struganina* bekommt man nicht runter, und ohne Wodka fressen sie nur die Hunde.

Pritsche

Ich versuchte jeden Tag, in einer größeren Stadt haltzumachen, wo ich ein Hotel finden konnte. Wenn mich die Nacht in der Einöde überraschte, schlief ich im Auto oder fuhr ins nächste Dorf, suchte ein Haus, bei dem Blumen im Fenster standen, und bat um ein Nachtquartier. Die Russen helfen gerne, wenn man sie darum bittet. Von selbst helfen sie fast nie.

Östlich des Ural gibt es keine anständigen Motels. Ich war in dreien. Sie vermieten stundenweise Betten in Doppel- und Vierbettzimmern. Eine Stunde kostet 40 Rubel (2 Euro), aber man muss mindestens sechs im Voraus bezahlen. Wenn du länger schläfst, zahlst du später nach. Dein Gepäck und die Autobatterie verstaust du in der Couch, auf der du liegst, um sicherzugehen, dass man dich im Schlaf nicht bestiehlt.

Der Uasik steht derweil auf dem Parkplatz. Drei Monate lang war er auf der Reise, und nur eine Nacht stand er unbewacht auf der Straße, wenn man die paar Nächte nicht zählt, in denen ich darin geschlafen habe. Immer hat jemand auf ihn aufgepasst.

So wie auf die meisten Autos in Russland. Was für eine Armee von Menschen notwendig ist, um alle, alles und überall zu bewachen! Denn es sind nicht nur die Autos. Sie bewachen Häuser, Menschen, Gärten, Felder, Wälder, Wald- und Zuchttiere ... Dutzende, Hunderte, Tausende, Millionen Männer tun nichts, beaufsichtigen nur, sind achtsam, halten Wache, beschützen und passen auf, dass andere Männer nicht das stehlen, über was sie wachen. Millionen Türsteher, Hauswarte, Wächter, Aufpasser und Bodyguards – nur dafür geboren, erzogen, ausgebildet, um irgendetwas zu bewachen.

Wenn ich fünf russische Männer frage, was sie arbeiten, antwortet todsicher einer, dass er Fahrer ist, und zwei, dass sie im Wachschutz tätig sind.

Die Milizionäre nicht mitgezählt.

Menty

Sie sind eine Armee von eineinhalb Millionen Menschen. Statistisch gesehen kommt auf einhundert Bürger der Russischen Föderation ein Milizionär. Vier Mal so viele wie in Polen.

Und die *gaischtschniki* (GAI – Gosudarstwennaja Awtomobilnaja Inspekzija), also die Verkehrspolizei, sind noch verhasster und werden noch mehr verachtet als die biblischen Zöllner.

Die Generalstaatsanwaltschaft hat errechnet, dass die Einkünfte der Staatsbeamten aus der Korruption so hoch sind wie ein Drittel des russischen Etats. Das bedeutet, dass sie im Verlauf eines Jahres rund 125 Milliarden Dollar aus der Gesellschaft saugen. Einen riesigen Anteil daran hat die Miliz, insbesondere die Verkehrspolizei. Ihre rechtliche Unantastbarkeit, ihre Geldgier und Korruption sind legendär.

In oder bei einer Stadt kann man oft einen einsamen Milizionär an der Straße sehen, der mit seinem privaten Auto gekommen ist, nicht selten nach dem Dienst, um die Papiere der Autofahrer zu kontrollieren. Üblicherweise ist es ein Herr in fortgeschrittenem Alter, ein Offizier, manchmal sogar ein Oberst, aber seine Tochter heiratet, er möchte sich ein neues Auto oder eine Wohnung kaufen und benötigt plötzlich Geld.

Keine Macht auf Erden kann dich seinen Fängen wieder entreißen. Wenn ein *ment*, ein Bulle, entschieden hat, dass du blechen wirst, hast du absolut keine Chance. Du kannst nüchtern sein, dein Auto ist funktionstüchtig, deine Papiere sind in Ordnung, und du begehst keine Ordnungswidrigkeit, aber du bezahlst trotzdem für das unordentlich aussehende Auto oder ein dreckiges Nummernschild.

Wenn du gerade aus der Waschanlage gekommen bist, nimmt der Milizionär deine Dokumente, befiehlt dir, im Auto zu warten, und geht andere Autos kontrollieren. Nach einer Viertelstunde platzt dir der Kragen, also intervenierst du, worauf er erwidert, dass du doch im Auto sitzen bleiben solltest. Auf dem Randstreifen warten schon ein paar wie du. Nach einer weiteren Viertelstunde holst du 500 Rubel aus dem Portemonnaie und drückst sie ihm »zum Abschied« in die Hand.

Raffiniertere Formen müssen arrangiert werden. Vor einem Polizeiposten steht ein Stoppschild, damit man zur Kontrolle der Dokumente anhält. Der kontrollierende Milizionär steht zehn Meter weiter. Gehorsam hältst du bei ihm an.

»Warum haben Sie gegen das Gesetz verstoßen?«, fragt er.

»Gott bewahre! Ich habe gegen kein Gesetz verstoßen«, rechtfertigst du dich.

»Sie sind nicht am Stoppschild stehen geblieben.«

»Ich stehe doch.«

»Aber das Schild war dort.« Er zeigt mit dem Finger darauf.

Das Schmiergeld für diesen Verstoß beträgt 1000 Rubel (50 Euro). Ich weiß nicht, was ein offizielles Bußgeld kosten würde, aber niemand in Russland zahlt es. Als ich mich darüber wundere, sagen sogar die Autofahrer, also die Opfer, dass es so sein muss, weil die Milizionäre sehr wenig verdienen. Das stimmt. Die Behörden halten ihre Gehälter auf dem niedrigsten Stand, weil sie wissen, dass sie zurechtkommen.

Zwischen Tscheljabinsk und Omsk traf ich Marat, einen Kasachen aus Petropawlowsk. In einer Bar an der Straße trank er Wasser aus dem Hahn. Er war schrecklich müde, verzweifelt und hungrig, weil er seit zwei Tagen nichts gegessen hatte. Er hatte in Hamburg ein Auto gekauft und fuhr mit deutschem Nummernschild nach Hause, und mit jedem Kilometer schrumpfte seine Reisekasse weiter zusammen. Er sparte beim Essen, bis er schließlich ganz aufhörte zu essen. Vor Tscheljabinsk hatte er das letzte Mal getankt.

»Und vor Kurgan bin ich vor einem Milizionär auf die Knie gefallen und habe ihn angefleht, er solle Erbarmen haben«, erzählt der weinende Kasache. »Ich habe doch nichts mehr. Ich habe ihm mein Portemonnaie gezeigt, die leeren Taschen ... Kein Erbarmen. Er nahm meine Jacke und das leere Portemonnaie. Dem nächsten Posten habe ich das Reserverad, den Wagenheber, persönliche Dinge gegeben, und bei der letzten Kontrolle habe ich die Seitenspiegel abgeschraubt, damit sie mich durchgelassen haben.«

Ich spendierte Marat ein Essen und eine Tankladung, aber selbst kann ich mich über die russischen Milizionäre nicht beschweren. Sie haben mir immer geholfen, den Weg gewiesen, gute Ratschläge gegeben. Vier Mal haben sie mich bei Ordnungswidrigkeiten erwischt, zum Beispiel beim Wenden auf einer Brücke, aber es gelang mir immer, mich herauszureden. Ich musste nur ausführlich erzählen, wer ich bin, warum ich alleine reise, was das für ein Auto ist, woher ich komme und wohin ich fahre. Das machte so einen gewaltigen Eindruck, dass sie mir erlaubten, im Auto an ihrem Posten zu übernachten, also einem ständigen Kontrollpunkt der Verkehrspolizei, die an Stadtgrenzen und Kreuzungen eingerichtet sind. Ein anderes Mal brachten sie mich in Ehrenbegleitung zum Hotel in der Stadt und stellten mein Fahrzeug persönlich auf dem warmen, überdachten Parkplatz ab.

So wie die Lkw-Fahrer hielt ich über Nacht gerne bei diesen Posten, weil es dort sicher ist. Sehr oft sind es kleine Festungen mit Stacheldrahtverhau, Nagelsperren, Betonsperren, Sandsäcken und Maschinengewehren in den Schießscharten. Manchmal stehen sie in einem Kreisverkehr, an dem die Autos einspurig mit einer Geschwindigkeit von fünf Stundenkilometern fahren müssen, wobei sie einen Abstand von 20 Metern einzuhalten haben. Selbstverständlich tragen die Funktionäre kugelsichere Westen und Kalaschnikows.

In Kusbass, einem riesigen Industrierevier, das für seine grausamen Banditen bekannt ist, stehen an vielen Straßenposten gepanzerte Fahrzeuge.

Nur ein Mal musste ich zahlen, obwohl ich mir geschworen hatte, dass ich weder einen Polizisten noch einen Milizionär schmiere. Ich ziehe es vor, Bußgelder zu bezahlen.

Es war auf der verkehrsreichen Straße M7, in den weiten und ebenen Steppen zwischen Kasan und Ufa. Wenn es dort bergauf geht, ist es nicht steil, aber es kann sich zwei, drei Kilometer hinziehen, und genauso lang ist die durchgezogene Linie, bei der man nicht überholen darf. Entlang einer solchen Linie schleppte ein Lkw einen anderen ab. Die Räder rollten kaum. Mit Sicherheit fuhren sie langsamer, als ein alter Mensch auf Krücken geht.

Gemeinsam mit anderen Autos überholte ich den Konvoi, und nachdem ich ein paar Hundert Meter gefahren war, erblickte ich einen Milizionär mit einem Fernglas.

Sein Kollege hielt alle an, die dasselbe getan hatten wie ich. Auf dem Randstreifen standen einige Dutzend Autos. Alle gaben, ohne zu protestieren, 1000 Rubel Schmiergeld, weil einem in Russland für das Überholen bei durchgezogener Linie der Führerschein für ein halbes Jahr entzogen werden kann.

Ich zahlte und fuhr los. Aber wenige Hundert Meter weiter hielt ich an. Der Konvoi mit dem kaputten Lkw war gerade oben auf der Anhöhe angekommen. Er wendete schnell, fuhr hinab, wendete noch einmal und begann, während er ständig von Autos überholt wurde, die mühevolle Fahrt auf das Hügelchen.

Pferd

Eine Felduniform, darunter ein Sakko und dazu Treter, die kaum in den Steigbügeln Platz fanden. Links und rechts Fahrradtaschen, hinter dem Militärsattel ein Schlafsack, auf dem Rücken ein Rucksack und vorne auf dem Sattel eine Matte. Das Gesicht war fast schwarz, dreckig und sonnengebräunt, ausdruckslos und abgehärmt. Mit spärlichem, aber langem Bart und Schnurrbart. Er sah aus wie ein mongolischer Krieger, nur die Uniform und die Richtung passten nicht. Er ritt nach Osten.

Er stank schon nach Armut, Dreck und Hunger. Das Pferd sah nicht besser aus. Als sie anhielten, warf es sich auf ein paar unter dem Schnee hervorstehenden trockenen Stängel wie auf saftiges Gras. Und der Reiter griff noch gieriger nach den trockenen Würsten aus meinem eisernen Vorrat. Seit zwei Monaten waren sie unterwegs. Sie waren fast 3000 Kilometer geritten, näherten sich Nowosibirsk und konnten sich kaum mehr auf den Beinen halten.

Der Reiter hieß Ching Li. Er war Chinese, ein Bibliothekar, der seit 27 Jahren in Moskau lebte, aber im September seine Arbeit aufgegeben, für alle Ersparnisse in Baschkortostan bei Ufa ein Pferd gekauft hatte und nach China aufgebrochen war. Er zahlte 1000 Dollar, so viel wie ich für die Auto-Ersatzteile ausgegeben hatte. Ching war damals 45 Jahre alt, hatte eine Frau und einen neunjährigen Sohn.

»Und du hast sie für so lange allein gelassen?«

»Ja«, sagte er entschieden. »Es ist schwer, aber zwischen dem vierzigsten und fünfzigsten Lebensjahr hat man die letzte Chance, um etwas Außergewöhnliches zu tun. Ich möchte, dass mein Sohn stolz auf mich ist, dass er sich ein Beispiel an mir nimmt. Und nicht wie die russischen Jungs wird – nur Bier, Wodka und Zigaretten.«

»Warum bist du im Winter aufgebrochen?«

»Was macht das für einen Unterschied? Ich werde fast ein Jahr unterwegs sein, also komme ich um den Winter nicht herum. Ich möchte zur Eröffnung der Olympischen Spiele in Peking sein, und dann weiter nach Wuhan am Jangtsekiang, wo meine Familie herkommt.«

Ching reiste ohne Geld. Er schlief unter freiem Himmel, aß, wenn Einheimische ihn für eine Nacht aufnahmen und ihm etwas anboten. Das Pferd scharrte Unkraut unter dem Schnee hervor, manchmal bekam es von seinem Herrn eine Scheibe Brot, von Kolchosbauern eine Handvoll Gerste. Anfangs hatten sie täglich 60 Kilometer geschafft, in letzter Zeit waren es höchstens 20.

Schraubenschlüssel

Er steckte in ihrem Kopf.

Ich war etwa 100 Kilometer vor Chabarowsk. Das Auto von Aleksandr lag im Graben, darin war seine Frau mit dem Schraubenschlüssel. Einem Schraubenschlüssel für den Radwechsel. Schwer, solide, etwa 40 Zentimeter Eisen.

Aleksandr wollte, dass ich ihn nach Smidowitsch fahre, der nächstgelegenen Stadt, wo wir mit Sicherheit einen Polizeiposten finden würden. Anrufen konnten wir nicht, es gab keinen Empfang.

Das Auto von Aleksandr war ein Japaner. Es hatte das Lenkrad auf der rechten Seite. Ein Honda Accord, weiß lackiert, auf dem der Mann mit seinen blutverschmierten Händen eine Menge Spuren hinterlassen hatte.

Die Frau war nicht angeschnallt, aber sie war auch nicht reglos vom Sitz heruntergerutscht. Sie war wie an die Kopfstütze angenagelt. Ihr Mann deckte sie mit der Jacke zu, schloss das Auto ab, und wir fuhren los.

Auf dem Boden fand er eine Rolle Klopapier, er riss ein Stück ab und wischte sich lange die Hände ab.

Er kam aus Irkutsk und war mit seiner Frau nach Wladiwostok gefahren, weil dort jedes Auto rund 1000 Dollar billiger ist als bei ihnen. Auf dem Rückweg gelangten sie glücklich nach Chabarowsk, aber als sie aus der Stadt fuhren, bemerkten sie, dass ihnen ein anderer Honda folgte. Er hatte keine Nummernschilder. Sie wollten die Flucht ergreifen, aber die anderen überholten sie und stellten sich quer auf die Straße. Aleksandr wich ihnen aus und jagte wie verrückt weiter.

Die Angreifer überholten sie noch einmal, wendeten und kamen ihnen mit quietschenden Reifen entgegen. Als sie aneinander vorbeifuhren, hörte Aleksandr ein Krachen. Wie in Zeitlupe sah er, dass durch die Frontscheibe seines Hondas mit der Wucht eines Panzerabwehrgeschosses ein riesiger Schraubenschlüssel geflogen kam. Er bremste, geriet ins Rutschen und landete im Graben.

»Das war ein Straßenabschnitt mit ordentlichem Asphalt«, sagte er. »Ich bin etwa hundertvierzig gefahren. Sie bestimmt auch. Ich habe versucht, das aus Larissa herauszuziehen, aber es ging nicht. Das andere Ende ist am Hinterkopf herausgekommen und hat sich in die Kopfstütze gebohrt. Sie hieß Larissa.«

»Hast du keine Waffe?«, fragte ich.

»Ich habe eine«, sagte er, zog eine Pistole aus dem Gürtel und hielt sie den ganzen Weg über in der Hand. »Eine legale, ich arbeite als Wachmann.«

»Warum hast du nicht geschossen?«

»Weil ich sie nicht richtig gesehen habe. Sie schießen nie.«

»Warum, zum Teufel, habt ihr alle eine Waffe dabei?«

»Was weiß ich...«

Die Verbrecher überfallen am liebsten *peregonschtschiki*, die Autos in Wladiwostok gekauft haben und mit Transitkennzeichen auf meiner Route fahren, aber nach Westen, nach Hause. Am schlimmsten ist es südlich von Chabarowsk. Wer nicht anhält, wird überholt und bekommt einen Stein in die Frontscheibe. Es geht darum, dass alle wissen sollen: Es lohnt sich zu bezahlen. Denn eine Scheibe kostet 300, 400 Dollar, und sie nehmen pro Pkw 100. Oder 150, wenn der Fahrer einen weiten Weg hat, zum Beispiel nach Irkutsk, weil das bedeutet, dass er mehr Geld dabei hat. Es kommt vor, dass sie die Papiere kontrollieren.

Es ist noch nie vorgekommen, dass jemand zweimal gezahlt hat. Die Verbrecher geben sich telefonisch durch, wer Schutzgeld gezahlt hat, und manchmal stellen sie sogar so etwas wie eine Quittung aus.

Die Profis, die mit Autos handeln, fahren im Konvoi. Um nichts in der Welt lassen sie sich voneinander trennen, selbst wenn sie in Chabarowsk bei Rot über die Ampel fahren müssten. Die Banditen fürchten sich ein wenig vor ihnen, weil sie wissen, dass mindestens einer bewaffnet ist, so gelingt es manchen Gruppen durchzukommen, ohne dass sie bezahlen.

Tankstelle

Ich finde es sehr lustig, wenn die russischen Autofahrer sagen, sie gehen sich besaufen. Natürlich gehen sie nicht Wodka saufen, sondern tanken. Und das russische Wort für Tankstelle – *saprawka* – klingt für polnische Ohren wie »Saufstelle«.

Ich bin in Russland 13 000 Kilometer gefahren und habe 2119 Liter Benzin gesoffen, denn mein Uasik fraß durchschnittlich 16 Liter Treibstoff auf 100 Kilometer. Wenn ich auch noch den Vorderradantrieb eingeschaltet habe, verbrauchte er zwei Liter mehr, und in den Bergen kamen noch einmal zwei hinzu. Er war schamlos gefräßig, zum Glück ist das Benzin in Russland halb so teuer wie in Polen. Auf meinem ganzen Weg war es in der Oblast

Tjumen am teuersten. Das ist das russische Kuwait, von hier kommt der Großteil des Treibstoffs im Land.

Die russischen Tankstellen sind meist kleine, aber solide Gebäude, in denen hinter schusssicheren Scheiben und Gittern ein Angestellter verbarrikadiert sitzt, eingesperrt wie in einem Panzerschrank. Um ihm das Geld zu geben, muss man eine Schublade aus der Wand ziehen, in ein Loch oder über einen Lautsprecher schreien, für wie viel man tanken möchte, das Geld in die Schublade werfen und sie hineinschieben. Der Angestellte schaltet die entsprechende Zapfsäule an, die nur so viel ausgibt, wie man bezahlt hat.

Ich habe immer vollgetankt, also habe ich mehr Geld als notwendig an der Kasse gelassen und dann, je nachdem, wie viel Treibstoff hineinging, den Rest abgeholt. Das war ein sehr komplizierter Vorgang, umso mehr, weil mein Uasik zwei Tanks und auf jeder Seite eine Einfüllöffnung hatte. Nachdem einer vollgetankt war, musste ich die Zapfpistole einhängen, das Auto wenden und noch einmal tanken.

Ich füllte immer 40 Liter in jeden Tank, obwohl beide ein Volumen von 37,5 Litern hatten. Und sie ließen sich nicht abschließen, also wurde mir ein paarmal auf Parkplätzen (den bewachten) Benzin abgezapft. Da die Benzinstandsanzeige nicht funktionierte und ich den Verbrauch anhand der Kilometer schätzte, fuhr ich, bis die Tanks leer waren, und musste den Reservekanister aus dem Kofferraum holen.

50 Kilometer vor Schimanowsk, zwischen Tschita und Chabarowsk, waren Straßenbauarbeiten im Gange. Der Weg war mit groben Steinen aufgeschüttet. Es lag wenig Schnee und staubte furchtbar, die Luft stand reglos, wie es in Sibirien bei starkem Frost der Fall ist. Den Weg konnte ich nur dank der mir entgegenkommenden Lichter erkennen. Selbst Fernlicht war kaum zu sehen.

Die Augen brannten schrecklich, also setzte ich eine Skibrille auf, dichtete sie mit einem Papiertaschentuch ab und zog mir ein Tuch vor den Mund. Um den Hals trug ich eine bunte Schnur mit einem Amulett von der mächtigsten tuwinischen Schamanin (es sollte mich vor dem »Großen Eisen« beschützen) und am linken Fuß einen riesigen Filzstiefel, den ich mit einem Messer um die Hälfte gekürzt hatte, damit er bequemer saß. Den rechten hatte ich weggeworfen, weil er nicht auf dem Gaspedal Platz fand, außerdem fror ich nur am linken Bein.

»Du, wer bist du?«, sprach er mich an der Tankstelle an.

Sie waren zu dritt, und in seiner Frage lag grenzenlose Verwunderung und Missbilligung. Geradezu eine Drohung.

Das verhieß nichts Gutes.

»Ein Mensch«, antwortete ich kurz, damit sie nicht am Akzent erkannten, dass ich ein Ausländer war, und schob die Skibrille in die Stirn.

»Wer bist du«, sagte er und packte mich am Ärmel, »dass du in einen Uasik so ein Benzin schüttest?«

In diesem Land, das eines der größten Erdölproduzenten auf der Welt ist, tankt man in der Provinz meist für 100 Rubel (5 Euro) – rund fünf Liter des billigsten Benzins mit 76 Oktan. Ich aber tankte das schlechteste russische Auto randvoll mit Benzin von 92 Oktan.

Sie hassten mich, als würde ich ein Schwein mit Spargel füttern oder einen Hund mit Filet.

Ein ausgezeichnetes Modell, Baujahr 2007. Wir mustern das silbrig glänzende, tropfenförmige Auto, das mit seinen kleinen Rädern recht niedrig über der Betonstraße steht. Die Karosserie verjüngt sich nach hinten zu; das Schlussteil sieht fast wie der Schwanz eines Düsenflugzeugs aus. Auf der geradezu ideal glatten Oberfläche gibt es weder Türgriffe noch Stoßstange, noch irgendwelche Scheiben oder Fenster, nichts, was die ebenmäßige, makellose Tropfenform stören könnte.

Reportage aus dem 21. Jahrhundert, 1957

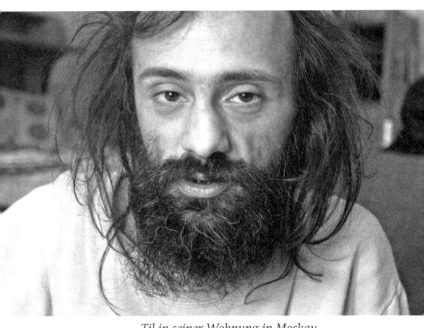
Til in seiner Wohnung in Moskau

DER IDIOTENTEST ODER EIN KLEINES UND UNPRAKTISCHES RUSSISCH-DEUTSCHES WÖRTERBUCH DES HIPPIE-SLANGS ...

... das ich im November 2007 zusammengestellt habe, als ich darauf wartete, in Moskau günstig einen Uasik zu kaufen. Ich nutzte die Gelegenheit und entschied, meine Altersgenossen zu suchen, Menschen um die fünfzig, die wie ich in den Siebzigerjahren Hippies gewesen sein müssen.

A

Askat_ schnorren, ausnehmen, ergaunern. Vom englischen *ask* – fragen, bitten. Die Haupteinkommensquelle der meisten Hippies.

Es ist kein übliches Betteln, sondern ein ausgefeiltes Verführen mit erfundenen Geschichten, ein kunstvolles Austricksen von Trotteln. Seit über dreißig Jahren ist die »estnische« Masche eine der wirksamsten.

Du sprichst auf der Straße einen älteren Menschen an und sagst mit gespieltem estnischem Akzent, dass du aus Tallinn bist und genau weißt, dass die Russen keine Esten leiden können. Jeder in der UdSSR erzogene Mensch wird heftig widersprechen. Man muss sich ein wenig über das Thema streiten und schließlich um ein paar Rubel bitten, weil dein Geld nicht für die Rückfahrkarte nach Hause reicht. Du wirst immer was bekommen, damit es nicht so aussieht, als seien die Sowjetmenschen Nationalisten.

Б

Bitniki_ Beatniks, die goldene sowjetische Jugend Ende der Sechzigerjahre. In der UdSSR ein sehr beleidigendes Wort. Sie sind die

Kinder von Diplomaten, hohen Beamten und der Parteinomenklatur. In Moskau trafen sie sich auf dem Puschkinplatz, auf der Grünfläche rings um das Denkmal des Dichters. Sie taten nichts, saßen auf den Bänken und tranken sehr billigen und süßen, aber starken Wein – den russischen Portwein.

Wolodja »Zen-Baptist«, Spitzname »Bep«, stieß im Jahr 1971 zu ihnen. Er war 23 Jahre alt.

»Zwei, drei Jahre später begannen wir, uns Hippies zu nennen«, berichtet er. »Die Miliz hat uns nicht angerührt, weil sie sich vor unseren Eltern fürchtete. Mein Vater war Luftwaffengeneral. Nur wir hatten zu Hause ausländische Bücher und Zeitungen, aus denen wir alles über die Hippies erfuhren.«

Die Situation änderte sich Ende der Siebzigerjahre mit der zweiten, dieses Mal sehr viel größeren Generation von Blumenkindern. Bei ihnen handelte es sich um Jugendliche aus normalen Familien der Intelligenzija.

»Und ohne dass sie davon wussten, wurden die Hippies zu einer Protestbewegung«, sagt Bep. »Einer wenig aktiven, passiven, eher einer Bewegung der Verweigerung als des Kampfes.«

Vor diesen Hippies fürchteten sich die Milizionäre nicht mehr.

B

Wolosatye_ Langhaarige. So nannten sich die russischen Hippies meist.

Der Slang der Langhaarigen setzte sich aus vier Bestandteilen zusammen: Hauptsächlich aus dem Englischen und dem Jugendslang, dazu kamen Wörter, die aus dem Süden der UdSSR mitgebracht wurden, wohin die Hippies jeden Sommer in den Urlaub trampten, um sich Mohnstroh und Marihuana zu besorgen. Der vierte Bestandteil ist der Gefängnisjargon, weil viele Langhaarige wegen Drogendelikten einsaßen.

Wint_ Schraube, bei den Hippies Razzia, Arrest. *Wintit* bedeutet einbuchten, einsperren, verhaften.

Die Passagiere der Moskauer Metro sind ein bedrückender Anblick. Ich weiß nicht, wie sie es machen, aber diejenigen, denen es gelingt, sich hinzusetzen, schlafen nach ein paar Sekunden ein. Die Übrigen lesen oder spielen mit ihren Handys herum. Wie alle Russen sind sie grau, graubraun, beige gekleidet, manche dunkelblau, und durch die Bank haben sie verzweifelt traurige, müde Gesichter. Selbst jungen Menschen fehlt die Heiterkeit, die Freude, das Leuchten in den Augen.

Doch einmal hörte ich eine lebhafte, närrische Melodie, die auf einer Flöte gespielt wurde. An der Waggontür stand ein zotteliger Mensch mit einem struppigen Bart, einer riesigen Mütze samt Troddel, gewaltigen Schaftstiefeln und einem Pullover bis zu den Knien. Er trug eine rote Clownsnase mit Gummiband, hatte einen mehrere Meter langen Schal um den Hals gewickelt und einen Beutel, aus dem er zuvor die Flöte gezogen hatte.

Und es geschah ein Wunder. Die Passagiere hoben den Blick, und ihre Gesichter hellten sich auf. Ein paar Menschen lächelten sogar, denn der Mann spielte und spielte, und, o Wunder, er wollte kein Geld.

So lernte ich Til kennen, das heißt Witja Morosow, einen 41-jährigen Hippie und professionellen Narren, Wander- und Volksclown. Die Miliz hatte ihn ein paarmal eingebuchtet, und ein Mal war er sogar verurteilt worden.

1989 hatte er beschlossen, sich um Arbeit in einer Fabrik für Raketentriebwerke zu bemühen. Er wollte als Nachtwächter die Waffenproduktion sabotieren, aber kaum hatten sie Til gesehen, war klar, dass aus der Arbeit nichts werden würde. Beim Hinausgehen fiel sein Blick auf ein Telefon im Passierscheinbüro. Er trat in die Kabine, riss es aus der Wand und schob es sich in den Ausschnitt.

»Keine Ahnung, warum ich das getan habe«, sagt Til und platzt fast vor Lachen. »Die Sirenen gingen los, und sie haben mich geschnappt. Sie sagten, dass das Telefon an den Alarm angeschlossen war, weil es schon fünfmal geklaut worden war.«

Er bekam ein Jahr Gefängnis, aber aus dem Gerichtssaal wurde er von einem Sanitäter im weißen Kittel abgeholt. Er kam in eine psychiatrische Anstalt für Kriminelle, zudem »auf unbestimmte Zeit«, und das bedeutete, dass er dort mindestens ein Jahr verbringen würde, vielleicht aber auch zwei, fünf oder sogar zehn Jahre.

Danil Kaminski, genannt Dan, haben sie 1980 eingelocht. Vor den Olympischen Spielen haben die Behörden Moskau von überflüssigen Elementen gesäubert. Hippies, Prostituierte und Landstreicher wurden in Busse gesetzt und weit vor die Stadt gefahren. Bei Dan fanden sie Marihuana, also bekam er eineinhalb Jahre Gefängnis, und nachdem er die ganze Strafe abgesessen hatte, brachten sie ihn in eine psychiatrische Klinik. Wieder für eineinhalb Jahre.

Dan ist mittlerweile fünfzig Jahre alt. Er gehört zu der Sorte Hippie, die dir ein Paar Hausschuhe gibt, wenn du zu Besuch kommst. Er ist Keramikkünstler, hat einen riesigen Ofen in die Wohnung geschleppt und brennt Krüge. Nach jedem Anheizen hat er Krach mit dem Nachbarn von oben, der schreit, dass er sich am Boden die Füße verbrennt.

Г

Gerla_ Mädchen. Von Englisch *girl*.

Dan hatte drei Frauen. Von der ersten trennte er sich nach einem Monat, von der letzten vor einem Monat. Er hat drei Töchter mit ihr.

»Und die zweite Frau habe ich selbst an die Nadel gebracht«, sagt er. »Ich habe ihr die erste Spritze gesetzt.«

»War sie ein Hippie?«

»Nein. Sie war bürgerlich, aber sie wurde zum Hippie und süchtig. Ich weiß nicht mal, ob sie noch lebt.«

Til verbrachte ein Jahr in der Anstalt. Dann suchte er sechs Jahre lang sein Himmelreich auf Erden. Er lebte als Landstreicher, schlief in Treppenhäusern, in Kellern und auf Parkbänken. Die nächsten vier Jahre lebte er in einer Hippiekommune, und 2001 heiratete er Irina. Anna und Ilja kamen zur Welt, er war das ganze Jahr 2005 wieder in der psychiatrischen Klinik, und nach seiner Entlassung zog er mit seiner Familie zu seiner Mutter.

Patriarch Bep, der älteste lebende, sechzigjährige russische Hippie, hat mit seiner ersten Frau fünf Kinder, mit der zweiten zwei. Beide waren Hippies.

»Diese erste«, erzählt Bep, »das war die große, 17-jährige Liebe, die nach dem Zerfall der UdSSR der Kapitalismus zugrunde gerichtet hat. Alle dachten, das ist der Beginn der Geschichte, es kommt die Zeit des Überflusses, des Wohlstands, des Reichtums. Meine Frau ist, wie alle russischen Frauen, dem Materialismus auf den Leim gegangen, sie sagte, ich solle ins Business gehen und das ganze Hippiedenken sei Blödsinn, damit sei es vorbei. Sie hat mich aus dem Haus gejagt.«

»Weil du nichts verdient hast?«

»Für das Essen hat es gereicht.«

2001 hat er noch einmal geheiratet. Er war 53 Jahre alt, die neue Auserwählte war seine Studentin in der von den Langhaarigen gegründeten Universität der Hippiekultur.

»Und wie ist es, einen Hippievater zu haben?«, frage ich.

»Eine Schande. Die Russen verachten uns. Für die sind wir gescheiterte Existenzen, die nicht in der Lage sind, Geld zu verdienen. Die Kinder schämen sich für so einen Vater.«

Д

Durka, durdom_ Umgangssprachliche Kurzform für *dom durakow*, also Irrenhaus, psychiatrische Klinik.

In den Jahren 1967–1987 wurden in der UdSSR mehr als zwei Millionen Menschen aus politischen Gründen für psychisch krank erklärt und einer Behandlung unterzogen.

Die Karriere der meisten Hippies begann mit der *durka*. Bep war fünf Mal dort.

»Für uns waren das Sanktuarien«, erklärt er, »heilige Orte, wo zusammen mit den Kranken Dissidenten, hochmütige Intellektuelle, Hippies und massenhaft ungewöhnliche Menschen saßen, die von der sowjetischen Psychiatrie als Verrückte angesehen wurden. Ich saß mit Wladimir Wyssozki, mit einem Typen, der eine Straßenwalze entführt hatte und damit durch Moskau gesaust war, und mit so einem, der in eine Bierbude eingebrochen war und die ganze Nacht lang mit Eimern den Gerstensaft nach Hause geschleppt hatte. Die Wanne und ein Aquarium waren voll, als sie ihn am Morgen geschnappt haben. 1989 lernte ich in der *durka* einen vollkommen normalen Bildhauer kennen, der ein Plakat gemalt und es auf dem Balkon aufgehängt hatte: ›Kommunisten – raus aus Afghanistan.‹«

»Auf wessen Balkon?«

»Auf seinem.«

»Der war ja verrückt! Wunderst du dich, dass sie ihn zu den Idioten gesteckt haben?«

»Aber er saß schon zehn Jahre. Als ich rauskam, haben sie ihn weiter dabehalten. Dank solchen Leuten herrschte dort eine außergewöhnlich künstlerische Atmosphäre, es war authentischer als in der Freiheit. Es gab keine Falschheit, Heuchelei, keinen Konformismus, weil es im Irrenhaus nichts zu fürchten gab. Nur dort konnte ich ich selbst sein, dort ist unsere Bewegung entstanden.«

Ж

Schjoltyi dom_ gelbes Haus.

»Das ist ein anderes Hippiewort für Irrenhaus«, erzählt Bep. »Aber das verrückteste von allen war in letzter Zeit das Bulgakow-Haus auf dem Gartenring.«

Um die Jahrtausendwende wurde in Moskau ein Pseudodokumentarfilm über Hippiekommunen gedreht. Zu diesem Zweck wurde eine riesige, ausgebrannte Wohnung im Haus des Schriftstellers angemietet. Die Schauspieler waren richtige Hippies, und ihre Aufgabe bestand darin, ein Jahr lang ganz normal dort zu wohnen. Aber nach Beendigung der Dreharbeiten hatten sie überhaupt keine Lust auszuziehen. Alle paar Tage setzte die Miliz sie mit Gewalt vor die Tür, aber sie kehrten zurück und tranken Wodka wie zuvor, kifften, hörten Musik, beschmierten die Wände, starben, hatten Sex ...

»Ich darf gar nicht daran denken, was dort alles geschehen ist«, sagt Bep. »Es war unbedingt notwendig, sie mit etwas zu beschäftigen, also hat Til, der dort fast vier Jahre lang mit hundert anderen Langhaarigen gelebt hat, entschieden, eine Universität der Hippiekultur zu gründen. Er fand zwölf Lehrer, sie unterrichteten Schauspiel, Literatur, Kunstgeschichte, Religion ... Ich habe Vorlesungen gehalten über die Ästhetik der Armut und die Philosophie des Hippietums unter Einbeziehung psychologischer Aspekte.«

Die Zuhörer strömten in Massen herbei: Gelehrte, Studenten, Milizionäre, Landstreicher, Filmschaffende, Literaten – die Blüte der Moskauer Intelligenzija und Journalisten aus der ganzen Welt.

Til hielt Vorträge über die Theorie des Wahnsinns und leitete Workshops, wie man den Verstand verliert. Er lehrte, wie man über einem gegebenen Thema verrückt wird, wie man von Sinnen ist, ohne krank zu sein, ohne sich schlecht zu fühlen.

Ich bin sicher, dass Til genau so ein Verrückter ist. Er leidet nicht darunter, er pflegt seinen Wahnsinn als Quelle des Glücks.

»In den Vorträgen habe ich vor aller Augen den Bewusstseinszustand geändert«, berichtet er. »Ich habe mir das Hemd zerrissen, und die Leute haben einen echten Wahnsinnigen gesehen.«

»Man kann sich besaufen oder fixen, dann änderst du auch den Bewusstseinszustand«, bemerke ich resolut.

»So etwas mache ich nicht«, sagt er und verzieht angewidert das Gesicht. »Das ist simpel, primitiv und uninteressant. Natürlich habe ich wie jeder Hippie Drogen ausprobiert, aber ich benötige sie nicht.«

Die Miliz löste die Universität zwei Jahre nach ihrer Gründung auf.

З

Sabiwat_ stopfen, einen Joint drehen.

Zu sowjetischer Zeit hat die Miliz Hippies sehr oft Drogen untergeschoben. Schon für ein Gramm Marihuana konnte man zwei Jahre ins Gefängnis kommen.

И

Ischnjaga_ selbst hergestelltes Heroin aus einem Sud von Mohnstroh, der getrunken oder gespritzt wird. Polnische Junkies nennen es »Kompott«.

К

Klikucha_ vom weitverbreiteten Jargonwort *klitschka* – Spitzname, Pseudonym.

»Til«, eigentlich »Till«, bezieht sich auf den Schelm, Narren und Spaßvogel Till Eulenspiegel. Die Figur wurde zu Beginn des 16. Jahrhunderts in Deutschland erschaffen, und im 19. Jahrhundert hat der Belgier Charles De Coster ihre Abenteuer geschildert.

Til bekam seinen Spitznamen vor 24 Jahren gleich nach der Schule, mit 18, von alten Hippies, als sie ihn in ihren Kreis aufnahmen. Sie konnten nicht wissen, dass der Junge mehr als zehn Jahre später Wanderschausteller werden würde, das heißt Volksnarr. Truppen professioneller Wanderschausteller zogen noch bis zur Oktoberrevolution durch Russland.

In den ersten Jahren nach der Hochzeit ernährte Til seine Familie mit Auftritten in Vorstadtbahnen. Tag für Tag spielte er im Narrenkostüm den Passagieren etwas auf der Flöte vor, sang, führte Kunststücke auf, improvisierte Sketche und bezog die Zuschauer in die Vorführung mit ein. Sogar für seine kleinen Kinder ist er der Til. Immer, wenn er mit der Metro fährt, spielt er zum Vergnügen auf der Flöte. Er trennt sich nie von ihr.

Der Spitzname Bep, also »Zen-Baptist«, geht auf seine endlose religiöse Suche zurück. Zu guter Letzt wählte er schließlich das Heidentum.

Kaif_ etwas Wundervolles. Rätselhafter russischer Begriff. Seltsame Gemütslage, Glücksgefühl, Erfüllung, Ausgeglichenheit ...

Das Wort stammt aus der türkischen Sprache, wohin es aus dem Arabischen gelangte. Nach Russland wurde es vermutlich von den Krimtataren gebracht. *Kaif* finden die Russen sehr oft auf einer langen Reise: Grenzenlosigkeit, Schneesturm, Harmonie und Wodka, der diesen Zustand bewahrt und ausdehnt. Für die Hippies ist *kaif* ganz einfach eine Droge.

Wer nicht ge*kaift* hat, gehörte nicht dazu. Der war falsch, verdächtig, konnte ein Spitzel des Geheimdienstes sein.

Die Drogen in der UdSSR begannen mit Ephedrin, einem Psychostimulans, das aus einer Hustenmixtur gewonnen wurde, die man ohne Rezept in der Apotheke für sieben Kopeken kaufen konnte. Oral eingenommen, wurde die Droge *mulka* genannt, wenn man sie spritzte, *dsches* (»Jazz«).

Bis heute fahren die Hippies jeden Sommer in den Süden, um Marihuana und Haschisch zu besorgen. Das Beste der ganzen Welt gibt es im Tschuj-Tal an der kirgisisch-kasachischen Grenze. Allein in diesem einen Tal wachsen 138 000 Hektar von mannshohem Indischem Hanf. Bis 1978 konnte man in Russland Morphium einfach auf Rezept kaufen, die Hippies stahlen den Ärzten die Vordrucke und füllten sie selbst aus. Seit 1980 wissen die Junkies, wie man Heroin aus Mohn herstellt.

»Grausame, erbarmungslose und hinterlistige Schlange«, nennt Dan, der Keramikkünstler, der sie seiner zweiten Frau gespritzt hat, die Droge. »Wenn ich Wodka trinke, weil mir die Seele schmerzt, dann geht es mir nur noch schlimmer, der Schmerz wird immer größer, aber wenn man Heroin nimmt, verschwinden wirklich alle Probleme. Ein Schuss, und es ist gut. So bin ich süchtig geworden. Für viele Jahre.«

Л

Lomka_ Brechen, Niederreißen, und unter Drogensüchtigen – Entzugserscheinung, Entzugssyndrom.

In Russland gibt es vier Millionen Drogenabhängige. Dan hat wie die meisten Heroinsüchtigen schwarze, total kaputte Zähne.

»Aber ich habe aufgehört, als ich das dritte Mal geheiratet habe. Sie wusste, dass sie einen Junkie heiratet. Ich habe es für sie getan und aus Angst, weil ein Freund nach dem anderen starb.«

»Wie bist du da rausgekommen? In der *durka*?«

»Nein. Allein mit meiner Frau. Ich habe mich auf der Datscha außerhalb der Stadt eingeschlossen und einen Monat lang unter Schmerzen auf einem Hocker gesessen. Ich habe nicht geschlafen, nicht gegessen, nicht gedacht, mich nur gewiegt, gebrüllt und mich vollgeschissen wie ein Tier. Ich war ganz unten. Ich weiß, dass ich nie wieder süchtig werde. Aus Angst vor dem Entzug. Aber es gibt ein Problem mit dem Alkohol.«

»Trinkst du jetzt?«

»Wenn mich jetzt das Trinken überkommt, dann mache ich mir eine Spritze und höre auf zu trinken. Dann setze ich den zweiten Schuss. Und mit dem Trinken ist es vorbei.«

»Du bist doch verrückt!« Ich schlage mir mit der Hand an die Stirn. »Mit Heroin bekämpfst du Wodka! Egal, wer von den beiden gewinnt, du bist verloren.«

»Meine Frau hat das auch gesagt. Sie hat mich vor einem Monat mit den Töchtern verlassen. 18 Jahre waren wir zusammen. Ich habe alles verloren.«

M

Ment_ Bulle. Üblicher Jargonbegriff für Milizionär.

Laut Til ist die Miliz gegenwärtig schlimmer als zu Sowjetzeiten. Damals fürchteten sie die Vorgesetzten wie der Teufel das Weihwasser, also haben sie ohne Erlaubnis noch nicht mal einen Hippie angerührt. Gebrochene Arme, Beine, Rippen, Schädelrisse und ausgeschlagene Zähne – die meisten dieser Geschichten sind Til nach dem Zusammenbruch der UdSSR widerfahren.

»Pausenlos habe ich Prügel bezogen, also habe ich gelernt, Schlägen zu entgehen. Sehr oft hilft bei einem wütenden Bullen ein gewöhnlicher Witz, helfen Faxen, Humor. Darin bin ich ein Meister. Man muss ihm den Hass auf alle aus der Brust reißen, in ihm den Menschen sehen.«

In den Achtzigerjahren ist ein Buch über seine ungewöhnlichen Abenteuer mit den Beamten entstanden, es hat den Titel *Til und die Milizionäre*. Jedes Erlebnis hat ein anderer Autor beschrieben, der Zeuge des Ereignisses war.

Das Buch wurde weder herausgegeben noch vollendet, weil ständig neue Geschichten hinzukommen, aber man kann es im Internet lesen.

»In letzter Zeit halten mich die Milizionäre oft für einen kaukasischen Mudschahed. Langer Bart und lange Haare, und wenn es kalt ist, wickle ich mir meinen langen Schal um die Hüfte ...«

»Warum bindest du dir den Schal um den Bauch, Til?« Für diese Frage muss ich bitter büßen, denn er spricht anderthalb Stunden darüber, aber ich verstehe kein Wort. Und dann sagt er:

»Ich kann nicht in Ruhe auf einer Parkbank schlafen, weil mir gleich jemand einen Stoß gibt, über mir sehe ich Milizmützen. Sie fragen, was ich auf dem Bauch habe. Ich antworte, dass es ein Schal ist, und sie: Was ist unter dem Schal? Also nehme ich ihn langsam ab, und sie werfen sich auf mich, verpassen mir Handschellen, rufen Sprengstoffexperten und evakuieren die Menschen im Park.«

In Tils Bezirk kennen ihn alle Milizionäre, und die neuen werden gewarnt, dass sie nicht mit dem seltsamen Typen diskutieren sollen, der unsichtbares Schach spielt, noch dazu allein.

H

Nakolka_ laut Wörterbuch: Häubchen, Kopfputz, Tattoo; bei den Hippies: Nachtquartier, Adresse, wo man in einer fremden Stadt unterkommen kann.

Wenn es warm wurde, machten sich die Hippies auf den Weg. Die Langhaarigen aus Moskau fuhren nach Leningrad, und die aus Leningrad kamen nach Moskau. Seit 1978 wurden in Lettland oder Estland im Sommer illegale Hippiefestivals organisiert, also musste man sich auch dort blicken lassen. Dann musste man in den Süden fahren. Am besten auf die Krim, wo man am Strand schlafen konnte und wo der Wein spottbillig war. Oder noch besser nach Zentralasien, um den Cannabis- und Mohnvorrat aufzufüllen. Sie reisten auch ziellos umher. Auf der Karte der gewaltigen Sowjetunion wählten sie die am weitesten entfernte Stadt aus und machten sich auf den Weg.

Vor der Abfahrt besorgten sie sich von Freunden Adressen von Orten, an denen man auf dem Weg übernachten konnte. Es war ein riesiges Hippiequartier-System. In jeder größeren Stadt gab es irgendeinen Langhaarigen oder eine Kommune, und wenn man die Adresse nicht hatte, genügte es, den ersten Zotteligen zu fragen, den man traf. In Städten schliefen Hippies nie unter freiem Himmel.

O

Oldowyi_ alter Hippie. Von Englisch *old*.

Alle Helden dieses Textes sind *oldowye*, aber nicht nur wegen ihres Alters. Ein *oldowyi* kann 22 Jahre alt, aber eine Autorität sein, ein Anführer in der freiheitlichen Hippieschar mit ihren sehr flachen Hierarchien.

Am meisten *oldowyi* von allen war Jura »Sonne« Burakow, von den Mädchen wurde er »Sonnenschein« genannt und für den ersten sowjetischen Hippie gehalten. Von ihm stammt der Ausspruch: »Wer sich umbringt, legt die Sowjetunion in Trümmer.« Er kiffte und trank schrecklich viel, und alle Hippies glaubten, dass man genau so Revolution macht.

Sonne starb 1989 an Leberzirrhose. Er war 46 Jahre alt.

П

Perenta_ Eltern. Vom gleichbedeutenden englischen Wort *parents*.

Der Großteil der Hippies ging, gleich nachdem er volljährig geworden war, das heißt nach Abschluss der obligatorischen zehnjährigen Schule, von zu Hause fort und landete auf der Straße.

»Ich verließ, ohne mich zu verabschieden, das Haus und meldete mich erst sieben Jahre später wieder«, erzählt Dan. »Das heißt, ich habe angerufen. Ich habe nicht mal etwas mitgenommen. Warum auch. Alles, was mir die Eltern gekauft hatten, war peinlich. Wozu um alles in der Welt ein Anzug?«

»Hast du deine Eltern nicht geliebt?«

»Ich habe sie geliebt, aber ich musste mich befreien. Sie haben mich sehr lange gesucht, bis sie von der Polizei erfuhren, wo ich bin und was ich mache. Das hat sie sehr mitgenommen. Vor allem mein Aufenthalt im Gefängnis und im Irrenhaus.«

Mascha Remisowa »Mata Hari« und Sascha Djalzew »Pessimist« sind seit 25 Jahren ein Hippiepärchen und Ehepaar. In dieser Hinsicht sind sie eine Ausnahme. Ausnahmsweise werden auch nicht ihre Spitznamen benutzt, sondern es heißt in einem Atemzug »Sascha und Mascha«, weil sie immer zusammen sind.

Sascha ist nach dem dritten Studienjahr am Institut für Architektur zu Hause ausgezogen, als er zum Bedauern der Eltern Mascha geheiratet hat, ein Hippiemädchen.

»Saschas Mutter hat gesagt, es wäre ihr lieber, ihr Sohn sei Alkoholiker«, erzählt Mascha. »Säufer sind bei uns das Normalste von der ganzen Welt, aber für den zotteligen Hippie hat sie sich schrecklich geschämt. Sie schämte sich für sein Aussehen, für die Polizeikontrollen zu Hause und für den Brief an ihren Betrieb, in dem stand, dass ihr Sohn an illegalen, rowdyhaften Treffen teilnehme. So etwas haben sie geschickt, als sich die Langhaarigen aus Moskau nach dem Mord an John Lennon versammelt haben, um seiner zu gedenken, und die Bullen uns eingebuchtet haben.«

Prikid_ Bekleidung.

»Hattest du Jeans?«, frage ich Sascha.

»Hatte ich. Meine Mutter hatte sie mir '79 von einer Dienstreise nach Polen mitgebracht. Ich weiß nicht mehr, wie sie hießen.«

»Bestimmt Odra.«

»Genau!«, ruft er freudig. »Nicht viele konnten es sich leisten, im Inland Jeans zu kaufen, weil es sie nur zu Wucherpreisen gab. 200 Rubel! Das war das Monatsgehalt eines Professors. Sie waren aber absolut chic, besonders, wenn sie nach Jahren mit Flicken übersät waren.«

»Ich habe nie Jeans getragen«, mischt sich Mascha ein.

Gott sei Dank, das wäre eine Todsünde gewesen, wenn sie ihre phantastischen Beine in Hosen versteckt hätte. Zum Glück trägt sie einen kurzen Jeansrock.

»Hippies hatten kein Geld für ausländische Hosen, also haben wir sie aus Zeltstoff selbst genäht«, sagt Sascha. »Natürlich weite, mit Schlag. Bis heute habe ich so welche. Dazu ein Blumenhemd, eine Tasche über der Schulter, Sandalen und auf dem Kopf ein Tuch oder ein *hairatnik* – so haben wir die Indianerstirnbänder genannt, wie englisch *hair*. Aber das wirkliche Hippietum beruhte darauf, alles mit den eigenen Händen zu machen. Noch wichtiger war es, trotz der Armut nicht zum Penner zu werden. Nie schmutzig zu sein und zu stinken.«

Das nannten sie die Ästhetik der Armut.

Um ein echter, hundertprozentiger Hippie zu sein, musste man nur drei Bedingungen erfüllen. Reisen, Drogen nehmen und *fenetschki* tragen, Armbänder aus Perlen oder bunten Fäden. Das war das Erkennungszeichen und der Schmuck aller sowjetischen Hippies. Es ist sogar wichtiger als das Peace-Zeichen, das sie *pazifik* nannten.

Keiner meiner Helden trägt heute *fenetschki*.

P

Rassekat_ wörtlich durchschneiden, zerreißen, zerhacken; bei den Hippies – umherziehen, sich herumtreiben, ziellos herumstreunen, um die Zeit totzuschlagen.

Ein kluger Mensch hat Sascha einen Pessimisten genannt. Für einen Hippie ist er verdammt ernst und prinzipientreu. Aus Prinzip hat er von seinen Eltern kein Geld genommen, obwohl er und Mascha nicht satt wurden, aus Prinzip hat er nicht geschnorrt, das heißt, er hat nichts auf der Straße ergaunert, weil er sich schämte und weil sein Stolz es nicht erlaubte, und aus Prinzip ist er ein Jahr vor dem Ende des Studiums demonstrativ aus dem Komsomol ausgetreten.

»Es war klar, dass ich von der Universität fliege«, sagt er, »also habe ich, damit sie mich nicht sofort in die Armee einziehen, zwei Wochen in einer psychiatrischen Klinik gelegen und wurde zum Irren gestempelt.«

Aus Prinzip vergeudete er auch nie Zeit auf einer Bank am Puschkin-Denkmal. Solche wie dort nennt er Straßenhippies, er war ein richtiger Hippie und studierte, und als er 1983 rausgeworfen wurde, ging er arbeiten.

Unter Langhaarigen war nur eine Tätigkeit als Hausmeister oder Nachtwächter akzeptiert. Sascha zog Letzteres vor, weil man nichts machen musste. Nur dasitzen und Bücher lesen. Und Sascha hat sogar selbst geschrieben.

Er verdiente 70 Rubel. So viel kostete eine Platte von Pink Floyd beim Händler. Er und Mascha mieteten eine Wohnung für 40 Rubel. Sie studierte, also aßen sie nur Brot mit Margarine, Nudeln und Grütze. Ihr Kind auch. Die Kleidung nähten sie selbst.

Als 1991 die Sowjetunion zusammenbrach, ging Sascha zurück an die Uni und beendete sein Studium. Er war dreißig Jahre alt. Er hatte genug von Untätigkeit, Armut, dem ganzen Zeittotschlagen und Hippieleben.

»Wir wollten nicht mehr am Rande der Gesellschaft stehen. Wir waren erwachsen geworden und empfanden ein Bedürfnis nach Selbstverwirklichung. Wir wollten etwas machen.«

»Karriere!«, ruft Wanja, der jüngere Sohn von Sascha und Mascha, verräterisch dazwischen.

»Was für eine Karriere!«, regt sich sein Vater auf. »Geh in dein Zimmer und mach die Tür zu. Wir wollten uns beruflich verwirklichen. Wir spürten, dass wir viel erreichen konnten. Wir hatten

Kraft, Energie, Geschmack, Talent, und endlich war die ersehnte Freiheit da.«

Sie führten eine eigene Buchhandlung, bekamen Arbeit bei der *Nesawisimaja Gaseta*, Sascha ist ein gefragter Architekt, Literaturkritiker und Schriftsteller. Er hat fünf großartige Romane publiziert.

Es tauchten neue Freunde auf. Literaten, Journalisten, Künstler, die alten genügten nicht mehr. Sie gaben die Hippiewelt auf.

»Wir haben das System hinter uns gelassen.«

C

Sistema_ System. So nennen sich die Hippies, wenn sie von sich als Gruppe sprechen. Die Hippiegemeinschaft, das zottelige Volk.

»Vor ein paar Jahren haben sie einen Dokumentarfilm über eine Entzugseinrichtung für Junkies im Fernsehen gezeigt«, erzählt Mascha. »Es gab eine lange Szene in einer Gruppentherapie, und unter den Patienten habe ich ein paar meiner Freunde erkannt. Ich habe sie seit zehn Jahren nicht mehr gesehen. Sie saßen in einem großen Saal im Kreis. Verwahrlost, traurig, regungslos. Und ich habe sie verlassen. Ich fühlte mich wie eine Indianerin, die ihren Stamm verlassen hat und zur Gemeinschaft der Weißen gegangen ist. Sie lebt normal, bequem, hat Haus, Auto, Arbeit, und plötzlich sieht sie, dass ihr Stamm ausstirbt. Ich habe fürchterlich geheult. Er ist schon ausgestorben.«

T

Telega_ wichtigste Form der legendären Hippiekreativität. Wörtlich bedeutet es Fuhrwerk oder Pferdewagen, und für die Langhaarigen ist es der herrliche, erhebende schöpferische Akt. Man sagt *gnat telegu*, also verrückt spielen, sich dumm stellen.

Die Irrenanstalt bewahrte einen vor der Armee. Ein einziges Mal dort zu sein genügte, um nicht eingezogen zu werden, also gingen die Hippies freiwillig dorthin, sie rissen sich darum. Das eine Mal. Noch sicherer war es, eine kleine, aber ungewöhnliche Rowdynummer abzuziehen, um verhaftet und dann in eine psychiatrische Klinik gebracht zu werden.

»Dort fand der staatliche Idiotentest statt«, berichtet der sechzigjährige Bep, der fünf Mal in der *durka* gesessen hat. »Du musstest so tun, als ob du verrückt bist. Es genügte, frei von der Leber weg zu sagen, was man vom sowjetischen Regime hielt, oder seine Religiosität zu bekunden. Und wenn man zottelig und abgerissen war, das genaue Gegenteil des sowjetischen Menschen, dann notierten sie schon nach zwei Wochen Klinikaufenthalt im Armeebüchlein die ersehnten Worte: ›Militärdienstuntauglich, selbst im Kriegsfall‹. Und wenn du überzeugend verrückt gespielt hast, hast du eine Rente bekommen. Mir ist es gelungen. Sie zahlten 85 Rubel, die gerade so ausreichten, um frei zu sein, zu lesen, sich künstlerisch zu betätigen und zu reisen. Es war wichtig, nicht zu übertreiben, denn sie konnten einen auch auf unbestimmte Zeit verurteilen und einen jahrelang in der Klinik einsperren.«

Tusowka_ Ort, an dem Hippies zusammenkommen; auch die Gruppe, die mit ihm in Verbindung gebracht wird.

Die erste und größte *tusowka* lag in der Moskauer Innenstadt, auf dem Puschkinplatz. Die zweite im Park der Moskauer Universität. Am anziehendsten und bekanntesten aber war die unweit des Arbat, in der Nähe des Cafés »Aroma«. Es ist die legendäre, nicht mehr existierende *tusowka* »Babylon«. Alles in allem mochten etwa tausend Hippies in Moskau leben, und doch waren sie die größte, von den kommunistischen Machthabern unabhängige Gruppe.

Sergei Rybko wurde »Luna« genannt, also »Mond«, weil er so heiter, frohgemut und rund war. Er ist fürchterlich dick, auf dem Kopf sind ihm ein paar lange Haare geblieben, dazu ein gewaltiger Bart. 1978 hat er das Studium geschmissen, begann beim »Babylon« rumzulungern und verschrieb sich dem Schlagzeugspiel in einer Hippieband.

»Ich entdeckte, dass unsere Bewegung sehr starke christliche Wurzeln hat«, sagt er. »Das Wichtigste sind Liebe, Freiheit und Frieden. Christus war der erste Hippie.«

Nachdem er zwei Jahre auf der Straße verbracht hatte, entschied sich Luna, einem russisch-orthodoxen Seminar beizutreten. Zu jener Zeit benötigte man dafür die Erlaubnis des KGB, aber Hippies wurde sie nicht erteilt, weil sie als verdächtiges, antisowjetisches Element galten. Aus denselben Gründen nahm man ihn nicht im Kloster auf. Also fand er, als Mann für alles, seinen Platz in der Moskauer Kirche der Gottesmutter. Er war Ministrant, Küster, Altardiener (das ist der, der den Weihrauch reicht), Chor und Glöckner in einer Person.

»Ich habe rasch das Glockenspiel erlernt und es um Elemente des Rock bereichert.«

Der ungepflegte Mönch in seinem Habit, mit einem Gurt über dem monströsen Bauch, verwandelt sein Büro in wenigen Sekunden in ein Schlagzeug und spielt mit Löffel und Kugelschreiber schnell wie ein Maschinengewehr eine Melodie auf ein paar Gläsern, der Tischplatte und der Zuckerdose.

»Der russisch-orthodoxe Glockenturm ist aufgebaut wie ein Drum Set«, erklärt er schwer schnaufend. »Die linke Hand bedient die große Glocke und die große Trommel beim Schlagzeug, die rechte die kleinen Glocken und die Becken. Die eine ist für den Rhythmus da, die andere für die Melodie. Das ist alles gleich. Und das rechte Bein unterstützt. Es ist für die größte Glocke und Trommel zuständig.«

1988 erlaubten sie ihm endlich, ins Kloster einzutreten, und weil es zu wenig Geistliche gab, wurde er sofort zum Priester geweiht und legte das Klostergelübde ab. Das Seminar beendete er später, im Fernstudium. 1992 bekam er in Moskau die Heilig-Geist-Kirche. Als Mönch kann er keine Frau haben, aber bei seinem Gotteshaus hat er ein Frauenkloster gegründet. Seit drei Jahren baut er im Stadtteil Bibirewo eine neue Kirche. Gerade zu dieser Zeit hatte die Miliz auf dem Leningrader Prospekt eine Hippiekommune aus einem besetzten Keller hinausgeworfen. Es ist schon die vierte Generation russischer Blumenkinder. In Baracken bei der Baustelle der neuen Kirche schuf er für sie ein Jugendkulturzentrum.

»Ich habe nicht besonders strenge Regeln aufgestellt«, sagt Vater Sergei. »Die nackte Natur ist erlaubt, solange sie anständig ist, Abstraktion auch. Nicht übermäßig fluchen, Bier in Maßen. Drogen sind kategorisch verboten.«

Fast alle Hippies der ersten Generation, die nicht an einer Überdosis gestorben sind, wurden orthodoxe Pfarrer oder Mönche, und die Mädchen Frauen von Geistlichen.

»Weil nur in der Orthodoxie die Freiheit des Einzelnen den größten Wert darstellt. Wenn ein Mensch etwas nicht möchte, wird er zu nichts gezwungen. Kein Druck, keine Gewalt. Das ist sie, die ganze Tiefe der orthodoxen Mystik«, sagt der Mönch und formt zum Abschied mit den Fingern den Buchstaben V.

y

Urlak oder urka_ Wort aus dem Verbrecherjargon, es bedeutet Rowdy oder Straßenräuber und ist eine Abkürzung von *ugalownyi element* – kriminelles Element. Der ewige Feind des Hippies.

Sie kamen aus Vorstadtsiedlungen und Städtchen im Umland ins Zentrum, um die »Langhaarigen aufzumischen«. Sie wurden von der Miliz und von kommunistischen Jugendorganisationen, die zwanzig Jahre lang die Hippieseuche nicht hatten ausmerzen können, toleriert, ja sogar ermutigt.

»Deshalb war die zweite Hippiegeneration nicht mehr so lahmarschig und friedfertig«, erzählt Dan. »Es ist schwer, Pazifist zu sein, wenn du siehst, dass sie deine Freundin an den Haaren wegschleifen, sie treten und gleich vergewaltigen. Wir mussten lernen zurückzuschlagen.«

»Es gab doch auch noch die *druschynniki*.« Ich meine die vom Komsomol organisierten Milizhelfer.

»Die haben zumindest nicht geschlagen, um zu töten. Bei der *tusowka* am Puschkinplatz war die ›Berioska‹-Abteilung tätig. Es gab keinen Hippie, der ihnen nicht in die Hände gefallen wäre. Sie hatten eine riesige Kartei mit Fotos. Ihr Stab war in der Nachbarstraße. Einmal haben sie meinen Freund Jimmy erwischt. Sie registrierten ihn und schoren ihm mit einem Handgerät eine Glatze. Der Junge sammelte die Haare auf, klebte sie an die Kapuze und stolzierte mit dieser Kopfbedeckung sein Leben lang herum. Eines Morgens hatten wir massig Geld zusammengeschnorrt, also kauften wir ein paar Flaschen billigen Wein für jeden und tranken auf dem Hof, an dem ihr Stab lag.«

»Ihr hattet wohl nicht mehr alle!«

»Vermutlich nicht. Und wir entschieden, bei ihnen einzubrechen. Die Säge, mit der wir das Vorhängeschloss durchgesägt haben, liehen wir uns von ihren Nachbarn. Wir haben alles demoliert, aber wir kamen nicht an das Archiv, weil es in einem Panzerschrank war. Also haben wir einen Haufen aus Papieren und Möbeln aufgeschichtet, ihn mit Bohnerwachs übergossen und angezündet. Es gab ein fürchterliches Feuer. Sie sind in einen anderen Bezirk umgezogen.«

»Haben sie euch geschnappt?«

»Nein. Aber Jimmy ist kurz darauf aus einem Hochhaus gesprungen…« Dem alten Hippie versagt die Stimme. »Er hat schrecklich viel getrunken. Diese Freiheit, um die wir uns so gerissen haben, ist tödlich. Ein Mensch, der nichts tut, lebt auf Kosten anderer, er degradiert sich. Man muss geben und nicht nur nehmen. Erst nachdem ich Dutzende Bekannte beerdigt hatte, habe ich das verstanden. Ich bin einer der Letzten.«

Ф

Fakatsja_ etwas Unangenehmes tun. Oder, anders ausgedrückt, arbeiten. Von Englisch *fuck*.

Um also nicht auf Kosten anderer zu leben, modelliert und brennt Dan Krüge, sammelt Vater Sergei die Kollekte ein und hat Bep ein Museum der altslawischen Kultur gegründet, das er seit mehreren Jahren betreibt. Er verdient monatlich 12 000 Rubel (600 Euro) und hat die Idiotenrente – 3500 Rubel (175 Euro).

Til hat mir ein Kärtchen überreicht, das so tut, als wäre es eine Visitenkarte. Unter dem Namen steht: »Künstlerischer Leiter des Theaters ›Marienkäfer‹, Dichter, Pädagoge, Regisseur, Schauspieler, Dramaturg, Musiker.«

Das »Marienkäfer« ist ein Kindertheater im Kulturzentrum. Til führt es gemeinsam mit seiner Frau Irina.

Sascha und Mascha haben so viele Jobs, dass sie nicht wissen, was sie zuerst tun sollen.

Flet_ Wohnung. Vom gleichbedeutenden englischen Wort *flat*. Wiktor Fedotow, in jungen Jahren bekannt als »der Jungvermählte«, weil er mit 18 Jahren Frau und Kind hatte, ist ein Petersburger Bauunternehmer und hat als einziger Held dieses Textes keine langen Haare. Er ist ein Freund von Vater Sergei. Er baut dessen neue Kirche. Als Vater Sergei vor vielen Jahren nach Leningrad fuhr, ist er wie viele Moskauer Hippies in der Wohnung von Wiktor untergekommen, weil dort eine sehr große und bekannte Kommune war.

»Ich war mit zwei Anarchisten befreundet«, beginnt Wiktor seine Erzählung. »1980 wurden sie verhaftet, weil sie Flugblätter geklebt hatten. Der KGB verhörte auch eine Freundin der beiden, und die warnte mich, dass die Jungs geschnappt worden waren. Ich ordnete in unserer Kommune an, die Wohnung zu säubern. Schon für Solschenizyn konnten sie einen einlochen, und wir hatten dort auch Anarchistenbulletins, Exilpresse, verbotene Platten von Black Sabbath und *The Wall* von Pink Floyd. Wir waren mit dem Aufräumen fertig, und eine Stunde später marschierte mit viel Lärm der Geheimdienst in die Wohnung.

»Haben sie was gefunden?«, frage ich Wiktor.

»Nichts. Aber die Freunde begannen, mich zu fragen, woher ich gewusst hatte, dass die Jungs verhaftet worden waren und es eine Durchsuchung geben würde.«

»Dieses Mädchen hat es dir gesagt.«

»Aber ich hatte geschworen, dass ich niemandem von ihr erzähle.« Wiktor sucht nervös nach einer Zigarette. »Sie hat Karriere an der Universität gemacht, und wenn herausgekommen wäre, dass sie mich vor der Aktion des KGB gewarnt hatte, wäre das ihr Ende gewesen. Sie hatte schließlich etwas aufs Spiel gesetzt, um uns zu retten. Alle glaubten, dass ich dahintersteckte und die beiden meinetwegen saßen. Das war eine sehr raffinierte, psychologische Aktion des Geheimdienstes. Indem sie meine Ehrlichkeit infrage stellten, haben sie das ganze Milieu zerschlagen, haben sie unsere Kommune zerschlagen. Alle Hippies sind bei mir ausgezogen, und aus anderen Städten kam niemand mehr zu mir. In der Wohnung, in der sich 17 Hippies gedrängt hatten, blieb ich mutterseelenallein zurück. Nicht mal meine Frau hat mir geglaubt. Sie nahm unseren vierjährigen Sohn und ging. Sie wollte nicht mit einem Verräter zusammenleben.«

Drei Jahre später kamen die beiden Anarchisten aus dem Gefängnis und stellten klar, dass Wiktor sie nicht verraten haben konnte, weil er nichts von dem wusste, was sie taten. Seine Frau wollte zu ihm zurückkehren, aber Wiktor konnte nicht darüber hinwegkommen, dass sie ihm nicht geglaubt hatte.

»Und weißt du, wessen Aktion das war?«, fragt er mich.

»Na?«

»Von Wladimir Putin.«

»Quatsch!«

»Er war damals als junger Oberleutnant im Leningrader KGB verantwortlich für illegale Jugendgruppen«, sagt Wiktor. »Er lud uns vor und führte persönlich die Verhöre.«

»Hat er dich geschlagen?«

»Kein einziges Mal. Andere prügelten wie die Teufel, haben mir Finger gebrochen, mich verletzt, mir Zähne ausgeschlagen, aber er hat nicht mal geflucht oder mir Angst zu machen versucht. Es gibt nichts, wofür er sich schämen müsste ...«

»Übertreib mal nicht!«, unterbreche ich Wiktor. »Er hat dir das Leben ruiniert!«

»Meiner Frau ist es auch nicht gut ergangen. Sie ist allein, und mein Sohn ist ohne eine richtige Familie aufgewachsen. Er ist 31 Jahre alt und drogensüchtig. Mein einziges Kind. Putin hat uns allen das Leben zerstört.«

X

Hajk_ Trampen, und *hajker* – Tramper. Vom englischen *hitchhike* – trampen.

Die Hippies reisten nur auf diese Weise. Manchmal nahmen sie *elektritschki*, die Vorortzüge, die auf kurzen Strecken verkehrten. Mit solchen kurzen Sprüngen konnte man sogar bis ans Ende des Landes gelangen, bis nach Wladiwostok. Das dauerte ungefähr einen Monat, weil die Hippies nie Geld hatten und keine Fahrscheine kauften. Der Schaffner warf sie an der nächstgelegenen Station raus, wo sie auf den nächsten Zug warteten.

Ч

Tschjornaja_ das Schwarze; weil es schwarz ist wie der Tod. Ein anderer Name für das selbst hergestellte Heroin, das aus Mohnstroh gekocht wurde. Für den besten Mohn trampten die Hippies nach Kirgisien. Aber die Felder der Kolchosen wurden von bewaffneten Aufsehern bewacht, und viele junge Menschen fielen ihnen zum Opfer.

Ш

Schis_ Schizophrenie, Schizophrener.

Wiktor, Dan, Til, Bep und fast alle Hippies, die in psychiatrische Kliniken gekommen sind, haben die Dissidentendiagnose erhalten: »asymptomatische Schizophrenie«. Einzig der Psychiater konnte erkennen, dass sie krank waren.

Nach dem Zusammenbruch der UdSSR gaben die Behörden zu, dass die sowjetischen Irrenanstalten ein Ort politischer Repressionen gewesen waren.

»Sie sagten, dass ich ein Opfer des Regimes bin, und wollten alle Diagnosen für ungültig erklären«, regt sich Bep auf, der Stammvater der russischen Hippies. »Zweimal ging ich in die Klinik, damit sie nichts geändert haben. Meine Rente ist winzig, aber ich bekomme sie. Ich habe nie im Leben gearbeitet, weil sie keine Verrückten haben wollten, wer wird mich jetzt einstellen? Ich habe den Ärzten gesagt, dass ich keine Rehabilitierung wünsche, also bin ich der letzte Mensch, der an einer Krankheit leidet, die es nicht gibt.«

»Vielleicht hättest du eine Entschädigung bekommen?«, entgegne ich.

»Ach was! Die Behörden haben das nicht für die Menschen getan, sondern damit sie weniger zahlen müssen. Der Staat ist das größte Übel. Sowohl jener sowjetische als auch der von heute.«

Sascha, Maschas Mann, war einer der wenigen Hippies, bei denen die sowjetischen Psychiater eine manisch-depressive Psychose feststellten, weil er sagte, dass er sich, wenn sie ihm die Haare abschneiden, erhängt.

»Also haben sie mir für alle Fälle nicht einmal das Kreuz vom Hals genommen«, erzählt Sascha. »Dabei haben sie es allen weggenommen.«

»Warum haben sie die Kreuze weggenommen?«, schreit Saschas Sohn Wanja aus seinem Zimmer.

»Damit sich die Hippies nicht an den Lederriemen erhängen konnten.«

Sascha und Mascha haben die Welt der Langhaarigen 1991, als die Sowjetunion zusammengebrochen ist, aufgegeben und ein neues, freies und wohlhabendes Leben begonnen.

»Wir haben das Hippiesystem hinter uns gelassen«, sagt Sascha, »aber zehn Jahre später haben wir gespürt, dass es der beste, schönste Teil unseres Lebens war. Und wir damals die besten Freunde hatten. Ich habe ein Buch darüber geschrieben. Am ersten Juni sind wir in die Nähe von Moskau gefahren, wo sich die Hippies treffen, weil wir am Kindertag unseren Festtag haben. Wir haben Dan und andere Freunde wiedergefunden. Wir geben eine billige Hippiezeitschrift heraus und fahren jedes Jahr auf unser Festival in die Ukraine.«

»Per Autostopp?«, frage ich.

»Mit dem Auto«, sagt Sascha beschämt.

»Ich zeige dir unser *oldowyi* Auto, damit du nichts Falsches denkst!«, ruft Mascha und zerrt mich auf den Balkon.

Vor dem Haus steht ein verschneiter, violetter Schiguli aus dem Jahr 1989, den Mascha mit riesengroßen Blumen bemalt hat.

»Und ich habe einen Uasik gekauft und breche übermorgen nach Wladiwostok auf«, gebe ich an, und meine Gastgeber bekommen leuchtende Augen.

»Ach, wie gern ich mit dir fahren würde!« Sascha ist begeistert. »Ich bin nie weiter als bis zum Altai gekommen, und jetzt so eine Gelegenheit ... So ein *hajk* ...«

»Dann fahr. Ich kümmere mich zu Hause um alles«, sagt Mascha und redet eine Stunde lang auf ihn ein, er ringt mit sich.

»Ich habe versprochen, das Projekt zu Ende zu bringen ...«

»Vergiss es.« Mascha gibt nicht auf. »Du kannst wieder unterwegs sein.«

»Willst du, dass ich meine Stelle verliere?!« Sascha schreit so, dass Wanja aus seinem Zimmer gelaufen kommt.

Alle schweigen für eine Weile.

Mascha bricht das Schweigen.

»Wieder ein Hippie weniger.«

In der ersten Zeit werden wir unsere Siedler auf dem Mond natürlich noch von der Erde aus mit allem Notwendigen versorgen müssen. Dadurch werden die Ernährungskosten übermäßig steigen. Ein einziges Brot wird infolge des langen Transportweges zur Mondkolonie genauso teuer sein wie ein aus purem Gold hergestellter Laib von den gleichen Dimensionen. Eine der dringlichsten Aufgaben besteht deshalb darin, die Mondsiedlung so schnell wie möglich autark zu machen. Ich glaube, dass diese Aufgabe Anfang des einundzwanzigsten Jahrhunderts bereits gelöst ist.

Reportage aus dem 21. Jahrhundert, 1957

Emma auf dem Gelände hinter dem Leningrader Bahnhof

BOMSCHICHA

Die Muttergottes des Moskauer Komsomolplatzes geht nicht anschaffen, aber wenn sich jemand vor Verzweiflung die Seele aus dem Leib heult, dann drückt sie ihn an sich und gibt ihm einen langen Zungenkuss. Von ihr bekommt man Essen, Schuhe, eine Kippe. Für ihre letzten Kopeken gibt sie einem sogar ein Gläschen aus. Sie ist 55 Jahre alt, 151 Zentimeter groß und hat Schuhgröße 36. Sie wiegt 41 Kilo. Sie sucht in Mülleimern nach Essen, Flaschen, Bierdosen. Sie säuft verdünnten technischen Spiritus. Sie knabbert an den Fingernägeln.

Ihr Name ist Emma Rudolfowna Lysenko.

Ich sehe sie auf einem Mäuerchen sitzen. Sie zieht sich die kaputten Sandalen aus, wirft sie in den Müll und cremt den großen Zeh am rechten Fuß ein. Ihre Füße sind verkrüppelt, wundgescheuert. Die beiden ersten Zehen stehen drollig über Kreuz.

»Das ist von zu kleinen Sportschuhen«, erklärt Emma und zieht sich recht ordentliche Turnschuhe an, die sie kurz zuvor im Müll gefunden hat. »Die Schuhe gehen so furchtbar schnell kaputt, wenn man Dosen zertritt. Letzten Winter habe ich vier Paar verschlissen.«

Mehr als zehn Jahre lang war sie Skischnellläuferin. Sie ging für die UdSSR an den Start, war mit Raissa Smetanina befreundet, der Gewinnerin von neun Olympiamedaillen, mit der sie im Sportclub Dynamo Syktywkar in der Republik Komi im Norden Russlands trainierte. Sie repräsentierten das Land der Sowjets, aber bei beiden fließt kein einziger Tropfen russisches Blut in den Adern. Raissa ist eine reine Komi, und Emma ein *metis*, ein

Mischling. So sagen die Russen. Ihre Mutter ist eine Komi, der Vater durch und durch Deutscher. 1941 ordnete Stalin an, alle Russlanddeutschen in den hohen Norden und nach Sibirien zu deportieren. Daher stammt ihr deutscher Vorname, der Vatersname Rudolfowna und ihr Mädchenname Schneider.

Noch kurz zu Emmas Aussehen: Sie hat eine große Narbe auf der Wange. Vor mehreren Jahren tapezierte sie die Küche, fiel von der Leiter und stürzte auf die Ecke der Anrichte.

Im Winter wie im Sommer trägt sie ein Kopftuch.

Ihre Kleidung wechselt sie einmal im Monat. Die alten Sachen wirft sie weg und besorgt sich neue. Einmal in der Woche geht sie am Kursker Bahnhof ins Badehaus. Dort kostet es nichts. Unterhose, Büstenhalter und Socken wirft sie auch weg und kauft neue.

Sie sieht zehn, fünfzehn Jahre älter aus, als sie ist.

Das Hotel

Ich war im Hotel Leningrad untergekommen, dem kleineren Zwillingsbruder des Warschauer Kulturpalastes. Das Hotel steht am Komsomolplatz, an dem auch drei Bahnhöfe liegen: der Leningrader, der Jaroslawler und der Kasaner Bahnhof. Sie sind alle riesengroß. Zwischen dem Leningrader und Jaroslawler befindet sich der Ausgang der Metrostation Komsomolskaja. Vor diesen drei Gebäuden zieht sich ein 200 Meter langes Mäuerchen hin, das sich hervorragend dafür eignet, sich daraufzusetzen. Die Bewohner nennen es »Fensterbank« und den Ort darum herum »Pleschka« (»Platte«, Glatze).

Ich mag es, auf dem Weg zur Metro die Leute zu beobachten, die die Fensterbank bevölkern. Vorstadtpenner, Obdachlose, illegale Immigranten aus dem Kaukasus und aus Zentralasien, Groschenhuren und Bahnhofssäufer. Und was für Visagen! Bei einem tropischen Fisch, Seestern oder Fliegenpilz verstehe ich das, aber dass ein Mensch so eine Farbe haben kann! Alle paar Meter liegt ein übel zugerichteter Säufer mit Platzwunden am Kopf. Die Milizionäre beachten sie nicht, und wenn kein Frost herrscht und der Sprengwagen kommt, werden sie zusammen mit der Kotze fortgespült.

Wenn er nicht kommt, fliegen die Tauben herbei. Eine frisst maßlos, sie erhebt sich plötzlich in die Luft, dreht sich um ihre eigene Achse, fliegt eine Spirale und rauscht mit dem Kopf in die Bierreklame »Sibirskaja Korona«. Sie ist sternhagelvoll. Nun verreckt sie mit zerschmettertem Schnabel. Sie ist das nächste Opfer der Schwarzen Olga, die auf der Pleschka gepanschten Wodka verkauft. In Russland sterben daran jedes Jahr 40 000 Menschen (und eine unbekannte Anzahl von Tauben).

Emma sitzt auf der Fensterbank und cremt sich den Zeh ein. Sie sieht recht ordentlich aus und stinkt nicht so wie die anderen. Sie hat einen leichten Schwipps, aber redet vernünftig. Eine *bomschicha*, *bitsch*, *brodjaga* ist sie. Diese Worte können synonym gebraucht werden. Ein *bomsch* ist ein Obdachloser, jemand ohne festen Wohnsitz (auf Russisch: *lizo bes opredeljonnowo mesta schitelstwa*). Ein *bitsch* ist ein *bomsch*, der zum Penner geworden ist, sich erniedrigt hat, zum Trinker geworden und heruntergekommen ist. Auf Russisch: *bywschyi intelligentnyi tschelowek* – ehemals intelligenter Mensch. Ein *brodjaga* ist ein Landstreicher, Herumtreiber.

Ich verabrede mit Emma, dass ich zu einem russischen *bomsch* werde. Die kommenden 24 Stunden werden wir gemeinsam verbringen. Vom Morgengrauen bis zum Morgengrauen werde ich keinen Schritt von ihrer Seite weichen.

»Ich brauche ein Weib«, stöhnt irgendein Säufer und schmiegt seine Visage an meine Emma.

»Dann geh zur Metro, da hast du so viele, wie du nur willst«, antwortet sie ihm lachend.

»Aber die sind teuer.«

»Ja, was dachtest du denn?«

»Dass du es umsonst machst, weil du so alt bist. Dann gib mir wenigstens was zu rauchen, Mütterchen.«

Das bekommt er. Sehr viele Menschen sagen »Mütterchen« zu ihr.

Emma lebt seit anderthalb Jahren am Komsomolplatz.

Jaroslawler Bahnhof

Ich muss irgendwie an Lumpen kommen. Meine Rettung ist Kalaschnikow. Aber nicht der vom Gewehr, sondern Wiktor, ein großartiger Journalist beim staatlichen Fernsehen, den die Putinisten gefeuert haben. In der Hose und Jacke, die er mir schenkt, hat er seinen Keller aufgeräumt, aber ich sehe trotzdem noch zu elegant aus. Ich wälze mich in einer ausgetrockneten Pfütze.

Am Donnerstag um sieben Uhr morgens treffe ich mich mit Emma und Sascha, ihrem Mann, auf der Pleschka. Sie beginnen ihren Tag mit einem Kaffee im Plastikbecher. Am billigsten ist er in der Bar am Jaroslawler Bahnhof, wo die Vorortzüge halten.

Sie sind seit mehreren Monaten ein Paar. Beide sind *bomsch* aus freien Stücken. Sascha schon seit sieben Jahren (er ist 55 Jahre alt). Er ist von zu Hause abgehauen, als sein sechstes Kind auf die Welt kam (zwei Mal waren es Zwillinge). Er ist Ingenieur, aber er hat seine Arbeit im Stahlwerk aufgegeben und ist nicht gemeldet, also kann man ihn nicht ausfindig machen und zwingen, Alimente zu zahlen. Er arbeitet schwarz als Vorarbeiter und Schweißer. Kürzlich hat er die Pferde auf dem Anwesen der Frau des Moskauer Bürgermeisters Juri Luschkow beschlagen.

»Meine Mutter war Inderin«, erzählt er. »Sie hat in der Sowjetunion Geologie studiert. Sie heiratete einen Assistenten von ihrer Fakultät, und als ich anderthalb Jahre alt war, fuhren sie gemeinsam auf eine wissenschaftliche Exkursion zu Inseln im Nordpolarmeer. Im März 1953, als Stalin starb, sind alle Teilnehmer der Expedition erfroren. Ich bin im Kinderheim aufgewachsen.«

Wir essen nichts, um halb acht bringen wir Sascha zur Metro, mit der er zur Arbeit fährt. Er lässt Emma 40 Rubel da. Das sind etwa 2 Euro. Ein Kebab kostet 50, ein Bier 20, ein halber Liter vom billigsten Wodka 40 Rubel. Dann gehen wir ein paar Schritte weiter zur Fensterbank vor den Leningrader Bahnhof, um einen zu trinken. Die Weiße Ljudmila verkauft aus der Tasche Wodka für 5 Rubel das Glas. Emma wird dunkelviolett davon. Um neun Uhr löst die Schwarze Olga Ljudmila ab, sie steht zwölf Stunden lang an der Fensterbank und verkauft, nachts kommt die Rote Galina. Die arbeitet bis 5.30 Uhr. Dann gibt es eine halbe Stunde Pause, und um sechs Uhr beginnt Ljudmila den neuen Tag. Niemand weiß, wofür diese Pause da ist, aber man kann sich denken, dass die Miliz vom Bahnhofskommissariat sie eingefordert hat, bei der zu dieser Zeit Schichtwechsel ist. Die Verkäuferinnen sind leibliche Schwestern, aber die Schwarze ist die Wichtigste. Sie zahlen den Milizionären Schutzgeld – 1500 Rubel (75 Euro) am Tag.

Die Schwestern panschen den Wodka aus technischem Spiritus, den sie in Zwanzigliterflaschen von Händlern am Kasaner Bahnhof kaufen. Der Wodka hat einen Alkoholgehalt von 20 bis 25 Prozent, somit ist er, was den prozentualen Alkoholgehalt betrifft, teurer als der billigste im Laden, aber auf der Pleschka hat kaum jemand 40 Rubel. In jeder dritten in Russland getrunkenen Flasche ist gepanschter Wodka.

Pomojka

Wir gehen die Gleise entlang zur *pomojka,* der »Müllgrube«, also dem Ort, wo die Züge gereinigt werden, bevor sie aufs Abstellgleis kommen. Neben uns rollt langsam der Express aus Petersburg.

»Es muss fünf vor acht sein.« Emma hat keine Uhr.

»Stimmt«, entgegne ich.

»Er fährt um 22.11 Uhr ab. Das ist ein sehr teurer und guter Zug. ›Aurora‹ um 21.30 Uhr auch. Die Leute lassen herrliche Sachen darin liegen, aber der beste ist ›Krasnaja Strela‹ um eine Minute vor zwölf. Die Schuhe hier habe ich aus ebendiesem ›Roten Pfeil‹, und einmal habe ich in einem Abteil eine ganze Stange Wurst, ein Huhn und im Sommer einen geräucherten Salm gefunden. Er war ungefähr einen halben Meter lang.«

»Das war ein Schmaus.«

»Na ja. Ich habe ihn der Schwarzen Olga verkauft, die drei machen auch belegte Brote zum Wodka, das Stück vier Rubel. Sie hat mir 50 Rubel gegeben.«

Im Geschäft kostet so ein Fisch mehr als 2000. Die Schwestern kaufen den *bomschy* die in den Mülleimern gefundenen Lebensmittel ab.

Der Bahnsteig

Vor neun kehren wir zum Jaroslawler Bahnhof zurück und suchen auf den Bahnsteigen und in Mülleimern *baklaschki*, das heißt 0,3-Liter-Plastikflaschen von Mineralwasser, Fanta und Sprite. Die Schwarze Olga hat zwanzig solche Flaschen bei Emma bestellt. Sie bekommt dafür sechs Rubel. Eine schnelle Arbeit.

Wir treffen Ljudmila und geben ihr Turnschuhe, die wir an der *pomojka* gefunden haben, denn sie trägt hohe Absätze.

»Sieh dir die mal an«, meint Emma verwundert. »Sie ist schon seit elf Jahren obdachlos, aber nicht gefühllos und grob geworden. Die Menschen werden hier schlecht, sie nicht.«

»Ich dachte, auf der Straße lebt man in der Gemeinschaft. Ich dachte, der Sowjetmensch hätte sich so ans Kollektiv gewöhnt, dass er nicht anders leben kann.«

»Stimmt nicht. Viele haben die Obdachlosigkeit deshalb gewählt, weil sie das Kollektiv nicht ertragen konnten. Das sind Individualisten. Nur diese Schwarzen, all die Nichtrussen, treiben sich in Gruppen rum. Die trinken gemeinsam, stehlen gemeinsam, geben gemeinsam auf die Fresse. Das sind Rindviecher, keine Menschen.«

Emma spricht über die Gruppe illegaler Immigranten, die die Pleschka rings um den Jaroslawler Bahnhof okkupiert. Sie sehen gefährlich aus und sind es auch. Es sind meschetische Türken aus dem Ferghanatal in Usbekistan, Ankömmlinge aus Armenien, Georgien, Aserbaidschan oder Tadschikistan.

Auf Bahnsteig Nummer vier wird Emma ganz melancholisch.

»Mein Heimatbahnsteig.« Sie schnieft. »Jeden Mittwoch und Freitag um 8.43 Uhr kommt der Zug aus Workuta an.«

»Na und?«

»Er fährt durch mein Syktywkar. Meine Nachbarin Galja aus Haus Nummer sieben ist dort Schaffnerin. Sie hebt mir immer die Flaschen und das Essen auf, berichtet mir, was es zu Hause Neues gibt.«

»Und was gibt es Neues?«

»*Ein Moment*«, antwortet Emma auf Deutsch und setzt sich kurz, denn wenn sie beim Laufen raucht, bekommt sie keine Luft. »Murawjow hat sich scheiden lassen, und Jelisaweta hat geheiratet, meine jüngste Tochter. Das hat Galja gesagt. Und das hat mich etwas beruhigt, obwohl ich ihn nicht leiden kann. Sie ist 23 Jahre alt, er ist 19 Jahre älter. Jelisaweta hat bei der Mutter gewohnt, also bei mir, und der hat ihr nachgestellt, hat sich nachts besoffen geprügelt, um reingelassen zu werden, aber ich habe ihn fortgejagt, damit er zu seiner Frau zurückkehrt, zu seinem Kind. Aber er kam immer wieder, und ich habe sie nicht gut genug beschützt. Meine Jelisaweta wurde schwanger von ihm. Dann kam ein Mädchen zur Welt, Lidia. Und der kam immer noch und jammerte, dass wir ihn bei uns aufnehmen sollten. Ich habe aufgegeben und ihn reingelassen, aber ich konnte nicht mit ihnen leben, also bin ich abgehauen, damit kein Unglück geschehen ist.«

»Haben die Kinder dich nicht gesucht?«

»Sie haben mich vermisst gemeldet. Ich wurde in ganz Russland gesucht, da habe ich sie angerufen und gesagt, dass sie mich in Ruhe lassen sollen, solange Wasja nicht draußen ist, weil ich nicht zurückkommen werde. Wasja sitzt bei Syktywkar unter verschärften Haftbedingungen im Lager Werchnij Tschop.«

»Wofür sitzt er?«, frage ich.

»Für Totschlag. Siebeneinhalb Jahre hat er bekommen.«

»Wenig.«

»Weil es ein Zigeuner war. Die beiden und noch ein Zigeuner haben bei uns zu Hause getrunken, es kam zum Streit, und im Flur war ein Wagenheber, Wasja hat dem einen den Wagenheber vier Mal über den Kopf gezogen. Er hat selbst den Rettungswagen und die Polizei gerufen. Wasja ist ein gutes Kind. Er ist fleißig, aber der zweite Sohn, Wowa, ist ein absoluter Drückeberger, dafür ist er hübsch, dunkel, groß. Er kommt nach dem Vater. Und Wasja nach mir. Er ist so klein wie ich, aber muskulös. Er muss noch ein Jahr und vier Monate absitzen, aber er kommt bald durch eine Amnestie raus. Wir werden gemeinsam nach Hause zurückgehen und mit meinem Sascha entscheiden, was mit diesem Murawjow geschieht. Wenn es sein muss, wird Wasja ihn sich schnappen und achtkantig rauswerfen.«

Es ist fünfzehn nach neun. Wir sind hungrig und müde. Wir haben zwanzig *baklaschki*, also will ich sie der Schwarzen Olga bringen, denn heute mache ich den Laufburschen, aber Emma lässt keinen Mülleimer auf Bahnsteig Nummer vier aus. Und im letzten finden wir einen wahren Schatz. Jemand hat ein ganzes Fresspaket weggeworfen. Dunkles Brot, Dosenfleisch, saure Gurken (das Nationalgemüse, ohne das sich kein Russe auf die Reise macht), Lauchzwiebeln und ein fast volles Literglas Kefir.

»Gott hat uns das Essen gegeben«, sagt Emma. »Er hat uns belohnt, weil wir seit zwei Stunden auf den Beinen und bei der Arbeit sind. In Komi sagt man: *Wolka nogi kormjat* – den Wolf machen die Beine satt.«

Prijomka

Wir schlagen unser Lager auf der Fensterbank bei drei blauen TOI-TOI-Kabinen auf. In der mittleren sitzt die Klofrau und kassiert zehn Rubel pro Person. An der Tür die große Aufschrift: »Ermäßigungen werden nicht gewährt.«

Ljudmila Andrejewna ist 71 Jahre alt und hat als Obdachlose auf dem Platz gelebt, aber seit einem Monat arbeitet sie in dem Klo mit Vierschichtbetrieb, wofür sie monatlich 4000 Rubel (200 Euro) bekommt.

»Plus Trinkgelder«, fügt sie hinzu. »Schließlich lege ich das von den Huren nicht in die Kasse!«

»Und warum?«, frage ich zurück.

»Weil sie nicht pinkeln, sondern sich nur umziehen, aber sie geben mir immer einen Zehner. Und Obdachlose«, fährt sie hochmütig fort, »lasse ich nicht mal für Geld rein, von denen hat noch nie einer das Loch getroffen.«

Es ist klar, dass gleich ein Nimmersatt auftaucht, sobald wir das Büffett ausbreiten. Es sind der stockbesoffene Oleg Ohnebein und Sergei. Noch vor einem Jahr konnte Oleg normal gehen, aber sein Bein ist ihm verfault, also wurde es amputiert. Das erleichtert ihm das Leben sehr – das heißt das Betteln. Es gibt keinen Mann, der ihm nicht ein paar Zehner gibt. Russische Frauen geben Säufern ungern Geld, weil sehr, sehr viele von ihnen zu Hause selbst einen haben.

Wie dem auch sei, Oleg Ohnebein ist ein richtiger Krösus, also gibt er auch dieses Mal eine Flasche aus, die Emma bei der Schwarzen Olga besorgt.

Wir machen ein Picknick. Die warme Novembersonne scheint, Oleg trällert: »*Brodjaga, sudbu proklinaja ...*« (der Landstreicher, sein Schicksal verfluchend ...), und Sergei schenkt Pleschka-Dermidrol ein (so nennen sie den Wodka von der Schwarzen Olga, denn Dermidrol ist ein in Russland sehr beliebtes Schlafmittel). Emma füttert Oleg, weil er nichts runterkriegt, sie zwingt ihm den Kefir auf, steckt ihm eine Zigarette an, und er winselt:

»Küss mich. Wenigstens ein Mal.«

»So eine bin ich nicht«, lacht Emma, aber sie hält ihm den Mund hin und streichelt ihm über den Kopf, das Gesicht, und er sinkt vor Wonne auf den Gehweg und schläft ein.

Wir geben an der *prijomka*, der Sammelstelle, die Flaschen und Dosen ab. Am meisten Geld gibt es für die Baltika-Bierflaschen, 80 Kopeken, für Klinskoje und Sibirskaja Korona bekommt man 50, für Botschka, Staryi Melnik, Tri Medwedja, Solatowa, Otschakowo, Tolstjak und Kozela 40, für Ochota, Newskoje und Dosen 20 Kopeken. Flaschen von ausländischem Bier werden nicht angenommen.

Wir haben fast 25 Rubel bekommen, zusätzlich 6 für *baklaschki*. 31 Rubel (knapp 1,50 Euro) plus das Essen und der Wodka auf Olegs Kosten – so viel haben wir zu zweit in zwei Stunden schwerer Arbeit verdient. Emma nimmt durchschnittlich 35 Rubel am Tag ein, wenn sie dreimal für anderthalb Stunden auf die *pomojka* geht. Wenn sie von früh bis spät arbeitet und an noch bessere Orte als den Komsomolplatz fährt, kann sie bis zu 150 Rubel (7,50 Euro) rausholen.

Auf dem Komsomolplatz gibt es zwei Sammelstellen. Eine in einem Lastwagen, der den ganzen Tag beim Kommissariat steht, die andere, hinter dem Jaroslawler Bahnhof, wird von dem Georgier Zurab betrieben. Er hat sich ziemlich erschreckt, als ich tags zuvor bei ihm reinschaute, um mit ihm zu sprechen. Bevor ich den Mund öffnen konnte, verkündete er schon, dass er vom FSB gedeckt wird. Die Sammelstelle im Lastwagen steht unter dem Schutz ihrer Nachbarn – der Miliz.

Pleschka

Wie langsam die Zeit vergeht. Es ist erst fünf nach zwölf. Emma holt bei der Schwarzen Olga die nächsten *sto gramm*. Es ist schon das dritte Mal heute.

»Das gibt mir Kraft«, sagt sie. »Ich muss trinken, um herumzulaufen, zu arbeiten. Und es ist mir leichter ums Herz, aber ich kenne meine Grenze.«

Ich bin auch erledigt. Auf dieser Pleschka herrscht eine schreckliche Alkoholatmosphäre. Man kann hier nicht sein, ohne ab und an einen zu kippen. Mich packt es auch, also laufe ich ins Geschäft und kaufe für 50 Rubel ein 100-Milliliter-Fläschchen Moskauer Kognak, denn nach dem Wodka von der Schwarzen kann ich, wenn wir über die Gleise laufen, meine Schritte und die Schwellen um nichts in der Welt synchronisieren.

Nach dem Kognak ist es gleich besser. Sogar ganz nett.

Wir machen einen Abstecher ins Stadtzentrum zu ein paar Kirchen, wo man gebrauchte Kleidung und Verpflegung bekommen kann.

Um 14.00 Uhr brechen wir auf.

»Auf der Pleschka kommen ganz bestimmte Menschen zusammen«, erklärt mir Emma unterwegs. »Es gibt viele ehemalige Häftlinge, tätowierte Arschlöcher der untersten Knasthierarchie.«

Das gesellschaftliche Leben auf dem Komsomolplatz gleicht in seiner Organisation einem wundervollen Ökosystem, zum Beispiel einem Bienenschwarm. Täglich strömen Hunderttausende

Menschen aus der Metrostation. Sie kommen mit den Nahverkehrszügen zur Arbeit oder kehren nach Hause zurück. Auf den Märkten hinter den Bahnhöfen machen die Frauen ihre Einkäufe, die Männer kaufen sich ihr obligatorisches Bier und lassen überall Hunderttausende Flaschen und Dosen zurück. Hier ziemt es sich, diese nicht in den Mülleimer zu werfen.

Taganka

Um 14.45 Uhr sind wir in der St.-Nikolaus-Kirche im Bezirk Kitaj-Gorod. Emma geht nicht hinein, sondern bleibt im Vorraum stehen und spricht eine der in der Kirche arbeitenden Frauen an, die vorbeieilt. Sie bittet um Kleidung. Wir warten sehr lange und fragen einen anderen Orthodoxen. Dem Mann fehlt ein Arm. Emma sagt, dass ihr Mann Sascha auch in Afghanistan verwundet wurde und Invalide sei. Der Mann bringt uns einen ordentlichen Anzug und die Frau zwei Mäntel und einen Pullover.

In der Allerheiligen-Kirche auf dem Slawischen Platz haben sie keine Bekleidung, aber wir bekommen ein Baguette.

»Es ist bestimmt schon nach fünf. Noch vier Stunden, dann kommt Sascha.«

»Es ist erst halb vier.«

Wir setzen uns in einen Park.

»Ach, wie gut das tut«, seufzt meine Begleiterin und streckt ihre Beine auf der Bank aus. »Was muss man sich ständig abhetzen. Ich kenne nur die Gegenden von Moskau, wo es sich lohnt, Flaschen zu sammeln. Der Puschkinplatz ist großartig.«

»Dort verabreden sich alle im Park beim Denkmal des Dichters auf ein Bier.«

»Rings um den Kreml ist es ganz gut und beim Hotel Rossija. Bis zu 200 Rubel kann ich da rausholen, wenn ich den ganzen Tag schufte. Aber am liebsten arbeite ich nachts auf der Taganka. Dort hocken die Studenten. Oft kommen sie selbst und sagen: ›Mütterchen, da, nimm die Flasche‹, und dazu geben sie noch fünf, zehn Rubel, aber ich antworte ihnen: ›Von euch, Kinder, werde ich nichts nehmen, ihr geht zur Schule, Mama und Papa schicken auch das Geld‹, dann zwingen sie es mir auf.«

Ich hole Bier und zwei Hotdogs.

»Zu Beginn des letzten Winters, als der Frost kam, bin ich mit der Bahn nach Peredelkino gefahren. Das ist nicht weit von Moskau. Ach! Wie reich die Kirche dort ist! Nichts als Aristokraten: Künstler, Schauspieler, Schriftsteller. Ich habe gesagt: ›Gebt mir Schuhe‹, und das Mütterchen, das heißt die Frau des Geistlichen: ›Wenn du ein wenig arbeitest, gebe ich dir welche.‹ Ich habe dreieinhalb Stunden Schnee geschippt, dann hat sie mir das Lager geöffnet. Jesus von Nazareth! Was es da nicht alles gab! Bei uns gibt es den Brauch, dass man, wenn jemand stirbt, dessen Sachen der Kirche vermacht, in der er beigesetzt wird. Und wer in Peredelkino lebt, gehört zur Elite. Ich bin dann den ganzen Winter im Pelzmantel rumgelaufen, weil ich mir nehmen durfte, was ich wollte.«

Mit der Straßenbahn Nummer 45 fahren wir zu einer Kirche im Bezirk Sokolniki. Emma schläft ein. In dem Waggon ist es heiß, und es stinkt fürchterlich. Unter meiner Begleiterin bildet sich eine Pfütze. Als wir in Sokolniki aus der Straßenbahn steigen, bemerkt sie, dass etwas nicht stimmt. Sie zieht ihren Rock von hinten nach vorne, um nachzusehen, ob er einen nassen Fleck hat. Hat er.

In der Christi-Auferstehungskirche bekommen wir ein Brötchen, eine Schachtel mit Mürbeteigkuchen, Lebkuchen, Bonbons und ein Glas Marmelade. Emma geht wieder nicht hinein, obwohl gerade ein Gottesdienst gehalten wird. Sie ist gläubig.

Sie wartet vor der Kirche auf mich und sitzt gedankenverloren da.

»Wovon träumst du?«, frage ich sie.

»Davon, nach Hause zurückzukehren. Ich möchte einen Bauernhof haben. Ein paar Ferkel, ein junges Rind, Hühner. Unser Haus liegt ein wenig außerhalb der Stadt. Zwei Zimmer, Küche und Stall. Irgendwie werden wir zu sechst unterkommen.«

»Du hast mir von deinen Söhnen und der jüngsten Tochter erzählt. Du hast noch drei.«

»Lena ist 28 und seit elf Jahren verheiratet, aber sie hat keine Kinder. Sie sagt, dass sie welche bekommt, wenn das Geld für eine Wohnung reicht. Sie hat in Kirowgrad Jura studiert. Majka ist älter. Sie ist am 1. Mai 1975 auf die Welt gekommen. Ihr Mann Nadip ist Aserbaidschaner. Sie wohnen in Syktywkar, und es geht ihnen glänzend. Sie haben vier Stände auf dem Markt. Mit Jeans, Kosmetika, Musik und Kopfbedeckungen. Bevor ich von zu Hause fortgegangen bin, habe ich meine Rente notariell auf Majka übertragen. Damit sie die abholen kann, denn ich bekomme 3700 Rubel, mit Zuschlag für die Arbeit im hohen Norden. Ganz schön viel Rente für Russland.«

»Was hast du gearbeitet?«

»Ich war mein ganzes Leben lang Ernährungstechnologin. Das heißt Köchin. Ich habe elf Jahre lang die Schule und dann die Gastronomie- und Handelsschule besucht. Ljuda ist die Älteste meiner Kinder. Sie heißt Orlowska, hat den Namen ihres Mannes angenommen. Sie gleicht mir aufs Haar und ist sogar in meine Fußstapfen getreten, sie ist professionelle Biathletin. 34 Jahre ist sie alt. Nach den Olympischen Winterspielen in Turin hat sie aufgehört und ist Trainerin geworden, denn sie hat das Sportinstitut besucht. Sie ist mein Goldstück, meine größte Freude und mein größter Stolz. Bei den Olympischen Spielen in Lillehammer hat sie die Silbermedaille gewonnen. Zwar hat sie die für Belarus errungen, aber Medaille ist Medaille. In der Staffel über vier mal fünf Kilometer ist sie als Letzte gestartet. Sie ist die beste Schützin im Team. Bei der Weltmeisterschaft 1998 hat sie auch Silber für Belarus geholt. 1989 wurde sie in die Auswahlmannschaft der UdSSR und die Olympiaschule in Witebsk aufgenommen, aber als sie damit fertig war, gab es die Sowjetunion nicht mehr, also ist sie geblieben, auch weil sie dort geheiratet hat. Bei Minsk hat sie mit ihrem Mann ein hübsches Blockhaus gebaut. Ich habe ihnen aus dem Norden Bauholz dafür geschickt.«

Es ist zwanzig nach fünf. Wir haben nichts mehr vor. Der Tag scheint vorbei zu sein.

Die Kartoffel

Wir kehren zurück auf die Pleschka. Emma ist so müde, dass sie niemanden sehen möchte. Weder den torkelnden Tolja noch den Armenier Arsen, der aus Verzweiflung trinkt, weil er nach Hause fahren möchte, aber nicht die Grenze überqueren kann, weil ihm, so wie Emma, die Dokumente geklaut wurden. Die ewig besoffene Natascha Golikowa mit dem Gesicht eines Engels und den Beinen eines Elefanten möchte sie auch nicht sehen. Natascha sitzt den ganzen Tag auf der Fensterbank und steht fast überhaupt nicht auf.

»Man kann zusehen, wie ihr die Beine verfaulen, man wird sie ihr abschneiden müssen wie Oleg«, sagt Emma.

Natascha war Stuckateurin, und theoretisch ist sie nicht obdachlos, weil sie eine Wohnung in Moskau hat, aber um nichts in der Welt will sie zu ihrem trinkenden Mann zurück.

Mit letzter Kraft unterdrücke ich den Wunsch, ins Hotel zu fliehen. Zum Abendbrot kaufe ich zwei Backkartoffeln in Folie, jeweils zwei Bier und einen Viertelliter Moskauer Kognak. Nur wenn man einen sitzen hat, vergeht die Zeit schneller, aber Emma passt mein Kognak nicht. Er ist ihr zu stark. Von oben, von seinem Sockel herab, betrachtet uns Wladimir Lenin höchstpersönlich.

»Warst du in der Partei?«, frage ich.

»Im Komsomol und in der Partei. Und ich war *druschinnitschka*. Ich trug eine rote Armbinde und passte in der Stadt auf, dass alles seine Ordnung hatte.«

»Bei uns nannten die sich ORMOler*.«

»Das gehörte zu meinen Parteipflichten. Ich war eine gute Köchin, hatte viele Kinder, da boten sie mir an einzutreten. Es hat sich bezahlt gemacht. Es gab Wohnungsprivilegien, Zugfahrkarten bekam man für die Hälfte und einmal in drei Jahren umsonst. Und Urlaub kriegte man, wann man wollte, und nicht im November. Die anderen hatten Ferien nach Dienstplan. Nur jedes dritte Jahr stand ihnen Sommerurlaub zu.«

Emma füttert mit der Kartoffelschale die Spatzen, aber ein Obdachloser humpelt herbei, reißt sie ihr aus der Hand und isst sie auf.

»Was ist mit dem Vater deiner Kinder?«, frage ich.

»Er ist vor vielen Jahren gestorben«, antwortet sie. »Wegen Tschernobyl. Sie haben die Menschen ins *wojenkomat*** gerufen und gefragt, wer gehen will. Da hat er sich gemeldet, weil sie das hervorragend bezahlt haben. Er ist Sprengwagen gefahren und hat dieses fiese Zeug von den Straßen gewaschen. Er hatte einen Halbjahresvertrag, aber er wurde nach zwei Monaten freigestellt

---

* Die polnische Ochotnicza Rezerwa Milicji Obywatelskiej (Freiwillige Reserve der Volkspolizei), die sich aus Freiwilligen rekrutierte, hatte die Aufgabe, die regulären Polizeitruppen zu unterstützen. Sie wurde kurz nach Ende des Zweiten Weltkriegs gegründet und 1989 aufgelöst. Sie ist vergleichbar mit den freiwilligen Komsomolbrigaden in der Sowjetunion, deren Angehörige *druschinniki* genannt wurden, und den freiwilligen Helfern der Deutschen Volkspolizei in der DDR. (A. d. Ü.)
** Abk. für: *Woennyi kommissariat* (Militärkommissariat), die Behörde war in der Sowjetunion unter anderem für Musterungen zuständig. (A. d. Ü.)

und kam sofort ins Krankenhaus, und danach ist er in Rente gegangen. Sie haben ihm jeden Tag kleine Tabletten mit Zahlen drauf gegeben, und eine Stunde später haben sie ihm am Finger Blut abgenommen. Er ist in aller Stille gestorben. Sein Gesicht war weiß wie Papier, und er hat sich ständig hin und her gewälzt. Anfangs wog er dreimal so viel wie ich, mehr als 120 Kilo, als er starb nur noch 68.«

»Hast du ihn geliebt?«

»Er war ein guter Mensch. Er hat nicht getrunken. Niemals hat er mich beschimpft oder geschlagen. Sein Bruder ist ein sehr guter Zahntechniker. Als Ljuda 1990 das erste Mal auf ein Lager des sowjetischen Kaders nach Bulgarien gefahren ist, habe ich ihr meinen Ehering gegeben, denn damals konnte man nur 100 Rubel wechseln. Sie hat davon ihre ersten Adidas-Skischuhe und Skistöcke besorgt. Die Sowjetunion war zusammengebrochen, und es gab nichts. Die Berufssportler haben sich selbst ihre Ausrüstung gekauft. Ljuda hat schrecklich geweint, weil es mein Ehering war, da habe ich ihr gesagt: ›Du sollst es nie bereuen, meine Tochter.‹ Wie spät ist es?«

»Zwanzig nach sieben.«

»Noch zwei Stunden, dann kommt Sascha.«

»Wirst du ihn heiraten?«

»Ja.«

Das Fenster

Um halb zehn gehen wir zu dem Ort an der Fensterbank, wo Emma jeden Tag auf Sascha wartet. Heute ist er ausnahmsweise zuerst da. Sie macht ihm belegte Brote mit Dosenfleisch, Gurke und der Zwiebel, die wir im Mülleimer auf Bahnsteig Nummer vier, Emmas Lieblingsbahnsteig, gefunden haben.

Er ist nervös und sehr hungrig. Er schlingt das Essen herunter.

Es dämmert. Wir gehen die belebte Rusakowska-Straße entlang, die auf den Komsomolplatz führt. Wir setzen uns auf das Fensterbrett eines eleganten Bekleidungsgeschäfts. Die Wachmänner jagen uns fort, wir lassen uns ein paar Fenster weiter nieder.

Sascha sieht Emma liebevoll an.

»Ich hatte einen Harnwegsinfekt.« Er erzählt mir, wie es zu ihrer Liebesbeziehung kam. »Das fühlt sich an, als würde man Rasierklingen pinkeln. Ich war im Krankenhaus in einem Saal, in dem nur Moskauer lagen, aber ich wurde als Einziger täglich von einer Frau besucht. Emma bringt allen von der Pleschka etwas zu essen, wenn sie im Krankenhaus liegen, und sie begleitet sie zum Arzt, damit ihnen die Beine nicht wegfaulen. Sie hat mir alles gebracht, und die anderen wurden von ihren Frauen nicht mal besucht.«

Eine wundervolle Horde Punks kommt die Straße entlang. »Hello, *brodjaga*!«, rufen sie uns zur Begrüßung entgegen. Sie mögen Obdachlose, weil sie sie für Menschen halten, denen es genau wie ihnen im Leben auf Freiheit ankommt. Der Junge mit dem herrlichsten Irokesen bleibt vor mir stehen und steckt mir 20 Rubel (1 Euro) in die Tasche.

Ich kann mir nun ein Bier kaufen, aber Sascha möchte das nächste ausgeben. Er macht den Hosenschlitz auf, schiebt seine Hand dort hinein und nestelt lange im Schritt herum. Dann zieht er eine Rolle Banknoten hervor.

»Das ist, damit mich die Polizei nicht bestiehlt«, erklärt er, »weil die einen durchsuchen und einem alles abnehmen, was man hat. Aber in den Hosenschlitz schauen sie nicht. Auf der Pleschka muss man sich zu helfen wissen. Auf dem Leningrader Bahnhof hat letzte Woche einer am Automaten 12 000 Rubel (600 Euro) gewonnen. Er ist nicht mal bis zum Hauptausgang gekommen, und schon hatten sie ihn beklaut. Damit muss man zurechtkommen.«

Im letzten Winter hat Sascha einen Parkplatz vor einem Supermarkt asphaltiert, eine große Sache. Er war Vorarbeiter, also hat ihm der Arbeitgeber das Geld für alle ausgezahlt. 150 000 Rubel (7500 Euro) für zwei Arbeitswochen von 17 Mann. Die Milizionäre haben ihn an der Metrostation angehalten, auf die Wache gebracht, durchsucht, ihm das Geld abgenommen und ihn vor die Tür gesetzt. Wer wird schon einen *bomsch* in Schutz nehmen?

»Außerdem weiß ich«, so Sascha, »dass mich der Arbeitgeber an die Bullen ausgeliefert hat, wofür er dann die Hälfte der Beute bekam. So macht man in Moskau Geschäfte. Aber damit war die Sache nicht vorbei. Später haben mich die Arbeiter geschnappt, und das waren alles von mir schwarz angeheuerte Leute von der Pleschka. Sie haben mich zugerichtet wie ein Tier, haben mir das Bein gebrochen und mich nackt ausgezogen. Sie haben das Geld gesucht. Dann haben sie mich so ohnmächtig auf der Straße liegen lassen. Ich wäre erfroren, wenn mich Emma nicht gefunden hätte.«

Die Bettwäsche

Zwanzig vor zwölf brechen wir auf zum aktuellen Schlafzimmer meiner Gastgeber. Wir gehen über die Pleschka, sie gemahnt zu dieser Zeit an Sodom und Gomorrha. Säufer wälzen sich in der Kotze, Huren kreischen und machen die Passanten an. Nach 17 Stunden auf der Straße bin ich todmüde.

Seit zwei Wochen schlafen Emma und Sascha mittlerweile auf dem Gelände hinter dem Leningrader Bahnhof, zwischen Paletten mit aufgetürmten Pflastersteinen. Das ist ein einigermaßen ruhiger Ort, aber bevor wir zwischen den Stapeln untertauchen können, müssen wir uns noch vergewissern, dass uns niemand beobachtet.

»Das sind unsere Bettwäsche und Decke«, kichert Emma. Wir machen uns Matratzen aus Pappkartons und decken uns mit einer schwarzen Folie zu. Wie Leichen.

»Schläfst du?«, flüstert Emma.

Ich habe keine Kraft zu sprechen.

»Es gab hier bei uns auf der Pleschka eine Wera, eine kluge, gebildete Frau, die zur Trinkerin geworden war. Sie saß immer auf der ›Urne‹, einem Blumenkübel aus Beton, der am Eingang zur Unterführung des Platzes steht. Sie saß dort und sagte zu den Passanten: ›*Dajte dwa rublja na postrojku korablja.*‹* Da haben sie ihr was gegeben, zwei Rubel oder mehr. Sie wurde Mama Tschuli genannt wie die Heldin der mexikanischen Telenovela – eine Bedienstete bei reichen Leuten und ein wahrer Engel. Der beste Mensch auf der Welt. Unsere Mama Tschuli war auch so. Wenn sie nicht trank, half sie allen, sie teilte ihr Geld und Essen ... Schläfst du? Ich glaube, auf der Pleschka muss es immer so jemanden geben. Seit drei Jahren bin ich diese gute Seele. Zum Glück kommt Wasja bald aus dem Gefängnis, und ich kann nach Hause gehen, denn die Guten auf der Pleschka leben nicht lange. Weißt du, was mit Mama Tschuli passiert ist? Jacek! Sie hatte eine schöne und elegante Tochter. Reich war sie und im Pelz. Hundertmal hat sie die Mutter nach Hause geholt, und die ist hundertmal abgehauen. Als sie sie wieder einmal holen wollte, begann sie mit den Fäusten auf sie einzuschlagen, sie zu kratzen, zu beißen und zu treten. Sie warf sie auf den Boden und trampelte auf ihrem Kopf herum. Niemand hielt sie davon ab, weil Mutter und Tochter selbst miteinander klarkommen müssen, und Mama Tschuli starb. Im Juli war es drei Jahre her, dass die Tochter zu acht Jahren Gefängnis verurteilt wurde. Sie schämte sich, dass ihre Mutter eine *bomschicha* und Säuferin war. Wenn du dich schämst, denke

---

* Russ.: Gebt zwei Rubel zum Bau eines Schiffes. (A. d. Ü.)

ich mir, dann komm doch nicht zur Mutter. Leb dein Leben und lass sie das ihre leben. Schläfst du? Ich war mehrere Jahre lang Köchin auf einer geologischen Expedition im Ural. Einmal war ich als einzige Frau einen ganzen Winter lang mit 17 Mann von der Welt abgeschnitten, und ...«

Es kommt letzten Endes gar nicht so sehr darauf an, dass jemand zwei oder zweieinhalb Zentner stemmen kann, als darauf, dass sein allgemeiner Gesundheitszustand in Ordnung ist und dass er über einen allseitig und gut entwickelten Körper verfügt. Unsere Aufgabe kann daher unmöglich darin bestehen, nur die Muskulatur zu entwickeln, um dann fabelhafte physische Kraftleistungen zu vollbringen. Vielmehr geht es gerade darum, dass wir unseren gesamten Organismus qualitativ aufbessern und, wenn nötig, auch entlasten, um unsere geistige Leistungsfähigkeit weiter steigern zu können.

Reportage aus dem 21. Jahrhundert, 1957

Mani. Party vor seinem Wohnblock im Bezirk Marino

TOLLWÜTIGE HUNDE

Der Wodka war vom Frost so zähflüssig, dass er kaum aus der Flasche rann. Dabei hatte über Moskau eine warme, künstliche Sonne mit einer Leistung von einer Million Kilowatt scheinen sollen. Und es hatte nur fünf Millionen Einwohner geben sollen. Niemand sollte hungrig sein, niemand an Tuberkulose oder Krebs erkranken, nicht einmal müde sollten die Menschen sein, weshalb man so gut wie nie hätte schlafen müssen. Es sollte keine Autos, keinen Schnee auf den Straßen und keine stinkenden Müllschlucker in den Wohnungen geben.

Von alledem ist nur der letzte Wunsch Wirklichkeit geworden. Und das lediglich zum Teil, denn nun stinkt es im Treppenhaus.

Dirty Rap – Duftfabrik

Einstweilen schüttelt mich der erste ordentliche Frost dieses Herbstes.

Wir trinken in den Büschen vor einem 700 Meter langen Wohnblock in Marino, einem Wohnbezirk von Moskau. Wir sitzen auf alten Reifen, als Tisch dient uns eine große Stromkabelspule. Eine morgendliche Party mit Lagerfeuer am Tag des Russischen Milizionärs. Es ist Samstag, der 10. November 2007, und einer von uns ist ein *ment*, ein Bulle.

Er ist ein Kumpel von Mischa Naumow, auch Mani genannt, einem 32-jährigen Rapper der Hip-Hop-Gruppe DOB, mit dem ich mich verabredet habe. DOB ist der Abschaum des Moskauer musikalischen Undergrounds, sie machen sogenannten Dirty Rap (er ähnelt dem Gangsta-Rap), in der Hauptstadt wird er liebevoll *grjaznyi reptschik* genannt.

Mani ist, obwohl er sich bösartig und dreckig gibt, überaus sympathisch. Er ist der einzige Mensch, den ich kenne, dessen Fingernägel zugleich schwarz und abgeknabbert sind. Dazu kommt eine vom Wodka und Frost violette, übel zugerichtete, unrasierte Visage, ausgeschlagene Zähne und ein Totenkopf auf der Mütze. Als Rapper, der etwas auf sich hält, schreibt er seine Texte selbst.

»Über die Jungs aus der Platte, über meine Arbeit, das Einbauen von Plastikfenstern, über meine Frau, meine Tochter«, sagt er und spuckt durch seine Zahnlücke. »Ich singe darüber, dass sich Brindik aus unserer Gruppe totgefixt hat und dass ich mit meinen Kumpels am Tag des Milizionärs trinke.«

> Und es kam da so ein Typ – voll das Arschgesicht,
> Hatte 'ne Flasche dabei – gehörte doch zu unsrer Schicht.
> Der erste Pole ist das – den ich kenn in diesem Land,
> Auch noch ein Schreiberling – ich reiche ihm die Hand.

Der Rapper improvisiert, die Kumpels klopfen auf Flaschen den Rhythmus. Mani nimmt sein ganzes Leben auf CD auf. Die größte Furore machte er im Viertel mit einer Rap-Geschichte über seine Gäste. Eines Tages brachte Manis Frau sie mit von der Arbeit. Der eine war Engländer, der andere Tscheche.

»Er konnte ein wenig Russisch«, erzählt der Rapper, »aber der Engländer kein einziges Wort. Sie waren zufällig bei uns gelandet, es war ausgelost worden. Sie haben eine Woche bei uns gewohnt.«

»Und?«, erkundige ich mich.

»Ich habe ihnen fürstlich zu trinken gegeben. Wodka und Bier. Es hat ihnen schreeecklich gefallen! Sie hatten vor, eine Parfümfabrik in Moskau zu bauen, und wollten sehen, wie eine durchschnittliche russische Familie lebt, wie die Arbeiter die Freizeit verbringen.«

»Und?«, frage ich wieder.

»Sie haben beschlossen, keine zu bauen.«

»Warum?«

»Weil die Arbeiter an einem Abend mehr vertrinken, als sie Lohn bezahlen wollten.«

Das Moskau von heute ist eine gigantische, 15-Millionen-Metropole, in der die Autos selbst nachts im Stau stehen. Mani hat einen 22 Jahre alten cremefarbenen Wolga und wundert sich immer wieder darüber, dass es in seiner Stadt mehr S-Klasse-Mercedes gibt als im 80 Millionen Einwohner starken Deutschland, wo sie produziert werden.

Aber was ist daran verwunderlich, wenn in Moskau rund 10 000 Dollarmillionäre leben? Seltsam ist, dass auf fast jeden Millionär ein obdachloses Kind und zehn obdachlose Hunde kommen.

Blondie – tollwütige Hunde

Von Manis Wohnblock muss ich mit dem Bus zur Metro fahren.

Blondie springt durch die Ausgangstür herein, um schon an der nächsten Haltestelle als Erste hinauszulaufen. Als ich die Fahrkarte an der Kasse kaufe, bleibt sie auch stehen. Sie wartet reglos hinter einem Ständer mit Zeitungen und beobachtet, während sie sich unter der Achsel kratzt, fünf Milizionäre mit Maschinengewehren und Helmen auf dem Kopf. Die Beamten haben sich im engen Durchgang zu den Rolltreppen in offener Ordnung aufgestellt, durch die der Strom der Menschen fließt wie durch ein Sieb.

Endlich halten sie einen bärtigen Mann mit dunkler Hautfarbe an, drücken ihn an die Wand und stecken ihre Pfoten in seine riesige Tasche. Darauf hat sie gewartet. Mit ein paar Sätzen ist sie auf der Treppe, und ich folge ihr.

Auf dem Bahnsteig läuft sie gleichgültig an den jungen Frauen vorüber, die sich im Abstand von gut zehn Metern mit ihren Schildern verteilt haben: »Helft! Mein vierjähriger Sohn stirbt« – »Meine Mama stirbt. Gebt für die Behandlung« – »Helft mir, nach Hause zurückzukehren« – »Helft einer Schwangeren zu überleben«.

Sie bleibt vor einer Werbung für den Wodka »Putinka« stehen (*Krepki charakter, mjagkaja duscha* – Starker Charakter, sanfte Seele) und gähnt laut. Dann steigt sie in den ersten Waggon.

Mit großem Interesse beobachten wir beide einen sehr jungen *razklejschtschik*, einen Plakatkleber, der unseren Waggon in den wenigen Minuten zwischen zwei Stationen mit Dutzenden kleiner, bunter Anzeigenkärtchen beklebt. Der Großteil richtet sich an Emigranten, die auf der Suche nach Lohn und Brot hierherkommen. Die Anzeigen bieten Hilfe an beim Beschaffen einer Wohnung, einer Arbeitserlaubnis, eines Gesundheitsausweises, des Diploms einer beliebigen Hochschule, verschiedener Berufszulassungen, Führerscheine, Schulzeugnisse und Verdienstbescheinigungen, die man benötigt, um einen Kredit zu bekommen. Aber es findet sich auch die Annonce: »Wir geben allen Einwohnern der Russischen Föderation innerhalb von dreißig Minuten Geld – ohne Dokumente und Bürgen.«

Die meisten Kärtchen betreffen die Registrierung, ohne die man, wenn man nicht besonders Slawisch aussieht, in dieser Stadt nicht leben kann. Zwielichtige Rechtsanwaltskanzleien organisieren zwielichtige Registrierungen in zwielichtigen Hotels und Wohnheimen. Ich selbst kaufe bei jedem Aufenthalt in Moskau für 500 Rubel (25 Euro) eine Registrierung in einer dieser Kanzleien. Sie hat ein Büro auf der Hauptstraße.

Das Kleben von Anzeigen in der Metro ist auch nicht erlaubt.

Blondie steigt zweimal um. An der Station Praschskaja legt sie eine längere Rast ein. Sie zieht ein belegtes Brot aus dem Abfalleimer, wickelt sorgfältig das Papier auseinander, verzehrt es und macht ein Nickerchen. Dann geht sie nach oben.

Alles kommt zum Stillstand, als sie, vor Glück jaulend, im Fußgängertunnel herumtoben. Sie jagen sich, zerren mit ihren großen Zähnen aneinander, dann legt sich Blondie auf den Rücken, streckt die Pfoten in die Höhe und zeigt ihrer Schwester den Bauch.

Ich kenne keine Metrostation, an deren Eingang kein Rudel herrenloser Hunde lebt. Sie bleiben an diesen Orten, weil im Winter von unten warme und im Sommer kalte Luft heraufsteigt. Oft ist es sogar ein gutes Dutzend immer sehr großer, starker Köter. Fast jeder Hof, jedes Krankenhaus, jeder Kindergarten und jede Universität hat ein eigenes Rudel.

Unter den herrenlosen Hunden der russischen Hauptstadt wird von Generation zu Generation die Kunst weitergeben, ohne Fahrkarte mit der Metro zu fahren. Meistens haben sie ein bestimmtes Ziel, nicht wie die Obdachlosen, die auf der Kreislinie ein wenig schlafen.

Im Jahr 2001 erklärte die Stadtverwaltung Moskau zur Stadt der Menschlichkeit und verbot das Fangen und Einschläfern von herrenlosen Hunden. Sie sind zu fangen, zu sterilisieren und »am Ort der Ergreifung wieder auszusetzen«. Seit dieser Zeit hat sich die Anzahl der herumstreunenden Hunde verfünffacht, und bei einem Ausflug an den Stadtrand, wo die Rudel größer und aggressiver sind, fordert man sein Schicksal heraus. Vor drei Jahren wurde ein Mensch fast ganz von einem Rudel aufgefressen, um das er sich ab und zu kümmerte. Aber Professor Pojakow vom Institut für Ökologie an der Akademie der Wissenschaften verkündete, dass Moskau nur dank der Hunde keine Probleme mit der Tollwut habe, weil die Köter die Krankheitsüberträger nicht in die Stadt ließen.

»Das ist das Dümmste, was ich im Leben gehört habe«, kommentiert Jewgeni Ilinski. Er ist Chef der vermutlich einzigen Tierschutzorganisation auf der Welt, die für das Einschläfern von Hunden kämpft.

Punkrock – aus der Zeit des Kalten Krieges

Die Energie der künstlichen Sonne über Moskau ist nur ein Funke im Vergleich zu dem, was der Sowjetunion gelang, über Nowaja Semlja im Nordpolarmeer zu zünden. 1961 wurde über dem Archipel die größte Atombombe aller Zeiten getestet. Sie hatte eine Stärke von 50 Megatonnen, also 50 Millionen Tonnen TNT, und im Moment der Explosion setzte sie eine Energie frei, die sechs Hundertstln der Wärmeleistung unserer Sonne entsprach.

Moskau war zu jener Zeit sogar auf einen solchen Angriff eingestellt. Hauptsache, man musste nicht den Untergrund verlassen, den Metrotunnel. Denn von der Station Taganskaja kann man zum Beispiel zum SKP (Saschtschischtschjonnyi Komandnyi Punkt) »Taganski« hinüberlaufen, das heißt zum 62 Meter unter der Erde verborgenen Geschützten Kommandopunkt der Verbindungstruppen, den zusätzlich 20 Meter dicke Betonwände und eine drei Tonnen schwere Eisentür sichern.

Es sind vier zweigeschossige unterirdische Blocks, in denen etwa tausend sowjetische Würdenträger und Militärs drei Monate lang ohne Kontakt mit der Außenwelt hätten überleben können. Unter der Bedingung, dass sie sich an die internen Vorschriften gehalten hätten, die an der Wand zu sehen sind. Punkt acht: »Nicht in Panik geraten.«

Ich war zum Geburtstag des Töchterchens eines Moskauer Oligarchen hierhergekommen. Die Russen nennen diese Jugendlichen verächtlich *Maschory*, was sich von den Worten *molodoi burschui*, kleiner Bourgeois, ableitet und eine umgangssprachliche

Bezeichnung für die russische Jeunesse dorée ist. Die Musiker und das Lokal für die Party hatte der Vater der Jubilarin gemietet.

Mich hatte Sid eingeladen, der 32-jährige Dima Spirin. Er ist Leader der verdammt scharfen Punkband Tarakany, sprich: Kakerlaken. Sid ist höflich, sanftmütig und sehr gebildet, dabei aber übersät mit Ringen und Tattoos. Dazu trägt er einen Totenkopf auf dem Siegelring, der Mütze, dem Hemd. Seine Freundin sieht genauso aus. Sie sind die Avantgarde des russischen Rock, aber sie wollen nicht groß Karriere machen.

»Ich mag es, wenn das Leben leicht und nicht besonders arbeitsreich ist«, sagt er. »Und das ist es, seit ich im März 1991 die Schule geschmissen und die Tarakany gegründet habe. Die Sowjetunion gab es noch, aber sie hatte schon ihre Zähne verloren. Alle taten, was sie wollten, da habe ich mir mit den Jungs aus der Klasse einen Keller am Arbat im Stadtzentrum genommen, wir haben Vorhängeschlösser angebracht, die Ausrüstung hingeschleppt und angefangen zu spielen. Es war herrlich. In den Kellern erwachte ein neues Leben.«

Ein Leben in den Kellern erwachte auch in den Kleinstädten im Moskauer Umland. Dort stemmten die Jungs Eisen, formten ihre Muskeln, vergossen eimerweise Schweiß, und schließlich rasierten sie sich die Köpfe und gingen auf die Straße.

Man nannte sie *gopniki*, was sich von einer Bezeichnung für Straßenraub herleitet. Sie reagierten allergisch auf Hippies, Punks und alle Langhaarigen, aber auch auf Landstreicher und nicht slawische Einwanderer, die nach dem Zerfall der UdSSR massenhaft nach Moskau strömten.

Es wurde wieder entsetzlich. Zu den *gopniki* gesellten sich gewöhnliche Verbrecher, und so entstand, kurz gesagt, die berühmte russische Mafia.

Jedes Unternehmen, das auch nur einen minimalen Gewinn abwarf, sei es ein Gemüsestand auf dem Markt oder eine Rockband, musste eine *krysza* haben, das heißt ein Dach, einen Schutz. Also bezahlte man die Banditen.

Nur Aljoscha Puljakow widersetzte sich, der Gitarrist der Anarcho-Punkband Potschta Mongolska (Mongolische Post), der 1992 in Russland den ersten Rockclub gegründet hatte: Atrischka. Im darauffolgenden Jahr erschossen sie Aljoscha, und der Club ging pleite.

»Jetzt ist es leichter«, sagt Sid. »Die Kriminellen sind zum Business mit Kohle, Gas, Stahl und der Rüstungsindustrie übergegangen, also haben wir mit ihnen nichts mehr zu tun, aber die Besitzer der Clubs, in denen ich spiele, zahlen bis heute Schutzgeld.«

Solche Bunker wie den SKP »Taganski« gibt es viele im Moskauer Untergrund, aber dieser wurde im letzten Jahr als Einziger auf einer Auktion verkauft. Die Behörden waren mit der Renovierung überfordert.

Das Chanson – Gaunermusik

Nicht nur der Rock kam zur Zeit der Perestroika aus dem Untergrund. Auch die Blat-Musik, also die Gauner-, Räuber-, Gefängnis- und Lagermusik. Die Kommunisten hassten sie, weil sie die Sowjetdemokratie mit Füßen trat. Das erste Festival wurde erst wenige Monate vor dem Niedergang der UdSSR genehmigt, im Dezember 1991, nachdem es einen neuen Namen erhalten hatte: »Festival des Russischen Chansons«.

In jedem russischen Taxi und jeder Lkw-Kabine dröhnt nichts als Chanson. Die Rockhelden dieser Reportage verkaufen 3000 Alben, die musikalische Elite Russlands 30 000, und Chansonsänger 300 000, eine Million, drei Millionen.

Der Wortstamm *blat* kommt wahrscheinlich aus dem Jiddischen, in das er Eingang fand durch die deutschen Wörter »Blut«

oder »Blatt«. Denn wenn in Odessa Banditen kamen, um das Lager eines alten Juden oder Deutschen auszurauben, schoben sie ihm den Lauf eines Nagant in die Nase und sagten, das sei ihr *bumaga*, ihr Blatt, also ihre Quittung für die ausgegebene Ware. So begann man, Gauner als *blatnye* zu bezeichnen.

Anarchopunk – Schlachtfeldsyndrom

»*Pogibaet Rossija**«, sagt er düster, als ich in einem Café einen Caffè americano und einen verdammt bourgeoisen Brabanter Kuchen mit gehobelten Mandeln vor ihn hinstelle.

Dann erzählt er lange, wie vor 17 Jahren auf der Twerskaja-Straße der erste McDonald's in Russland eröffnet wurde. Er hatte entsetzt durchs Fenster beobachtet, wie sich die ganze Nacht lang eine Menge todmüder Menschen vor dem Laden drängte, nur um morgens ein Brötchen mit einer Boulette zu essen. Damals dachte er das erste Mal, dass es mit seinem Heimatland vorbei sei. Er war fünf Jahre alt.

Pit hat Philosophie und Theologie an der Moskauer Universität studiert. Er bittet darum, dass ich seinen Namen nicht erwähne. Er ist zusammen mit seiner Punkband Thed Kaczynski (benannt nach dem amerikanischen Terroristen Unabomber) in den Untergrund gegangen. Sie treten nur auf geschlossenen Veranstaltungen für Fans auf, und auf den Fotos im Internet sind ihre Gesichter verdeckt.

Er ist gerade erst 22 Jahre alt und »Rassenfeind Nummer eins«, seit vier Jahren lebt er mit einem von den Moskauer Faschisten gefällten Todesurteil. Natürlich nicht nur deshalb, weil seine Mutter Koreanerin ist und sein Vater aus dem Kaukasus stammt. Pit ist die Ikone aller Moskauer Punks, aller Mitglieder antifaschistischer,

---

* Russ.: Russland geht vor die Hunde. (A. d. Ü.)

pazifistischer, ökologischer, antiglobalistischer und anarchistischer Organisationen.

Vor zwei Jahren tauchte neben dem Todesurteil im Internet seine Adresse und ein Foto auf. Seither ist kein Monat vergangen, in dem ihn nicht Faschisten, Skins, Anhänger von Spartak Moskau, ZSKA oder Dynamo verprügelt haben. Er hat sich angewöhnt, ein Messer in der Tasche zu tragen.

»2001 haben die Nazis einen Krieg mit den Punks begonnen«, sagt er. »Es fließt Blut. Auf den Straßen und bei Überfällen auf unsere Clubs und die Konzerte unserer Bands. Sie wollen die Symbolik des Feindes vernichten. Außerdem kämpfen sie gegen Immigranten und Landstreicher, und wir beschützen sie. Die ganze Antifa, also die Verbündeten der Punks, tun das auch.«

Die radikalsten Bands der Faschisten heißen Korrosija Metalla und Kolowrat. Erstere steht der Nationalbolschewistischen Partei nahe, Letztere den Nationalsozialisten. Oft veranstalten sie Konzerte und Festivals, bei denen sie für die Sicherheit verantwortlich sind. Nach der Veranstaltung werden die »Hilfsgruppen« nicht wieder aufgelöst, so entstehen Kampfgruppen im Untergrund. Besonders viele Soldaten rekrutiert die faschistische Rechte unter Skins und Hooligans.

Eines der letzten Opfer dieses Krieges ist der 26-jährige Ilja Borodajenko, den Nationalsozialisten am 6. Juni 2007 bei einem Überfall auf ein Lager am Angara-Fluss, wo Naturschützer und Anarchisten gegen den Bau eines weiteren Atomkraftwerks protestierten, mit Metallstangen zu Tode prügelten.

»Die faschistischen Organisationen entstanden Mitte der Neunzigerjahre«, sagt Pit, »als massenhaft Emigranten nach Russland kamen. Und diese Menschen sind noch wilder, als sich die Russen sonst im Ausland benehmen. Wenn einer von denen was abbekommt, greifen alle zu den Messern. Sie haben den ganzen Handel in Moskau an sich gerissen, und es entstanden verschiedene Mafiabanden, selbstverständlich waren sie höllisch brutal, wie Wilde eben so sind. Außerdem sehen sie anders aus, sprechen eine andere Sprache, und als der Krieg in Tschetschenien begann, zeigte das Fernsehen, wie sie russische Soldaten töteten. In meiner Klasse gehörten alle Jungs zu den Nazis. Außer mir. Mit der Zeit haben sich ganz schöne Stilblüten entwickelt: Nazi-Punks, Nazi-Rastafaris, ja sogar Nazi-Neger. Ihr Star ist der Hooligan Eskimo.«

»Es gab da so ein Eis, das Eskimo hieß«, erinnere ich mich.

»Vanilleeis mit Schokoladenüberzug. Weil er von außen scheinbar schwarz ist, innen drin aber weiß.«

Auf der anderen Seite der Barrikade haben Pits Kumpel Verbündete in Gestalt von antifaschistischen, roten und apolitischen Skins gefunden.

Pit erwähnt, dass seine anarchistischen Freunde in den Besitz einer Liste mit den Namen der Führer von faschistischen Organisationen in Moskau gelangt seien. Die Hälfte trage keine russischen Namen. Es seien junge Menschen aus Pakistan, Kirgisien, dem Kaukasus und sogar aus Tschetschenien, aber, wie er selbst, aus der zweiten Emigrantengeneration, die die Sprache ihrer Eltern nicht beherrschten.

»Wenn du wüsstest, wie viele jüdische Namen es dort gibt.«

»Warum interessiert euch das?«, unterbreche ich ihn.

»Weil wir sie nicht verstehen können«, gibt mir Pit zur Antwort. »Ich frage so einen, was machst du bei denen, wenn dein Gesicht so dunkel ist wie meins, und der antwortet, dass seine Vorfahren aus Bulgarien, Kroatien oder Italien stammen. Er wird nie im Leben zugeben, dass er aus Baku kommt oder aus Duschanbe.«

Pit ist ein neurotischer, verschreckter Intellektueller mit PTBS, das heißt mit posttraumatischer Belastungsstörung, an der aus dem Krieg zurückkehrende Soldaten leiden. Seine Ratschläge für die Reise, die er mir ständig gibt, kommen von ganzem Herzen.

»Das Wichtigste ist, man darf niemandem glauben. Sich unterwegs mit niemandem unterhalten und bloß keinen Wodka trinken. Man darf nachts nicht herumlaufen, nicht in der Nähe von Märkten anhalten und keine Unterkunft von Frauen mieten, die vor dem Bahnhof stehen. Die Menschen in Russland sind wild und sehr aggressiv. Wenn in der Einöde das Auto versagt und die Nacht kommt, musst du sofort tief in den Wald und dort das Zelt aufstellen.«

»Der Winter steht bevor.«

»In den Wald, sage ich. Zu den Wölfen, nicht zu den Menschen.«

Heavy Metal – Huren, Musik und Saufen

Er ist zu spät. Nach einer Stunde ruft er an und sagt, dass er sich vierzig Minuten verspäten wird.

»Du bist schon sechzig Minuten zu spät«, bemerke ich.

»Na, dann sind es noch vierzig mehr.«

Es werden noch einmal sechzig. Insgesamt zwei Stunden Verspätung. Er betritt das Café und entschuldigt sich mit keinem Wort. Jeans, grüne Jacke, helle lange Haare, Bart … Er sieht nicht wie ein Faschist aus. Selbst sein Händedruck ist nicht fest. Aber er lacht dreckig, und sein Gesichtsausdruck ändert sich dabei überhaupt nicht (wie bei Menschen mit einem gelähmten Gesichtsnerv). Sergei Troizki, bekannt als Pauk (Spinne), ist Gründer und Leader der von den Skins und Faschisten geliebten Heavy-Metal-Band Korrosija Metalla. Er ist 41 Jahre alt.

Er war 18, als er 1984 nur deshalb keinen Studienplatz bekam, weil er lange Haare hatte. Er gründete also eine Band, obwohl es die schlimmste Zeit für die Rockszene im damaligen Untergrund war, weil Juri Andropow, der ehemalige Chef des KGB, in der UdSSR an die Macht gekommen war – zum Glück starb er 13 Monate nach seiner Inthronisierung.

Pauks Mutter ist Zahnärztin, sein Vater Professor für Philosophie.

»Stört es sie nicht, dass ihr Sohn ein Faschist ist?«, frage ich ihn.

»Wobei soll sie das stören?«, fragt er zurück und schlürft laut seinen Kaffee.

»In der Sowjetunion und in Russland war ›Faschist‹ immer das schlimmste Schimpfwort. Die Faschisten haben 20 Millionen deiner Landsleute umgebracht.«

»Die Kommunisten noch mehr, und in Hitlers Armee haben eineinhalb Million Sowjetbürger gedient.«

Aber die Kommunisten verabscheut er auch nicht. Er war sogar Mitglied der Nationalkommunistischen Partei (der roten Faschisten), spielte auf ihren Versammlungen, Kongressen, Umzügen.

Gerade ist er mit seiner Band von einer Tournee durch Sibirien zurückgekehrt.

»Vierzehn Tage und Konzerte in elf Städten«, erzählt er begeistert. »Nach jedem Auftritt haben wir bis in den Morgen gesoffen, dann ging es ab in den Zug und wieder Konzert, Saufen und Zug... Auf der Tour bemühen wir uns, täglich nicht weniger als einen halben Liter pro Kopf zu trinken. Wodka und verschiedene regionale Heiltränke. Gegen Magengrimmen und psychische Verstimmung und zum Doping. Huren, Musik und Saufen, das ist mein ganzes Leben. Was Schöneres gibt es nicht.«

In der Bergbaustadt Nowokusnezk bekamen sie von einem Fan zwei Tonnen Kohle in Säcken. Die haben sie sofort für 5000 Rubel verkauft.

»Und nach dem Konzert haben wir eine hübsche Banja und fünf Huren gemietet«, erzählt Pauk. »In Moskau kostet eine gute Prostituierte 10 000, und in der Provinz kann man ein Topmodel die ganze Nacht lang für 800 Rubel (40 Euro) haben. Drei von ihnen haben uns dann auf der Tour begleitet und bei den Konzerten nackt auf der Bühne getanzt. Sie waren Stars, aber wir haben sie später rausgeworfen, weil wir in jeder Stadt neue haben wollen.«

Pauk gibt sehr viele Konzerte in der Provinz, weil er in der Hauptstadt keine Chance hat, in einem großen Saal aufzutreten. Seine Musik darf weder im Radio noch im Fernsehen gespielt werden.

»Ich war sogar zwei Wochen in Haft«, beklagt er sich. »Wegen unserer Lieder. Weil ich angeblich das Volk aufhetze, Rassenhass und Gewalt schüre. Scheiße! Musik ist reine Abstraktion, man kann sie nicht so wörtlich nehmen.«

»Du singst, man soll dem Schwarzen einen Pflock in die Brust schlagen. Wo ist da die Abstraktion?«

»Ja, wie bei Vampiren. Reine Abstraktion. Schließlich gibt es keine Vampire.«

»Deine Fans verstehen das wörtlich und verprügeln, ja ermorden sogar Immigranten und afrikanische Studenten auf den Straßen.«

»Das ist nicht meine Schuld, wenn mich jemand falsch versteht.«

Patriotischer Rock – Präsidentenherrschaft

»Es ist schrecklich in Moskau.« Auch Waleri Naumow möchte mich aus der Fassung bringen. »In der Klasse meines Sohnes kommen auf 34 Kinder 17 Immigranten, Ausländer nicht slawischer Abstammung. Genau die Hälfte! Als ich zur Schule ging, gab es einen einzigen in meiner Klasse. Bei uns in Moskau sind die Grundstückspreise höher als in London, und die Ausländer kaufen alles auf. In ihren Palästen werfen sie das Geld zum Fenster raus. Unser Land stirbt.«

»Ich weiß. Jeden Tag sterben in Russland 1500 Menschen. Das ist eine demografische Katastrophe, und die Russinnen wollen keine Kinder bekommen, weil die bei der Arbeit stören.«

»Das Fernsehen ist der Feind Nummer eins. Und Drogen, Pepsi-Cola, McDonald's ... Und diese ganze prowestliche Wertelosigkeit, die verlogensten Ideale der Menschheit, die aus den Bildschirmen rinnen und uns daran hindern, Nachwuchs in die Welt zu setzen. Es heißt, wenn du einen Feind vernichten willst, dann erzieh seine Kinder. Und das Fernsehen erzieht sie so, dass Geld das Einzige ist, was sie interessiert.«

Er spricht über die Generation der in den Achtzigerjahren Geborenen, die in Russland abfällig Pepsi-Cola-Generation genannt wird.

Waleri ist Leader der Folk-Rock-Band Iwan Zarewitsch, die sich in ihrer Kunst auf mittelalterliche russische Traditionen beruft. Seit acht Jahren träumen sie vom großen Durchbruch. Sie treten in Pelzen und Kettenhemden auf, schlagen auf der Bühne mit Schwertern auf sich ein, und ihr größter Hit ist das Lied *Rossija wperjod*. Voran Russland, für den Boden, für den Glauben, für den Ural, für die Krim, auch wenn die Krim in einem anderen Land liegt, womit viele Russen sich nicht abfinden können.

Man kann Waleri jedoch nicht widersprechen, was das russische Fernsehen betrifft. Wo es geht, äfft es westliche Vorbilder nach, aber nicht in Hinsicht auf Informationsstandards. Es ist weltweit führend darin, Aufgaben für Teilnehmer von Reality-Shows zu erfinden, die sich für Geld Schlagsahne vom Hintern lecken, Exkremente, Aas, lebende Kakerlaken essen ...

»Erst als Putins Präsidentenherrschaft begann und er den Patriotismus erlaubte, wurde es leichter«, sagt der Bandleader von Iwan Zarewitsch.

Sie wurden zum alljährlichen Star des Festivals Slawa Rossii (Russlands Ruhm), das von Putins Partei Einiges Russland organisiert wird.

»Je mehr Jugendliche unsere Musik hören werden, desto weniger Pepsi-Cola werden sie trinken. Aber bislang hatten wir keinen großen Erfolg, weil das ganze Showbusiness in Moskau totaler Scheiß ist. Wenn du nicht kräftig zahlst, hast du keine Chance, ins Radio und Fernsehen zu kommen. Zwei, drei Menschen entscheiden darüber, was das Volk mag. Und der Russe liegt auf dem Sofa, trinkt Bier, faulenzt – so einem kann man Schwachsinn erzählen, so viel man will.«

Altkirchenslawischer Rock – Selbstzensur

In Russland ist es seit sowjetischen Tagen Pflicht, »die Texte mit den ideologischen Behörden abzustimmen«. Das geschieht nun in der Bundesagentur für Sicherheit (FSB, früher bekannt als KGB), auf deren Gelände das Konzert stattfinden soll.

Es scheint, als hätten sich auch die *wolosatye*, die Langhaarigen, einen anderen Namen zugelegt. Jetzt werden sie *Motherfucker* genannt.

»Vor dem Konzert sammle ich die Texte ein und bringe sie dorthin, wo sie hinmüssen«, erzählt Pulja. »Aber ich bitte darum, dass sie für Auftritte in der Öffentlichkeit Stücke ohne Nationalismus, Aufrufe zur Gewalt und ohne *mat*, das heißt ohne Schimpfwörter, auswählen.«

»Punks können doch ohne *mat* nicht sprechen«, gebe ich zu bedenken.

»Da kann man nichts machen. ›Kill the police‹ geht auch nicht durch.«

»Pulja« bedeutet Kugel, Geschoss, Patrone. Und genau so ist sie. Schnell und scharf wie die Kugel aus einem Nagant, lebhaft, streitlustig, sprunghaft. Zierlich und hübsch, aber nicht schlank. Der Typ Hippie über dreißig. Sie ist Direktorin des Jugendkulturzentrums »Heilige Prinzessin von Petersburg«. Das Zentrum ist ein Holzschuppen auf der Baustelle der Heilig-Geist-Kirche im Bezirk Bibirewo.

Vater Sergei, der hiesige Pfarrer und ehemalige Hippie, gewährte dem Zentrum Unterschlupf, als die Miliz die Jugendlichen nach mehreren Jahren des Kampfes aus dem Keller warf, den die jungen Menschen 1994 aufs Geratewohl besetzt hatten.

»Vater Sergei weiß aus eigener Erfahrung«, so Pulja, »wenn sich Jugendliche mit Poesie, Malerei und Musik beschäftigen, dann sind ganz bestimmt auch Alkohol und Drogen im Spiel. Ohne Gott muss es so enden. Davon singe ich. Und davon, dass in unserem Keller jetzt ein riesiges Geschäft ist und ein gewöhnlicher Puff. Und ich habe ein Strafverfahren am Hals, weil ich eine kulturelle Tätigkeit vorgetäuscht und ein illegales Geschäft betrieben habe.«

Die junge Frau ist Bandleaderin und Sängerin der Gruppe Kreuz des Südens. Sie sagt, dass sie altkirchenslawischen Rock machen.

Andrei – ein schwerer Schlag

Der Jerry-Rubin-Club im Keller von Haus Nr. 62 am Lenin-Prospekt ist ein heiliger Ort für die gesamte Moskauer Antifa – die denkenden, radikalen, aber antifaschistischen Jugendlichen. Für alle Moskauer Rebellen, Kämpfer für die richtige Sache – für Menschenrechte, aber auch für die Freiheit von Versuchskaninchen, Laborratten und -mäusen. Des Öfteren sind sie in Geflügel verarbeitende Betriebe, Schlachthöfe und wissenschaftliche Einrichtungen eingebrochen, haben Tiere befreit und Labors demoliert.

Hier haben Sid und seine Tarakany ihre Karriere im Underground begonnen, aber der größte Punk-Held ist jetzt Pit von der Band Thed Kaczynski.

Den Keller haben sie 1992 besetzt. Ihr Schutzheiliger ist Jerry Rubin, der Ideologe und Anführer der amerikanischen Hippies und Anarchisten. Es ist eher ein Kulturhaus beziehungsweise -keller als ein Club. Zudem ein Ort der alternativen, nicht kommerziellen Kultur. Ohne Wachschutz, Garderobe und Eintrittskarten.

»Eine Bar haben wir auch nicht«, erklärt Andrei Otis Gonda. »Ein Antifaschist trinkt nicht, raucht nicht und nimmt keine Drogen, denn wenn er radikal sein will, dann muss er aktiv sein, also nüchtern.«

Andrei ist noch zu sowjetischer Zeit nach Moskau gekommen, um Veterinärmedizin zu studieren, aber 1995, zwei Monate vor dem Diplom, schmiss er das Studium. Er erklärt mir, dass die Veterinärmedizin ein Fachbereich ist, der dazu dient, Tiere zu züchten, die geschlachtet und gegessen werden.

Er arbeitete als Hausmeister, Verkäufer in einem Nachtshop, unterrichtete Französisch, Englisch und Sport, war Manager, Karate-, Aikido- und Tai-Chi-Trainer, Bauunternehmer und Werbevertreter. Alle paar Monate ging mit viel Getöse sein nächstes Geschäft den Bach runter. Aber er heiratete, hatte Kinder. Um zu sparen, aß er beim Mittagstisch der Hare-Krishna-Anhänger. Er arbeitete mehr, als seine Kräfte es erlaubten, doch seine Schulden wurden immer größer. Schließlich kam er völlig erschöpft und mit einem Nervenzusammenbruch ins Krankenhaus.

Da wurden sie aus der Wohnung geworfen. Sie lebten mit ihren kleinen Kindern in einem Keller, später in einer Garage, in die Andrei einen Kanonenofen stellte. Und dann geschah das Schlimmste. In der Metro wurde ihm auch noch sein Ausweis geklaut.

Alle zwei, drei Tage verbrachte er mehrere Stunden auf Kommissariaten. Bis zum Gehtnichtmehr, immer wieder, Hunderte Male wiederholte er dasselbe: Wer er ist, woher er gekommen ist, wo seine Papiere sind, wo er wohnt, mit wem, wovon er lebt, ob er polizeilich gemeldet ist…

»Meist haben sie mich in der Metro geschnappt«, erzählt er. »Sie stellen sich so auf, dass man nicht an ihnen vorbeikommt, und ich bin auffällig.«

»Warum?«, frage ich ihn wie ein Idiot.

»Weil ich ein schwarzes Gesicht habe.«

»Man kann sich eine Kapuze überziehen.«

»Dann wird man noch schneller geschnappt. Sie fischen im Strom der Menschen nach »Schwarzen«, das heißt nach Kaukasiern, aber wenn ihnen ein richtiger Schwarzer unterkommt, dann wird er hundertprozentig kontrolliert. Jedes Mal drohte mir die Abschiebung, und ich konnte sie nicht mal bestechen. Ich hatte nichts. Sie befahlen mir, die Tasche zu öffnen. Ich war viele Jahre lang Werbevertreter. Sie nahmen, was sie wollten, und sagten, ich solle verschwinden. Das ist ganz normal, aber es war eine Katastrophe, wenn sie mir alles abnahmen.«

»Was für Waren hattest du?«, frage ich.

»Kosmetika oder Musik-CDs. Einmal haben sie mich ausgeraubt, als ich gerade aus dem Lager kam. Alles, was ich hatte, steckte in diesen Waren. Das war ein schwerer Schlag. Ich komme zurück nach Hause … Meine Frau steht in der Tür und fragt nach den Medikamenten für unseren Sohn. Ich sollte sie kaufen, auch etwas zu essen, der Kühlschrank war leer. Das war der schlimmste Tag in meinem Leben. Ich wollte mich umbringen, aber ich hatte nicht den Mut dazu. Tagelang habe ich mich in der Stadt rumgetrieben und schreckliche Situationen provoziert.«

»Warum?«

»Ich habe den Tod gesucht. Gefunden habe ich diesen Club. Ich hatte noch nie im Leben von Jerry Rubin gehört, aber ich bin reingegangen, weil man umsonst reinkam. Es wurde ein Film über Che Guevara gezeigt.«

Er gewann den Ort lieb. Seit mehreren Jahren sorgt er im Club für Ordnung, er gibt Karate-, Aikido- und Tai-Chi-Unterricht.

2002 bekam er die russische Staatsbürgerschaft.

»Und als sie mir die Papiere ausgehändigt hatten, hörten die Bullen sofort auf, mich zu kontrollieren.«

Gangsta-Rap – für eine Hand voll Dollar

Sie sind ein seltsames Paar. Ein wenig wie Dick und Doof in jungen Jahren. Der Kleine ist dünn, 27 Jahre alt und hat ein sehr dunkles Gesicht; der Große ist dick, 29 Jahre alt, hat Schuhgröße 49, verdammt rote Haare und viele Sommersprossen. Der eine ist Georgier aus dem abchasischen Suchumi, der andere Jude aus dem ukrainischen Donezk. Midget, also Zurab Scharabidze, ist Rapper, und Iceman, das heißt Sascha Wiseman, sein Direktor (so nennen sie ihn), Chef des Einmann-Stabs, der Manager des Künstlers.

»Als Jude habe ich Kommerz und Diplomatie im Blut«, lacht er schallend. »Ich komme hervorragend als Kreatiwschtschik zurecht...«

»Als Créateur«, verbessere ich ihn.

»Ein Créateur ist man in der Mode, aber ich denke mir die Strategie aus, ich hecke was aus, leite was in die Wege.«

Es fällt mir höllisch schwer zu verstehen, was er sich kürzlich ausgedacht hat. In etwa ging es darum, dass Stim, ein Rapper aus dem verfeindeten Hip-Hop-Stall des großen Stars Seryoga, ihm Geld schuldete für ein Bling, das Iceman für ihn bei einem Juwelier hatte anfertigen lassen. Das Bling ist Schmuck und Markenzeichen des Musikers, es hängt an einer dicken, goldenen Kette, ohne die kein Rapper auskommt. Schließlich erwischte Iceman Stim und verlangte das Geld, aber der gab ihm das Bling zurück. Eine solche Gelegenheit kann nicht ungenutzt bleiben. Iceman erzählte die ganze Geschichte sofort in einem Interview für ein sehr bekanntes Online-Musikmagazin.

»Ein Rapper ist eine große Autorität für seine Fans«, erklärt er mir. »Die Kinder hören auf ihn und ahmen ihn nach, und ich habe sein Image beschädigt. Es ist ein Klacks, dass er sich danebenbenommen hat, das Problem ist, dass er das Bling zurückgegeben hat! Ein Rapper, der sein Bling verliert, das ist, als würde er seine Eier verlieren, seine Ehre. Aber er hat das gar nicht so empfunden. Weißt du, warum?«

»Na?«

»Weil er sich die Beine rasiert.«

»Was?«

»Ein Rapper, der sich die Beine rasiert! Ein Mann! Das habe ich auch in dem Interview erzählt.«

»Sascha, das kapier ich nicht … Ist das eine Metapher?«

»Nein! Er rasiert sich wirklich die Beine!« Iceman platzt vor Lachen. »Wie kann sich ein Mann die Beine rasieren? Erst recht ein Rapper. Ich habe es mit eigenen Augen gesehen, weil ich einmal mit Stim und Seryoga gearbeitet habe. Wir waren Freunde, jetzt drohen sie mir. Sie haben gesagt, dass sie mich zusammenschlagen, wenn ich heute im Club auftauche. Mit Seryoga kann ich es nicht aufnehmen. Er ist mir an Ruhm, an Geld, ja selbst körperlich überlegen. Er war Boxer und stemmt immer noch Eisen.«

»Ihr macht das fürs Marketing«, bemerke ich.

»Der Rap lebt von Konflikten. Von Krieg, Krawall und Prügelei werden alle berichten. Sie können dabei nur verlieren, aber ich gewinne, selbst wenn sie mich umlegen. Ich werde zum Helden. Man wird Songs über mich schreiben. Midget ganz sicher.«

Eigentlich ist das alles leeres Gerede, denn er weiß, dass er nicht das Zeug zum Helden hat. Schon längst hätte er einer werden können – in Donezk, von wo er stammt, hatte er sich mit Gangstern angelegt, aber er floh aus der Stadt und aus dem Land.

Er hatte lediglich 100 Dollar, als er 1999 nach Moskau kam. Als das Geld zur Neige ging, landete er auf der Straße. Er hungerte, ein halbes Jahr lang lebte er in einem Treppenhaus. Ein Georgier aus dem obersten Stockwerk gab ihm etwas zu essen. So lernte er Midget kennen, der ihn zur Arbeit in einer Autowaschanlage mitnahm. Dort arbeiteten sie sich gemeinsam nach oben und rapten.

»Wenn sie mich nur in Ruhe lassen würden«, sagt Iceman. »Aber mit meinen roten Haaren und so groß, wie ich bin, ist das irgendwie schwirig. Immer wenn ich wo hingehe, zum Beispiel mit meiner Freundin ins Kino, gibt es Stunk. Und immer sind es Kaukasier. Sie beleidigen meine Freundin, provozieren, beschimpfen mich. Sie benehmen sich immer daneben. Ich habe die Schnauze voll. Ich kann Kaukasier nicht ausstehen.«

»Um Himmels willen, Sascha«, antworte ich. »Midget kommt aus dem Kaukasus. Er sitzt neben uns.«

»Aber er ist anders. Und die Georgier sind die ordentlichsten, intelligentesten Menschen im Kaukasus.«

»Ich weiß, warum das so ist«, meldet sich Midget zu Wort. »Bei uns fahren alle Banditen und Menschen, die von der Polizei gejagt werden, nach Moskau. Das ist die Stadt der unbegrenzten Möglichkeiten. Auch für sie.«

Midgets Familie kam mit sieben Dollar in der Tasche hier an. Sie sind Georgier und mussten aus dem rebellierenden Abchasien fliehen. Sie wählten das Land, das den Abchasen geholfen hatte, sie aus ihren Häusern zu vertreiben.

Maschor-Rap – Strastnoj Bulwar

Iceman hat im vergangenen Jahr die russische Staatsbürgerschaft angenommen, aber Midget hat als Georgier keine Chance, sie zu bekommen. Jedes halbe Jahr muss er sich wieder illegal eine Registrierung für 9000 Rubel (450 Euro) kaufen. Andere Ausländer zahlen nur 1000.

Wir fahren mit dem wunderschönen alten Lincoln von Iceman durch die Stadt und sammeln die Jungs ein zur *strelka*, was so viel bedeutet wie Keilerei, Krawall, Schlacht, Abrechnung. Andere Autos schließen sich uns an. Um Mitternacht sind wir vor dem Club »Schara« (Hitze) am Strastnoj Bulwar. Es ist ein sehr teurer und protziger Ort für *Maschor*-Rapper, hinein darf man nur, wenn man dem Türsteher gefällt.

Iceman teilt an die Jungs bunte Frauenzeitschriften aus. Man muss sie sehr eng rollen, dann hat man eine wirksame, schmerzhafte Waffe von der Schlagkraft eines Holzstabs, die nicht scharf ist und niemanden ernsthaft verletzt. Diese Erfindung der sowjetischen Spezialeinheiten ist unter Donezker Banditen beliebt.

Die Freunde von Iceman und Midget sehen nicht aus wie Straßenräuber aus Randbezirken. Sie sind missglückte Nachahmungen der New Yorker Homies, Plastik-*Maschory*, kaputte Oligarchensöhnchen in ausgefallenen Hip-Hop-Klamotten. Es sind die Fans von Midget.

Sie sind es, die die musikalische Mode in Moskau bestimmen, weil nur sie es sich oft leisten können, die höllisch teuren Clubs zu besuchen. Derzeit dominiert ein gemäßigter *Maschor*-Rap, auch Club-Rap genannt, und seine Pop- und Tanzvariante – R'n'B.

Wir warten auf die Truppe von Seryoga und Stim und klappern in der Kälte mit den Zähnen. Ich erzähle, dass schon seit Ende des vergangenen Jahrtausends über Moskau eine warme, künstliche Sonne scheinen sollte.

Die Autoren der *Reportage aus dem 21. Jahrhundert*, die in den Siebzigerjahren gestorben sind, verfassten ihr Buch auf der Grundlage von Gesprächen mit Mitgliedern der Akademie der Wissenschaften der UdSSR. Dort war die Idee entstanden, mithilfe von mehreren riesigen Spiegeln elektromagnetische Wellen hinaufzusenden. 20, 30 Kilometer über der Erde, wo die Strahlen aufeinandertreffen, sollte eine künstliche Sonne aus glühenden

Stickstoff- und Sauerstoffteilchen erstrahlen. Es sollte den ganzen Tag lang hell sein, aber ohne die Gesundheit der Moskauer zu gefährden, denn die Medizin sollte bis dahin pharmakologisch mit dem Problem der Müdigkeit zurechtkommen. Man sollte pausenlos arbeiten können. Und das in einer freundlichen, wohlhabenden, Fünf-Million-Metropole ohne Autos (Fahrverbot in der Stadt) und ohne Schnee auf elektrisch beheizten Straßen. In den Fünfzigerjahren berechneten die Wissenschaftler, dass zum Schneeräumen auf russischen Straßen so viel Treibstoff verbraucht wird wie für die Erntekampagne.

Nach einer Stunde Warten ist klar, dass Icemans und Midgets Gegner nicht auftauchen. Die Jungs laden in den Club ein, aber ich habe geschworen, dass ich niemals ein Lokal mit *fiskontrol** betreten werde.

»Sie müssen beurteilen, ob du angemessen gekleidet bist und ob du etwas in der Bar kaufen kannst.«

»Wenn mir eine Hand fehlen würde oder ich einen Buckel hätte, wenn ich behindert wäre, dann würden sie mich nicht reinlassen«, erwidere ich wütend. »Beschissene Rapper! Warum seid ihr damit einverstanden? Das ist schlimmer als Rassismus.«

»Ja, wie wäre das denn, wenn sie schlecht angezogene, stinkende Invaliden reinlassen würden«, verteidigt sich Iceman. »Das ist ein Ort der Freude. Mir würde es keine Freude machen, zusammen mit einem Invaliden zu tanzen.«

»Liliputaner lassen sie rein«, bemerkt Midget.

»Liliputaner sind in Ordnung.«

»Aber Invaliden sehen traurig aus. Wenn sie fröhlich wären, dann ...«

Am nächsten Tag wird im Internet hinausposaunt, dass Seryoga und Stim gekniffen haben. Zwei Tage später, als Iceman und Mid-

---

* Abk. für: *fisitscheski kontrol* – Körperkontrolle. (A. d. Ü.)

get nachts nach Hause kommen, warten fünf maskierte Männer auf sie. Vier davon schlagen die Jungs schwer zusammen, der fünfte filmt den Vorfall. Am Morgen steht der Film im Internet.

Drei Wochen später, vor meiner Abreise nach Sibirien, besuche ich Midget im Krankenhaus.

»Moskau ist die beste Stadt, um durchzustarten, sich gesundzustoßen, Karriere zu machen und zu Geld zu kommen«, flüstert der junge Georgier durch den Verband. »Eine wundervolle Stadt. Ich liebe sie. Weil sie mich das Leben lehrt, mich nährt und manchmal bestraft. Ich liebe Moskau mehr als all diese Nationalisten. Ich werfe in Moskau nicht mal Müll auf die Straße. So sehr liebe ich diese Stadt!«

Nun machen wir, wenn es recht ist, vielleicht einen gemeinsamen kleinen Stadtbummel durch die Moskauer Straßen des 21. Jahrhunderts? Da spüren Sie doch gleich, was für eine frische Luft uns entgegenweht, sobald wir ins Freie treten, nicht wahr? Es duftet wunderbar würzig nach Gras und Wald. Aber das machen nicht nur die vielen Gärten und Parks. Wir machen einen Spaziergang zur Moskwa und schauen uns das Wasser an. Auf dem Grunde des Flusses können wir die Steine zählen. Zwischen den Wasserpflanzen tummeln sich Schwärme goldig und silbern glänzender Fische. Denn die schmutzigen Abwässer der Haushaltungen und Industrie werden nicht mehr in den Fluss geleitet, sondern gleich an Ort und Stelle gereinigt. Die dabei gewonnenen Produkte finden mannigfaltige Verwendung. Das gesäuberte Wasser aber wird, bevor es sich in die Moskwa ergießt, noch mit Sauerstoff angereichert.

Reportage aus dem 21. Jahrhundert, 1957

Rinat auf seinem Hof in Ufa

MINENFELD

In einer Unterführung steht ein Kondomautomat. »Für alle, die leben wollen«, verkündet eine Aufschrift. Darauf klebt ein Zettel: »Towar kontschilsja.«*

»Bei uns in Russland heißt es, Aids ist das Todesurteil.« Mascha zieht die Augenbrauen hoch, als würde sie sich wundern. »Mir hat die Krankheit das Leben gerettet. Dank ihr habe ich sogar ein Kind und einen Mann. Ich wundere mich bis heute, dass er so einen Junkie mit Aids wollte.«

»Er hat sich ganz einfach verliebt«, tue ich, als wüsste ich Bescheid. »Wirklich merkwürdig ist, dass ihr keine Kondome benutzt. Das ist ein un-glaub-li-ches Risiko für ihn, Kondome verringern es um 99 Prozent.«

»Er besteht darauf, keine zu nehmen. Ich weiß selbst nicht mal, warum.«

»Weil Männer Kondome nicht leiden können. Aber gar so sehr?«

»Warum können sie keine Kondome leiden?«, fragt die 25-jährige Mascha.

»Weil das so was Scheußliches ist wie Kaffee ohne Koffein oder Bier ohne Alkohol. Man trinkt, aber man spürt nichts.«

Etwas über zwanzig, dreißig und vierzig Jahre. Eine Jüdin, ein Tatar und ein Russe. Ein Junkie, ein Schwuler und ein Alkoholiker. Proletarischer, bäuerlicher und akademischer Abstammung. Eine Orthodoxe, ein Muslim und ein Atheist. Juristin, Friseur,

---

* Russ.: ausverkauft (A. d. Ü.)

Künstler. Künstliche, schwarze und Goldzähne. Sie haben nichts miteinander gemein. Außer dass sie alle drei in Ufa, der Hauptstadt der Republik Baschkortostan, am östlichen Rand Europas leben.

Und sie alle haben ein Virus, das die CD4-Lymphozyten auffrisst. Es ist schwach, deshalb stirbt es außerhalb des Körpers sehr schnell. Es übersteht nicht mal eine warme Badewanne, aber Mascha, Sergei und Rinat haben es sich eingefangen.

Das erste Leben

Die Mutter von Mascha war Geografielehrerin, der Vater schrieb und sang Autorenlieder. Mit einem Elternteil fuhr sie also in die Berge, mit dem anderen auf Festivals. Nie zusammen, denn sie hatten sich getrennt. In der Schule war sie die Beste.

Nie im Leben hätte ich gedacht, dass die Eltern von Rinat Kolchosbauern waren. Er ist sehr gut aussehend. Dunkles Gesicht, hochgewachsen, rank und schlank. Sogar männlich, könnte man sagen, wenn da nicht diese Bewegungen wären. Er legt sich die Hand auf die Hüfte oder stützt sein Kinn auf so eine bestimmte Weise ab. Er hat schöne lange Hände, einen langen Fingernagel und sechs Fingerringe. Und etwa sechs Goldzähne vorn im Mund.

Die Eltern von Sergei waren Arbeiter. Als er in der fünften Klasse war, haben sie ihm eine Gitarre gekauft.

»Die Arbeiter in der Sowjetunion wussten, was ihre Kinder brauchten«, sagt er vollkommen ernst. »Sie wollten, dass ich Künstler werde, und die Schule half der führenden gesellschaftlichen Klasse dabei. In der UdSSR war alles möglich. Ich habe eine Musikschule besucht, wurde auf dem Konservatorium aufgenommen. Ich hatte unendliche Möglichkeiten, eine herrliche Karriere vor mir. Aber abends habe ich mit meinen Freunden Rockmusik aus dem Westen gehört. Die Hälfte dieser Musiker nahm Drogen, wir haben sie geliebt und wollten auch so wie Morrison, wie Hendrix sein. Wir waren sicher, dass das Regime uns in Sachen Drogen etwas vormachte. Dass sie uns die vorenthielten, nicht gönnten wie alles andere. Wie Jeans, Coca-Cola, Reisen ins Ausland und diese Musik.«

Sie begannen also, *anascha* zu rauchen. So wird Marihuana in Russland genannt. Sie erkannten sofort, dass ihnen das Regime den Rausch nicht gönnte, ihn für sich allein haben wollte.

»Denn Drogen machen glücklich«, sagt Sergei. »Und genau das gönnten sie uns am wenigsten.«

In der zweiten Hälfte der Achtzigerjahre stand der Zusammenbruch der Sowjetunion kurz bevor. Alles war reglementiert. Selbst Wodka, am meisten aber das Glück.

Der erste Tod

Im Kapitel mit dem Titel »Im Namen des Lebens – die Biologie wird zur exakten Wissenschaft« erklärte der sowjetische Professor den Autoren der *Reportage aus dem 21. Jahrhundert*, dass im nächsten Jahrhundert alle Krankheiten endgültig bezwungen werden, auch Krebs, Geisteskrankheiten und Erkrankungen des Herzens und des Gefäßsystems – so wie man schon zuvor die Tuberkulose ausgerottet habe.

Das 21. Jahrhundert hat begonnen, und die Tuberkulosekliniken in Russland platzen aus allen Nähten. In Irkutsk benötigt man ein Attest, dass man gesund ist, um ins Schwimmbad gehen zu können, oder man geht nach dem Umziehen und vor dem Duschen noch schnell in den Behandlungsraum des Arztes, der entscheidet, wer ins Wasser darf.

Im Jahr 1957 wusste noch niemand auf der Welt von der Existenz eines Humanen Immundefizienz-Virus, also von HIV, obwohl dieses sich bestimmt schon von den Rußmangaben auf die Menschen übertragen hatte. Es kam niemandem in den Sinn, dass auch das 21. Jahrhundert seine Pest haben würde, aber natürlich gab es Prostituierte und Drogensüchtige.

In Russland konsumieren derzeit etwa vier Millionen Menschen gewohnheitsmäßig Drogen. Der Großteil von ihnen intravenös. Es gibt mindestens noch einmal so viele Alkoholiker. Und allein in Moskau bieten 100 000 Frauen gegen Bezahlung sexuelle Dienstleistungen an.

Sergei – der dramatische Tenor

Sergei Jesdokimow studierte am Konservatorium, zur selben Zeit arbeitete er in Ufa beim Operntheater und Ballett. Er war der beste dramatische Tenor im Ensemble, aber er nahm immer mehr und immer stärkere Drogen. Das ruinierte ihn finanziell, also ergriff er die Chance, als ihm zufällig die Theaterkasse mit den Gehältern des gesamten Ensembles in die Hände fiel.

»Es hat mir den Verstand geraubt«, erzählt er, »auf Entzug schüttelte es mich, und ich war wie gelähmt. Ich setzte mich in das Theaterrestaurant, denn ich hatte mir seit ein paar Tagen auch nichts Vernünftiges mehr zu essen kaufen können, und dort fielen sie über mich her, die Kollegen vom Ballett haben richtig Jagd auf mich gemacht. Bevor die Polizei kam, lief ich davon und setzte mich in den erstbesten Zug nach Sibirien.«

Er fand Arbeit in der Philharmonie von Abakan im Gebiet Krasnojarsk. Dort gab es zu wenig Tenöre. Es ging ihm hervorragend, weil er nicht wusste, wo Drogen zu bekommen waren. Also trank er ein Jahr lang wie verrückt, und als er sich vor Ort auskannte, ging er wieder zu Heroin über. Natürlich wusste er, dass in der Stadt und in ganz Russland Aids wütete, aber das nahm er überhaupt nicht ernst. Manchmal wurden dieselbe Kanüle und Spritze auf einer Party von Dutzenden Menschen benutzt.

Sergei spritzte so intensiv, dass er ein paar Konzerte vergeigte, und wurde entlassen. Er kehrte nach Ufa zurück und wurde sofort verhaftet. Er war drei Monate lang in Haft und wurde wegen Diebstahls zu mehreren Jahren Gefängnis auf Bewährung verurteilt.

»Hattest du Familie?«, frage ich ihn.

»Ja. Frau und Kinder, aber ich habe sie verloren. So manche Familie, so manche Frau und viele Kinder. Als ich in Abakan war, habe ich von meiner ersten Frau ein Papier zugeschickt bekommen, dass sie sich von mir scheiden lässt. Dort habe ich auch eine Familie gegründet, und als mir alles um die Ohren flog und ich nach Ufa zurückging, hatte ich wieder eine Frau.«

»Du hast dich schrecklich schnell verliebt.«

»Von wegen Liebe!« Sergei schlägt sich mit der flachen Hand an die Stirn. »Wo gab es da Platz für Gefühle? Ich habe nur für die Drogen gelebt. Aber dafür braucht es ein Opfer. Um es zu täuschen und auszunutzen, um eine Wohnung zu haben, Essen, Sex, Obhut und Geld für Drogen. Und ich war leider ein ausgezeichneter Psychologe, außerdem ein hervorragender Schauspieler, das habe ich am Konservatorium gelernt. Ich konnte von einem Moment auf den anderen losheulen, zornig, beleidigend oder gekränkt sein. Weder Arbeit noch Liebe, Frau oder Kinder spielten eine Rolle, es gab nichts als die Droge. Ich wurde älter, aber nicht erwachsen. Geistig war ich ein Teenager in der Haut eines vierzigjährigen Mannes.«

»Hat dich deine dritte Partnerin auch verlassen?«

»Ja, es war eine ältere Frau, sie hatte schon Enkel, aber sie hatte eine Wohnung, viele wertvolle Gegenstände und Geld. Ich musste nur dafür sorgen, dass sie sich in mich verliebt, aber mit älteren, einsamen Frauen ist das nicht so schwer. Ich bin sexuell sehr geschickt. So habe ich alle diese Frauen an mich gebunden, von mir abhängig gemacht, und bin selbst in die nächste Abhängigkeit geraten, vom Sex eben, von regelmäßigem Geschlechtsverkehr ein paarmal am Tag. Schließlich hat mich selbst die älteste Partnerin rausgeschmissen, und ich landete auf der Straße. Ich habe in Kellern, Treppenhäusern, Schrebergärten gelebt. Ich bin fürchterlich heruntergekommen, habe auf Pappkartons geschlafen und gegessen, was ich im Müll fand. Ich war dreckig wie ein Schwein und stank nach Hundescheiße. Ich habe Ferienhäuser, Autos, die wenigen Bekannten ausgeraubt, die mich noch ins Haus ließen, und meine Eltern, denn eine Mutter hat immer Mitleid und öffnet einem die Tür. Selbst in Spelunken kann man etwas klauen, was sich verkaufen lässt.«

Rinat – nur mit festen Partnern

Rinat Schamilow ist Tatar. Er ist 35 Jahre alt. Als er in der neunten Klasse war, erkannte er, dass er schwul ist. Da war er 16. Nach dem Schulabschluss floh er sofort aus seinem heimatlichen Kolchosdorf nach Ufa, weil es in einer großen Stadt leichter ist, einen Partner zu finden und seine sexuelle Orientierung zu verbergen. Die Sowjetunion lag im Sterben, aber im Strafgesetzbuch stand noch immer der Artikel, der für Geschlechtsverkehr unter Homosexuellen eine Haftstrafe vorsah.

»Hast du Kondome benutzt?«, frage ich subtil.

»Meist ja. Nur mit festen Partnern nicht.«

»Aber du warst nicht ihr fester und einziger Partner.«

»Ich weiß«, sagt er finster. »Zwischen Männern zählt nur der Sex, und ich wollte mehr. Bestimmt habe ich deshalb vor zehn Jahren geheiratet. Ich kann nicht erklären, wie es gekommen ist, dass ich mich in sie verliebt habe und sie sich in mich. Sie wusste, wer ich bin. Sie ist meine erste und einzige Frau. Unsere Beziehung ist sehr stabil.«

Mascha – unantastbar, sicher und reich

Vor zwölf Jahren hat sie mit den Drogen angefangen. Sie war 13, und Larissa, eine Freundin aus ihrer Straße, vier Jahre älter. Larissas Mutter verkaufte den Stoff, also stibitzte sie ihr das Pulver aus dem Versteck und verteilte es auf dem Hof. Die Kinder spielten Junkies. Sie konnten sich das Heroin nicht spritzen, also tranken sie es.

»Wir haben gespielt und sind allesamt süchtig geworden«, sagt Mascha Pawluschenko mit finsterer Miene. »Ich war ein 14-jähriges, süßes Blümchen, die Beste in der achten Klasse einer elitären Kunstschule, eine junge Dichterin und Tänzerin im Volksmusik- und Volkstanzensemble, und gleichzeitig habe ich mir ungereinigtes ›Kompott‹ aus Mohn in die Venen gejagt, das schwarz war wie der Tod. Ich konnte schon Spritzen setzen. Bevor ich in die neunte Klasse kam, war ich schließlich ganz unten angekommen und begann selbst zu dealen. Sie haben mich nur deshalb nicht von der Schule geschmissen, weil meine Mutter Lehrerin war.«

Mascha hatte nie Probleme mit der Polizei. Sie bezahlte, also wurde sie gedeckt. In der ganzen postsowjetischen Welt des legalen und illegalen Business wird an die Mafia Schutzgeld gezahlt, noch öfter aber an sogenannte bewaffnete Strukturen. An die Miliz oder eine der staatlichen Spezialeinheiten. Ein Straßenmusikant oder Bettler zahlt ein paar Hundert Rubel an die örtliche Polizeistreife, Gazprom unterstützt finanziell die Wahlkampagne der Kandidaten des Föderalen Sicherheitsdienstes (FSB).

Es ist sogar vorgekommen, dass Milizionäre Maschas Zulieferer waren. Sie gaben ihr die Drogen zum Verkaufen, die sie anderen Dealern abgenommen hatten. Vom Verdienst bekam jeder die Hälfte.

»O mein Gott! Sie haben von einer 15-, 16-jährigen Rotznase Kohle für Drogen genommen.«

»Klar«, sagt Mascha. »Ende der Neunzigerjahre habe ich an einem Tag etwa 5000 Rubel verdient (250 Euro). 2000 waren für sie, 2000 für neue Ware, 1000 blieben für mich. Das war sehr viel für ein 16-jähriges Mädchen.«

»Und für die Bullen?«

»Vermutlich auch. Ein Abteilungsleiter verdient 22 000 (1100 Euro) Rubel im Monat.«

»Das ist wenig. Ein Zugführer in der Moskauer Metro bekommt 30 000 (1500 Euro), und ein Mädchen bei McDonald's 12 000 (600 Euro).«

»Meine Mutter«, sagt Mascha, »bekommt als Lehrerin 7648 (ca. 380 Euro) Rubel auf die Hand. Die gewöhnlichen Einsatzkräfte der Miliz bekommen 10 000 mehr.«

»Und sie fanden es nicht riskant, Geschäfte mit einem Kind zu machen?«

»Worüber sollten sie sich Sorgen machen? Wenn ich was ausgeplaudert hätte, hätten sie mich eingesperrt oder umgelegt. Später habe ich nicht mehr selbst gedealt. Ich hatte eine Truppe, die für mich gearbeitet hat. Sie wurde auch von der Miliz gedeckt, auf meine Rechnung. Ich habe für jeden gezahlt, und wenn mir einer unangenehm auffiel, weil er die Ware nicht bezahlt hat, habe ich ihn an die Miliz ausgeliefert, und er kam in den Knast. Noch besser war es mit den Lieferanten. Ich habe alles auf Kredit bekommen, also kam es vor, dass ich riesige Schulden angehäuft habe. Bis zu 100 000, 200 000 Rubel (5000, 10 000 Euro), also habe ich ihnen meine Bullen auf den Leib gehetzt. Um Nachschub musste ich mir keine Sorgen machen, weil sofort ein anderer Dealer da war, der ihren Platz einnahm.«

»Verdammt riskant«, sage ich. »Sie hätten dich abstechen können.«

»Kein großes Risiko. Woher soll ein dummer Tadschike, der vom Ende der Welt kommt, wissen, wer ihn verpfiffen hat, wenn er mehrere Abnehmer hat? Mich kennen alle bei der Miliz, und wer ist er? Bullen müssen auch manchmal einen Erfolg vorweisen, also habe ich ihnen den einen oder anderen überlassen. Genau so einen Tadschiken, Aserbaidschaner, dummen Asiaten, Ausländer. Ich war unantastbar, sicher und reich. Ich hatte so viel Stoff, wie man sich nur wünschen konnte. Das Einzige, was mir zusetzte, war der Schmerz meiner Mutter.«

Sie schmiss ihre Tochter zu Hause raus. Sie sagte: »*Poschla won!*«[*] und öffnete ihr nicht mehr die Tür, selbst wenn Mascha nur kam, um sich die Haare zu waschen. Dutzende Male zeigte sie ihre Tochter an, versuchte, sie der Miliz auszuliefern, aber die erklärte ihr, dass sie nichts machen könne, weil Mascha noch keine 18 sei und noch zur Schule gehe.

»Natürlich war das nicht die Wahrheit«, schluchzt das Mädchen. »Aber woher sollte meine arme Mutter das wissen? Sie hatten einen Mordsspaß mit ihr. Alles war dahin, die ganze Liebe, Achtung, das Zuhause, die Familie ... Mir war alles scheißegal. Ich war mutterseelenallein. Denn im Leben von Drogensüchtigen gibt es keine Freunde. Selbst der Miliz konnte ich nicht über den Weg trauen. Das war ein schreckliches Leben, eine schreckliche Leere. Du stehst vor dem Spiegel und siehst eine lebende Leiche. Riesengroße Augen, eingefallene Wangen, die Haut weiß wie Papier. Außerdem dürre Knie, hervorstehende Rippen und Schlüsselbeine, schlaffe Brüste. Das Schlimmste waren die Augen. Riesige blaue Augen mit schwarzen Pünktchen statt Pupillen. Aber noch härter war der seelische Schmerz.«

Mascha flehte vor der Tür um Erbarmen, um Hilfe. Schon zuvor hatte die Mutter sie gemeinsam mit der Großmutter, einer Ärztin, selbst zu Hause entgiftet. Das Mädchen hatte eine Heidenangst vor dem Krankenhaus, weil sie lebenslang ins Junkieverzeichnis

---

[*] Russ.: »Hau ab!« (A. d. Ü.)

der Miliz aufgenommen worden wäre, und das hätte bedeutet, dass sie sich ihren Traum vom Jurastudium für immer hätte aus dem Kopf schlagen können. Maschas Mutter verkaufte die Garage des Großvaters und bezahlte den Krankenhausaufenthalt der Tochter, denn dann wurde man anonym behandelt.

Der zweite Tod

Der erste Fall eines Bürgers der UdSSR, der am Erworbenen Immunschwächesyndrom, das heißt an Aids, erkrankt war, wurde 1987 registriert. Es war ein Homosexueller, der als Übersetzer für das Militär in Afrika arbeitete. Der erste Russe starb im Jahr darauf an Aids. Am längsten trägt der Sechzigjährige Kolja Pintschenko aus Sankt Petersburg das Virus in sich. Er hat sich 1981 infiziert.

Die Pandemie breitet sich ungestört und sehr schnell aus, hauptsächlich aufgrund des unter russischen Drogensüchtigen üblichen kollektiven Gebrauchs von Kanülen und Spritzen. Untersuchungen haben gezeigt, dass dies für 83 Prozent der Drogensüchtigen zum Alltag gehört.

Das größte Ausmaß erreichte die Pandemie 2001, als 87 000 neue Infektionsfälle offiziell registriert wurden. Russland wurde zweites Afrika genannt, es hieß, dass es von der Erde verschwinden, an der Pest des 21. Jahrhunderts innerhalb von wenigen Jahrzehnten zugrunde gehen würde. Aber in den letzten zwei Jahren sind die Finanzmittel für den Kampf gegen Aids aus staatlichen und internationalen Mitteln von fünf auf 150 Millionen Dollar erhöht worden, und die Situation hat sich auf einem Niveau von etwa 40 000 registrierten Neuinfektionen mit HIV stabilisiert.

Heute ist die Situation dort am ernstesten, wo das Virus zuerst hingelangte, bevor überhaupt etwas über es bekannt war und dagegen unternommen wurde. Samara, Irkutsk, Orenburg, Sankt Petersburg, die Oblast Kaliningrad an der Grenze zu Polen.

Am unbedrohlichsten ist die Situation in benachteiligten, armen Regionen, weil sich dort kaum einer Drogen leisten kann.

Aufgrund der Armut trinken die Menschen in Russland Wodka.

Sergei – unvernünftige Frauen

Ein russischer Drogensüchtiger tut alles, um nicht im Junkieverzeichnis der Miliz zu landen, denn dann können ihm die Elternrechte entzogen werden. Fast automatisch verliert er auch seine Arbeitsstelle, wenn er im Bildungs-, Gesundheitswesen, der staatlichen Verwaltung, dem Militär oder der Miliz tätig ist. Berufskraftfahrern wird der Führerschein abgenommen, dabei ist bekannt, dass ein Großteil der Taxifahrer Drogen nimmt und oft selbst damit handelt.

Sergei fürchtete sich nicht so wie Mascha, dass er im Verzeichnis der Miliz landet, weil er schon seit Jahren dort verzeichnet war, seit er die Kasse mit dem Geld für die Künstler an der Oper und dem Ballett gestohlen hatte. Etwa einmal im Jahr erschien er zur Entgiftung im Krankenhaus. Man behandelte ihn, päppelte ihn auf, ließ ihn in einigermaßen sauberer Bettwäsche schlafen. Dort erfuhr er im Jahr 2000, dass er HIV-positiv ist.

»Ich war überhaupt nicht entsetzt«, erzählt er und verzieht den Mund. »Natürlich hätte ich es mir beim Geschlechtsverkehr holen können, aber Drogensüchtige fangen sich das intravenös ein, mit dreckigen Spritzen. Von dem Moment an habe ich noch mehr gefixt, als ob ich wollte, dass der Tod schneller kommt.«

»Wolltest du dich umbringen?«

»Ich habe an Selbstmord gedacht, aber ich habe mich nicht getraut, selbst Hand an mich zu legen. Ich hatte Angst. Von allem Menschlichen war mir nur der Selbsterhaltungstrieb geblieben.«

»Genau das ist bei den Tieren der stärkste Instinkt.«

»Da siehst du es. Ich hatte nicht einmal genug Kraft, mich umzubringen, deshalb habe ich mich über die Krankheit gefreut, die das für mich tut. Mein Gott! Wie ich mich gehasst habe! Wie sehr ich dieses beschissene Leben satthatte. Der einzige Ausweg war, mich zu Tode zu fixen. Oder zu warten, bis ich an Aids, Gelbsucht, Leberzirrhose sterbe, der Wodka oder ein anderer Junkie mich umbringt, dem ich seinen Stoff klaue. Es war also alles wie zuvor, manchmal hat sich sogar noch ein altes Weib in mich verknallt und mich in die Wohnung gelassen. Ich habe nicht verheimlicht, dass ich infiziert bin, aber ihnen war das egal. Steck mich an, und wir werden das ganze Leben zusammen sein. Sie haben mich darum gebeten, dass ich sie anstecke! Ich hatte mehrere solche Frauen. Sie verschlossen die Augen davor und gingen mit mir wie in den Tod. Wie in ein Minenfeld.«

Er lässt es zwei Jahre lang auf dem Minenfeld krachen und kommt in die Abteilung für Suchttherapie einer Klinik für HIV-Infizierte, aber sogar dorthin kommen die Dealer. Auch Wodka gibt es in Hülle und Fülle.

Der Chefarzt drückt beide Augen zu und veranstaltet alle paar Tage große Besäufnisse, bei denen er die Patientinnen anmacht und für Wodka und Drogen mit ihnen schläft. Auf einer dieser Partys übertreibt es Sergei mit Alkohol und Drogen und kommt auf die Intensivstation.

Dort besuchen ihn Mitglieder der Narcotics Anonymous. Einer von ihnen ist der Chef einer Gangsterbande, die Sergei aus dem Gefängnis kennt.

»Ich dachte, ich gehe zu ihnen, denn schlimmer als es war, konnte es nicht werden. Ich kam in ein Rehabilitationszentrum, wo ehemalige Junkies das Zwölfschritteprogramm der Narcotics Anonymous anwenden.«

Ihren Beobachtungen zufolge hört die Hälfte der russischen Süchtigen mit den Drogen auf, sobald sie erfahren, dass sie sich mit HIV infiziert haben. Die Alkoholiker schneiden ein wenig schlechter ab.

Rinat – gemeines Miststück

»Hast du dich vielleicht bei deinem Partner angesteckt?«, frage ich Rinat.

»Nein. Bei einem Arzt.«

»Dein Partner war Arzt?«

»Guter Witz! Nicht bei einem, sondern beim Arzt.«

»Das sagen alle Homosexuellen«, antworte ich, »damit es nicht heißt, dass sie zusammen mit den Drogensüchtigen und Prostituierten schuld sind an Aids, das früher ›Schwulenkrebs‹ genannt wurde.«

Ein paar Monate nach seiner Hochzeit bekam Rinat Magengeschwüre. Es musste eine Magenspiegelung gemacht werden, ein unangenehmer Eingriff, bei dem einem ein dicker Schlauch in den Verdauungstrakt geschoben wird, an dessen Ende sich eine Kamera befindet. Er musste einen Aidstest machen lassen, damit er für die Untersuchung zugelassen wurde.

Ein halbes Jahr später musste die Magenspiegelung wiederholt werden, aber da hatte er schon das Virus.

»Jacek«, schreit Rinat, »ich habe in dieser Zeit nicht mal mit meiner eigenen Frau geschlafen! Sie war schwanger, aber die Schwangerschaft war gefährdet, also hatten wir keinen Sex, damit es keine Komplikationen gab. Und ich war ihr treu. Mein Sohn kam am 12. Juli 1998 auf die Welt, am Tag darauf habe ich die Diagnose bekommen. Die Ärztin in der HIV-Ambulanz hat mir gesagt, dass ich noch etwa drei Jahre leben werde. Es hat ihr Spaß gemacht, mich zu erschrecken.«

»Vielleicht mag sie keine Schwulen.«

»Ich habe ihr nicht gesagt, dass ich schwul bin.«

»Verzeih, Rinat, aber das sieht man doch.«

»Wenn du dich auskennst. So ein gemeines Miststück! Sie sagte, ich solle mir schon mal einen Platz auf dem Friedhof suchen.«

Als er wieder einigermaßen klar denken konnte, ging er in das Krankenhaus, in dem der Eingriff vorgenommen worden war. Er wollte, dass man nachsieht, wem vor ihm der Magen untersucht worden war. Möglicherweise wusste dieser Mensch nicht, dass er infiziert ist. Es gehört zu Aids, dass die Menschen jahrelang leben, ohne zu wissen, dass sie das Virus in sich tragen, und in dieser Zeit stecken sie andere an.

Im Krankenhaus sagte man Rinat, dass es eine Computerstörung gegeben habe und die Daten verloren gegangen seien. Nur die von diesem Tag.

»So ist unser Gesundheitswesen«, sagt er. »Nie geben sie Fehler zu. In Woronesch wurden 215 Personen Präparate aus infiziertem Blut gegeben. In meiner Selbsthilfegruppe für HIV-Positive ist ein Mädchen, die sich durch eine Bluttransfusion angesteckt hat. Es kommt immer wieder vor, dass Blutspenden nicht untersucht werden, und bei uns spenden vor allem Penner und obdachlose Alkoholiker, die das Geld brauchen.«

»Warum werden sie nicht untersucht?«

»Warum Geld für Tests ausgeben, wenn man es selbst einstecken und sagen kann, die Untersuchung hätte stattgefunden? Vor der Operation eines Bekannten haben wir selbst Spender in der Familie und unter Freunden gesucht und sie auf unsere Kosten testen lassen, denn sonst hätte er Blut zweifelhafter Herkunft bekommen.«

»Habt ihr keine freiwilligen Spender?«

»Eine klitzekleine Gruppe von Alten, die in der UdSSR aufgewachsen sind. Damals war es eine Ehre, für seine Mitmenschen Blut zu spenden. Im heutigen Russland sind die Menschen stolz auf ihr Geld.«

Mascha – Traum Nummer zwei

Sie hörte im Dezember 2000 auf, Drogen zu nehmen, und im Frühling kam heraus, dass sie Hepatitis B hatte, das genau wie Aids durch Blut oder beim Geschlechtsverkehr übertragen wird.

Im Krankenhaus nahm man ihr Blut ab, und es zeigte sich, dass sie auch mit dem HI-Virus infiziert war. Der Arzt, der das Formular ausfüllte, fragte, ob sie drogensüchtig oder vielleicht Prostituierte sei. Sie verstand, dass ein normaler Mensch diese Krankheit nicht hat. Sie war 18 Jahre alt und hatte ihr Leben verspielt.

Tagelang saß sie auf der Bank vor dem Haus ihrer Mutter und weinte. Immer öfter setzte sich ein Nachbar aus dem Aufgang nebenan zu ihr. Er war zehn Jahre älter. Er sagte, es zerreiße ihm das Herz, wenn er ihre Tränen sehe. Sie war so dünn und klein, hatte kurz geschnittene Haare, sah eher aus wie ein Junge. Er entschied, dass dieses Kind nicht länger weinen sollte, und überredete Mascha, sich für ein Jurastudium zu immatrikulieren. Wenn sie schon keine berühmte Musikerin, kein zweiter Okudschawa werden könne, dann solle sie ihren Traum Nummer zwei wahr machen und als Ermittlerin bei der Miliz arbeiten.

Er bezahlte sogar das Studium, die Hälfte er, die andere Hälfte Maschas Mutter. Nach einem Jahr machte er dem Mädchen einen Heiratsantrag.

Die Hochzeit fand am 20. Dezember 2002 statt.

»Ich wollte so sehr leben«, erzählt Mascha. »Ich wünschte mir einen Sohn von ihm, so einen prachtvollen, kräftigen ukrainischen Kerl wie ihn. Wir haben uns ins Zeug gelegt, und Weihnachten habe ich kotzend auf dem Klo verbracht.«

»Warst du schwanger?! Nach vier Tagen ...«

»Das orthodoxe Fest! Im Januar.«

»Hat dein Mann auch HIV?«, frage ich.

»Nein.«

»Wie jetzt?! Hast du dich künstlich befruchten lassen? Oder ist er lebensmüde?«

»Ich habe ihn das auch gefragt, und er sagte, dass er offensichtlich lebensmüde ist.« Das Mädchen lacht nervös. »Er wollte es nicht künstlich, ins Glas, mit Röhrchen ... Er sagte, er hat keine Angst, und dann, nach dem ersten Mal, wollte er es weiter so machen. Wir schützen uns nicht.«

»Hast du ihn angesteckt?«

»Nein. Er hat die ganze Zeit einen negativen Befund, und wir machen das schon fünf Jahre so. Unser Sohn ist vier. Ich habe erst später erfahren, dass man sich auf eine Schwangerschaft vorbereiten muss, weil das Risiko einer Ansteckung des Kindes 30 Prozent beträgt, und wenn man die Anzahl der Viren reduziert, fällt es auf zwei Prozent. Aber mein Sohn ist gesund.«

Das zweite Leben

Das Risiko, sich mit HIV zu infizieren, beträgt bei vaginalem Geschlechtsverkehr mit einem seropositiven Partner eins zu 2000 für den Mann und eins zu 600 für die Frau. Bei aktivem Analverkehr eins zu 125 und bei passivem eins zu 30. Das Risiko, sich mit einer verunreinigten Spritze zu infizieren, beträgt eins zu 15.

Der einzige Gegner der Anti-Aids-Kampagne in Russland ist die russisch-orthodoxe Kirche. Sie protestiert gegen Aktionen, bei denen gebrauchte Kanülen und Spritzen gegen saubere ausgetauscht werden. Noch größeren Widerstand leistet sie gegen das Verteilen von Kondomen und Werbekampagnen für deren Gebrauch. Die Kirche ist der Meinung, dass die epidemiologische Bedrohung zunimmt, wenn den Jugendlichen von Kondomen erzählt wird, weil man sie so zu hemmungslosem Sex ermuntert.

Den orthodoxen Geistlichen zufolge ist Aids eine Strafe, mit der Homosexuelle, Drogensüchtige und Prostituierte für ihre Sünden geschlagen sind.

Derzeit sind in Russland 450 000 Infizierte registriert, aber die Behörden schätzen, dass es in Wirklichkeit etwa eine Million gibt. Drei Viertel davon sind Drogensüchtige, die sich mit einer verunreinigten Kanüle oder Spritze angesteckt haben, aber die Mehrzahl der neuen Fälle sind Menschen, die sich beim Geschlechtsverkehr infiziert haben.

UNAIDS, das Programm der UNO im Kampf gegen Aids, schätzt realistischer, dass der Bevölkerungsanteil in Russland, der mit Aids lebt, zwei Prozent der Gesellschaft übersteigt – somit wären es fast drei Millionen Menschen. Russische Nichtregierungsorganisationen sprachen schon 2005 von vier Millionen Menschen. 30 Prozent sind ehemalige oder derzeitige Häftlinge. In den Strafanstalten grassiert die Rauschgiftsucht. In den sibirischen Lagern ist jeder dritte Häftling mit HIV infiziert.

Sergei – hör nicht auf!

Schon seit fünf Jahren nimmt er keine Drogen und trinkt nicht mehr. Er hat gerade die antivirale Therapie unterbrochen, damit seine Leber behandelt werden kann, die von Hepatitis, Drogen und Alkohol schwer in Mittleidenschaft gezogen ist. Der Zustand seiner Leber bereitet ihm größere Sorgen als HIV, und die eine Therapie verträgt sich nicht mit der anderen.

Er geht weiterhin zu den Gruppentreffen der Narcotics Anonymous und der Anonymen Alkoholiker, weil er beide Probleme hatte. Bei den Alkoholikern lernte er die schöne Larissa kennen, eine vierzigjährige Geschiedene, deren Mann ihr das einzige Kind weggenommen hat, weil sie trank. Von da an trank sie noch mehr, und sie hat sich Sergei als ihren Retter ausgesucht.

»Es gibt einen Grundsatz bei uns«, erklärt mir der einstige Junkie. »Wenn ein Kumpel Hilfe braucht, darf man sie ihm nicht verweigern. Das ist unsere Philosophie. Sie wollte, dass ich über Nacht bei ihr bleibe, weil sie nur nachts zum Alkohol greift und dann den nächsten Rückfall hat, aber ich wusste, dass ich mich nicht würde zurückhalten können, wenn ich bleibe. Verstehst du? So eine Schönheit! Ich wollte nicht schon wieder eine Frau ausnutzen, der das Schicksal übel mitgespielt hatte. Ich habe ihr die Hilfe verweigert, weil sie eine schöne Wohnung, Einkünfte und einen reichen Freund hatte. Aber sie wollte lieber einen ehemaligen Junkie und Kriminellen mit HIV, Hepatitis und vom Heroin schwarzen Zähnen. Nach einem Jahr haben wir uns das erste Mal geküsst.«

Sergei arbeitet für eine nicht staatliche Anti-Aids-Organisation. Sein Arbeitsplatz ist die Straße, und seine Aufgabe besteht darin, den Kontakt zu aktiven Drogensüchtigen herzustellen und zu pflegen.

»Verteilst du Kanülen und Spritzen?«

»Das dürfen wir nicht«, sagt Sergei. »Sie werden in allen Nachbarprovinzen verteilt, aber die Behörden unserer Republik sind der Meinung, dass das zum Drogenkonsum anregt. Sie erlauben noch nicht mal, dass wir die gebrauchten Spritzen austauschen, dabei würde das garantieren, dass der Süchtige ohne Gefahr fixt, dass er die Kanülen nicht in den Sandkasten wirft, wo sie ein Kind findet.«

»Was machst du dann mit ihnen?«

»Ich erzähle ihnen von meinem schrecklichen Leben. Ich zeige ihnen, dass man wieder ein Zuhause, eine Arbeit, eine Familie, eine Frau haben kann, wenn man aufhört, Drogen zu nehmen.«

»Hast du Larissa geheiratet?«, frage ich.

»Ja.«

»Das ist schon die vierte Frau. Hatte sie das Virus?«

»Nein. Wir haben uns geschützt. Mit Kondomen.« Sergei streicht sich verlegen durch die Haare. »Das erste Jahr lang. Dann haben wir angefangen, eine Technik ohne Kondome anzuwenden, aber ich bin nicht in ihr gekommen.«

»Du hast ihn rausgezogen?«

»Ja. Und habe auf ihren Bauch ejakuliert.«

»Verdammt. Ihr müsst doch wissen, dass das Virus nicht nur im Sperma ist, sondern auch im Präejakulat.«

»Natürlich, aber ich habe mir vorgemacht, dass ich, wenn ich nicht komme ...« Man sieht, dass er gleich explodiert. »Scheiße, Mann. Quäl mich nicht! Sie hat darum gebettelt, dass ich nicht aufhöre, dass ich in ihr komme! Verstehst du das?! Und ich war vierzig Jahre alt und das erste Mal im Leben verliebt. Und zwei Jahre später war sie auch positiv. Letztes Jahr ...«

»Du hast die Frau angesteckt, die du liebst!«

»Sie wollte die Krankheit haben. Weil ich sie hatte.«

»Was faselst du da für Unsinn?«

»Das ist kein Unsinn! Du hast absolut keine Ahnung von den russischen Frauen. Mit dem Geliebten gehen sie bis ans Ende der Welt und in den Tod. Das ist bei uns ganz normal. Sie lieben es, sich hinzugeben, sich zu opfern! Ich habe Dutzende solcher Frauen kennengelernt!«

Rinat – Sexarbeiterinnen

Das Bewusstsein, sich mit einer tödlichen Krankheit infiziert zu haben, bewirkte, dass Rinat sich gegenüber der Natur machtlos fühlte. Er hatte keine Kraft mehr, sich selbst Gewalt anzutun, die Homosexualität in sich zu unterdrücken. Heute hat er neben seiner Familie, seiner Frau und zwei Kindern, einen festen Partner, den er einmal in der Woche trifft.

»Weil ich ganz einfach so bin. So bin ich nun mal auf die Welt gekommen, Himmel, Arsch und Zwirn! Und ich verberge nicht, dass ich HIV-positiv bin. Ja, und Sex nur noch mit Kondom. Unbedingt.«

Er arbeitet schwarz als Friseur. Er kommt zu den Kunden und Kundinnen nach Hause oder empfängt sie bei sich. Er liebt diese Arbeit, weil er pausenlos schwatzen kann. Und wenn ihm das nicht genügt, geht er zur Sprechstunde in der Aids-Ambulanz, wo man den Menschen mitteilt, dass sie das Virus haben. Ein paar Leute in der Stadt haben sich umgebracht, nachdem sie es erfahren hatten. Rinat erklärt den Infizierten, dass man damit leben kann, dass es kein Todesurteil ist.

So wie Sergei arbeitet auch er auf der Straße, nur mit den *kaserki*. Die Russen lieben neue, fremd anmutende Wörter, also haben sie sich sogar für die Prostituierten etwas sehr Originelles ausgedacht. *Kaserki* ist eine Kurzform der Bezeichnung *kommertscheskie seks-rabotnizy* (private Sexarbeiterinnen).

»Die von der Straße«, erklärt er, »sind fast zu 100 Prozent abhängig von intravenösen Drogen, sie gehen für den nächsten Schuss anschaffen. Ich bin sicher, dass fast alle HIV-positiv sind, aber das ist ihnen egal. Sie lassen sich nicht untersuchen. Sie sagen, sie würden die Kondome benutzen, die ich ihnen gebe, aber ich weiß, dass es nicht stimmt. Es sei denn, der Kunde wünscht das, aber schließlich macht es jeder lieber ohne. Ihre Kunden sind die absolute Unterschicht, fürchterliche Dummköpfe, die sich nur die billigsten Prostituierten für 150 oder 200 Rubel (7,50 oder 10 Euro) leisten können. Die meisten sind verheiratet, und so verbreitet sich bei uns das Virus.

Rinat ist angeblich der einzige Sozialarbeiter in Russland für Aids, der im Schwulenmilieu aktiv ist. Er ist oft im Rotlichtviertel, wo auch Schwule den schnellen Sex mit unbekannten Partnern suchen. Hier hat er den größten Erfolg, denn als er im Frühling 2007 mit ihnen zu arbeiten begann, benutzte kaum jemand Präservative, und nun denken die meisten von ihnen daran, aber sie wollen sich nicht untersuchen lassen. Männer sind Feiglinge, sie wollen das lieber nicht wissen. Deshalb sind 75 Prozent der in

Russland registrierten HIV-Infizierten Frauen. Im übrigen Europa hingegen liegt die Quote genau bei 50 Prozent.

Mascha – Drogenumschlagplatz

In Russland haben die Dealer ihre Verkaufsplätze meist in Treppenhäusern in der Nähe von Apotheken. Jeder hat zwei, drei Kanülen. Die Kunden nehmen die Drogen mit oder setzen sich den Schuss vor Ort. Danach wischen die Dealer die Kanüle an der Hose ab und geben sie dem nächsten.

Jeder könnte sich einen Vorrat an Kanülen in der Apotheke besorgen, aber das bedeutet ein ernsthaftes Risiko. Vor dem Eingang stehen sehr oft Milizionäre in Uniform, und drinnen, noch viel schlimmer, können ihre Kollegen in Zivil sein. Man muss den Ausweis vorzeigen, sich erklären und dann bezahlen, damit sie einen wieder laufen lassen. Wenn man kein Geld hat, sperren sie einen für 48 Stunden ein zur Identitätsfeststellung oder wegen Verdachts auf Drogenkonsum.

Mascha kennt Dutzende solcher Orte in Ufa, deshalb haben ihr die Chefs vom Drogendezernat nach ihrem studentischen Praktikum bei der Miliz eine feste Anstellung angeboten. Sie benötigten einen Experten, der über die Welt der Drogensüchtigen und Dealer fast alles weiß. Es hat sie überhaupt nicht gestört, dass Mascha dieser Welt selbst einmal angehört hat, wie sie sehr genau wussten.

»Ich wollte alle Dealer hinter Gitter bringen, durch die ich mir die Jugend versaut habe«, sagt Mascha, »aber ich habe schnell begriffen, dass es gar keinen Kampf gegen Drogen gibt! Im Gegenteil. Die Milizionäre selbst überwachen den Handel und füllen sich die Taschen damit. Ich habe sie, als ich gedealt habe, auch geschmiert, aber erst jetzt habe ich erkannt, dass das wie ein Unternehmen funktioniert. Zum Beispiel auf dem Hof bei den Zigeunern, wo seit Jahren der größte Drogenumschlagplatz von

Ufa ist, kommt morgens die Streife und nimmt von jedem Dealer 500 Rubel (25 Euro). Sie geht und lässt sich den ganzen Tag lang nicht mehr blicken. Danach fahren meine Kollegen aus dem Drogendezernat vor.«

»Auch 500 von jedem?«

»1000 pro Kopf. Und fahren wieder weg. Auch die siehst du hier den ganzen Tag lang nicht mehr. Schließlich kommen die von der Gosnarkokontrol. Das sind keine Milizionäre, sondern sie gehören zu einer sehr mächtigen Spezialeinheit des Innenministeriums, die extra zum Kampf gegen Drogen geschaffen wurde. Sie nehmen auch 1000 von jedem. Ich habe das mit eigenen Augen gesehen. Ich habe es anderthalb Jahre ausgehalten, dann habe ich meinen Chef um meine Entlassung gebeten. Natürlich habe ich ihm nicht dasselbe erzählt wie dir.«

»Warum nicht?«, frage ich.

»Er weiß doch alles. Alle wissen das. Das geschieht in aller Öffentlichkeit.«

Nun kämpft Mascha um ein Anwaltsreferendariat und lebt wie jeder andere Mensch. Keine Medikamente, keine Psychotherapie, keine Selbsthilfegruppen oder Treffen ... Sie hat ein normales Sexualleben, isst, auf was sie Lust hat, manchmal trinkt sie, wenn es sein muss, macht sie die Nacht durch. Sogar Antibiotika nimmt sie, wenn sie krank wird, obwohl die schrecklich das Immunsystem schwächen.

»Und ich bin wieder in den Bergen und in Höhlen«, sagt Mascha. »Ich gehe klettern, fahre Ski, Motorrad, springe Fallschirm. Mein Mann ist ganz anders. Er liebt sein Zuhause und die Ruhe. Er kocht, räumt auf, singt unserem Sohn Schlaflieder. Und vor einem Monat haben wir den Kleinen getauft.«

»Wie das denn um alles in der Welt? Du bist doch Jüdin.«

»Und russisch-orthodox. Larissa ist die Taufpatin. Das Mädchen, das den Kindern auf dem Hof die Drogen verteilt hat. Wir haben uns wiedergetroffen. Sie ist jetzt meine einzige Freundin. Auch sie nimmt keine Drogen mehr, auch sie hat HIV. Vielleicht von mir. Oder ich von ihr.«

Meiner Ansicht nach werden dann schon alle Krankheiten, die uns gegenwärtig noch in Furcht und Schrecken versetzen, vollkommen bezwungen sein. Wir können sagen, dass es nur ganz wenige Krankheiten gibt, mit denen wir immer noch nicht fertigwerden. Das sind der Krebs, die Geisteskrankheiten und gewisse Erkrankungen des Herzens und des Gefäßsystems. Im 21. Jahrhundert werden sie für die Menschen genauso harmlos sein wie heute eine Lungenentzündung. Wir wollen aber nicht vergessen, dass die Ärzte eine neue und außerordentlich bedeutsame Aufgabe vor sich sehen, die sie wohl nie und nimmer restlos lösen können: Die Vervollkommnung und unbedingte Gesunderhaltung des menschlichen Organismus.

Reportage aus dem 21. Jahrhundert, 1957

Sweta und ihre Tochter in der Wohnung in Kasan

MISS HIV

Ein Gespräch mit Swetlana Issambajewa aus Kasan, der 27-jährigen Miss Russland der HIV-Infizierten

Grüß dich, Sweta. Ich habe keinen Schnupfen, bin nicht heiser, huste nicht, habe keine Ohrenentzündung, und sogar meine Zähne sind gesund.

Gott sei Dank, denn wir fürchten Infektionen wie der Teufel das Weihwasser. Du hast einen Schnupfen nach wenigen Tagen auskuriert, aber wir brauchen dafür zwei, drei Wochen. Wir achten sehr darauf, dass wir nicht frieren.

Ist es deshalb so brüllend heiß in der Wohnung?

Nein. Überhitzung tut uns auch nicht gut, aber wir können die Heizung nicht abdrehen. Es sollten in unserem Block Temperaturregler an den Heizungen angebracht werden, aber sie sagen, sie könnten keine bekommen. Mein Mann und ich wollten selbst welche anbringen, aber das ist nicht erlaubt.

Dann gehe ich mal ins Bad und ziehe mir die langen Unterhosen aus, sonst verschmachte ich. Draußen ist klirrender Frost.

Und in der Wohnung haben wir 30 Grad. Seit einem Jahr träumen wir davon, dass das endlich gemacht wird.

Ist das etwa der Traum von Miss Russland?

Nicht der größte. Es wäre so schön, wenn ich meiner Tochter wenigstens ein Mal im Leben die Brust geben könnte. Aber ich habe schon lange keine Milch mehr. Ich habe meine Brüste ausgetrocknet. Mit Medikamenten. Aber am Anfang musste ich abpumpen ... Und die Milch in den Ausguss kippen. Mein Mann hat das gemacht, weil ich es nicht konnte. Es hat mir das Herz gebrochen. Ich habe gesehen, wie Ewa die Brust sucht, mit den Händchen danach greift, sie in den Mund nehmen möchte, und ich muss ihr ausweichen, das eigene Kind wegscheuchen, damit es keinen einzigen Tropfen abkriegt. In der Milch sind sehr viele HI-Viren. Seit der Geburt stille ich Ewa mit der Flasche, aber ich halte sie so, als ob sie aus der Brust trinken würde. Manchmal ziehe ich mich aus, damit sie mich mit ihren Händchen anfassen kann. Für mich ist das sehr wichtig, notwendig und sehr angenehm. Eine richtige Wonne, weißt du?

Nein, weiß ich nicht, aber ich bin verdammt neidisch. Schlaft ihr gemeinsam?

Sie hat ihr eigenes Bettchen, aber morgens nehmen wir sie zwischen uns.

Und wenn auf dem Spaziergang der Schnuller auf den Gehweg fällt, genügt es, ihn abzuschlecken und ihr wieder in den Mund zu stecken?

Besser nicht.

Dann isst man auch besser nicht von einem Löffel. Und leckt nicht am selben Eis. Aber die Haut vom Hähnchen darf der Vater seiner Tochter wegessen?

Vorsichtshalber nicht mit ihrer Gabel, weil Ilja auch HIV-positiv ist. Aber wir baden gemeinsam. Sehr oft lassen wir Ewas Blut untersuchen, und bisher ist alles in Ordnung. Sie ist jetzt sieben Monate alt. In weiteren sieben wird zu 100 Prozent klar sein, ob sie von mir das Virus geerbt hat oder nicht. Wenn eine Frau während der Schwangerschaft die Empfehlungen befolgt und die entsprechenden Präparate einnimmt, beträgt das Infektionsrisiko des Kindes etwa zwei Prozent. Ohne diese Maßnahmen steigt es auf 25, und wenn im Moment der Empfängnis oder während der Schwangerschaft Drogen, Alkohol, Nikotin und überhaupt eine chaotische Lebensweise dazukommen, steigt das Risiko auf bis zu 50 Prozent.

Du kennst dich sehr gut aus mit diesen Zahlen.
Weil das meine Arbeit ist. Ich habe ein Diplom in Wirtschaftswissenschaften, aber sie haben mich als Sozialarbeiterin in unserer Kasaner Ambulanz für HIV-Infizierte angestellt. Ich leite eine Selbsthilfegruppe für Frauen. In Tatarstan sind über 8000 HIV-Infizierte registriert, drei Viertel davon sind Frauen, aber zu den Treffen kommen insgesamt zwanzig, nur dass nie mehr als sechs, sieben Mädchen auf einmal zusammenkommen. Kein einziges hat sich in seinem Umfeld dazu bekannt, HIV zu haben. Sie leben einsam, haben sich in sich selbst zurückgezogen, in die Familie, und die, die zu den Treffen kommen, hocken zusammengekauert da, die Hände um die Knie geschlungen. Sex, Gewalt, Aids sind Tabuthemen. Unsere Frauen sind nicht in der Lage, darüber zu sprechen, sie sind verschlossen, zurückgezogen, ängstlich. Deshalb haben wir getrennte Gruppen für Frauen und Männer. Um sie anzulocken, habe ich eine professionelle Choreografin eingestellt. Sie bringt uns Tanzen bei und hilft uns, das Herz zu öffnen. Das alles ist schrecklich viel Arbeit, aber ich fahre auch noch ständig weg und zeige anderen, wie man solche Gruppen gründet, auch für Männer. Außerdem habe ich ein festes Fernsehprogramm auf dem Sender TNT: »Rettungsdienst HIV«.

Das gibt es bestimmt seit 2005, als du zur Miss HIV gewählt und zum Gesicht der russischen Anti-Aids-Kampagne wurdest?
Stimmt. Und in meiner Freizeit schneide ich den Menschen zu Hause die Haare.

Warum?
Damit sie hübsch aussehen. Ich mag das sehr. Es trifft sich eine Gruppe von Menschen bei jemandem, ich komme mit meinem kleinen Koffer und frisiere sie. Oft ist es die ganze Familie, Bekannte von Bekannten. Es macht mir große Freude, wenn ich sehe, dass ihnen meine Arbeit gefällt. Das ist ein sehr grundlegendes, unkompliziertes Gefühl. Man wird sofort für seine

Mühe belohnt. Wir unterhalten uns dabei viel. Ich glaube, dass ich ihnen nicht nur die Haare schneide, sondern auch in schweren Zeiten psychisch helfe. Ich mache das schon mein ganzes Leben lang. Anfangs in meinem Heimatdorf, und als ich zum Studium fortgegangen bin, habe ich von diesem Schwatzen und Haareschneiden gelebt. Ich werde irgendwann mal einen Friseursalon aufmachen, bringe ihn zum Laufen, damit er Geld abwirft, und selbst werde ich einen Rettungsdienst für Frauen und Kinder organisieren, der den Menschen nach Lebenskatastrophen wieder Kraft gibt. Vergewaltigungen, Gewalt, emotionale Ausbeutung und das, was ich selbst erlebt habe. Ich werde als Coach arbeiten. Die Theorie habe ich schon, und die praktische Erfahrung sammle ich gerade. Das Unglück, das mir begegnet ist, hat mich sehr gefestigt. Ich bin sehr stark.

Und diese Reisen …

Das ist schrecklich. Ich habe viele Treffen mit Frauen in den Zonen …

Das heißt in Lagern, in Strafkolonien. Bei uns weiß man nicht, dass die Häftlinge in Russland nicht in Zellen sitzen, sondern hinter Stacheldraht in Lagern mit riesigen Baracken.

Frauen auch. 30 Prozent der HIV-Infizierten in unserem Land sind derzeitige oder ehemalige Häftlinge. In den Lagern fixen fast alle. Die Drogen sind dort sehr viel billiger als draußen. Ein Schuss kostet weniger als ein Glas Wodka, weniger als ein Päckchen der billigsten Zigaretten. Die Drogen sind die einzige Freude, das einzige Glück, also nehmen sie sie, obwohl alle wissen, dass sie sich das Virus holen können, und sie holen es sich. Eine riesige Baracke für mehrere Hundert Häftlinge, aber nur eine Spritze. Ich habe das mit eigenen Augen gesehen.

Wie können die Aufseher das zulassen?

Was denkst du denn? Die haben das alles in der Hand! Überall. Sie dealen. Die Verwaltung und die Direktoren wissen das ganz genau. Und sie verdienen glänzend an diesem Geschäft. Am Schlimmsten ist es in Sibirien, wo jeder dritte Häftling HIV-positiv ist. Und wenn er freikommt, teilt ihm der Mitarbeiter der medizinischen Abteilung zum Abschied mit, dass er Tuberkulose, Anämie und HIV hat. Und dieser arme, einfache Mensch aus der sibirischen Provinz soll sich selbst heilen? Wie denn das? Etwa mit Honig und Kräutern?

In Russland sind 450 000 HIV-Infizierte registriert, aber die Behörden schätzen, dass es mindestens noch einmal so viele sein müssen.

Mein Mann und ich haben in Moskau mit einem Experten vom staatlichen Zentrum für den Kampf gegen Aids gesprochen. Er hat zugegeben, dass die Behörden das wahre Ausmaß der Epidemie verschweigen.

Warum?

Wenn sie die korrekten Zahlen veröffentlichen würden, würde Panik ausbrechen. Aus den Berechnungen von Nichtregierungsorganisationen geht hervor, dass es schon im Jahr 2005 vier Millionen Infizierte gab. Die meisten HIV-Positiven haben keinen blassen Schimmer, dass sie mit dem Virus leben.

Und wie hast du es erfahren?

Als Leistungssportlerin hatte ich Routineuntersuchungen. Ich habe Gesellschaftstanz und Leichtathletik trainiert. Ich bin Distanzen von fünf und zehn Kilometer gelaufen.

Dann lass uns bei dieser Gelegenheit erwähnen, dass du die Figur einer Langstreckenläuferin hast und nicht wie irgend so eine Miss oder ein Model aussiehst.

Ich bin 1,67 Meter groß und wiege 45 Kilo. Ich komme also die Untersuchungsergebnisse abholen, und der Arzt sagt mir ohne Umschweife, dass ich HIV und noch höchstens acht oder zehn Jahre zu leben habe.

Das ist totaler Schwachsinn.

Natürlich. Er hatte keine Ahnung, aber 2003 war ich 22 Jahre alt und wusste nichts von dieser Krankheit. Ich ging nach Hause, warf mich aufs Bett und stand ein halbes Jahr lang nicht mehr auf. Ich lag da, heulte und schüttete eine Flasche Baldrian nach der anderen in mich hinein. Dunkel, dreckig, schrecklich, verzweifelt. Ich wollte sterben. Meine Schwester Nadeschda kam oft vorbei.

Hoffnung ... Ein guter Name in dieser Situation.

Ja. Sie saß bei mir und hat mit mir gelitten. Das ist sehr wichtig, aber mehr konnte sie nicht für mich tun, und bei uns in der Provinz gab es nicht mal jemanden, mit dem ich darüber hätte sprechen können. Am meisten hat mich zur Verzweiflung gebracht, dass ich nie Mutter werden würde. Schließlich habe ich mich zusammengerissen, bin nach Moskau gefahren und habe gesehen, dass solche Menschen wie ich normal leben. Arbeiten, sich lieben, Kinder bekommen. Inzwischen weiß ich, dass alle die Nachricht, dass sie HIV-positiv sind, ganz ähnlich aufnehmen. Bei uns in Russland scheint es, als würde jeder mehrere Phasen durchlaufen, so wie man die zwölf Schritte bei der Behandlung vom Alkoholismus durchmacht. Zuerst kommt die Verzweiflung, der Zusammenbruch und die Resignation. Das ist die Opferphase.

Bei dir hat sie ein halbes Jahr gedauert ...

Ich habe ein halbes Jahr im Bett gelegen. Wir fragen uns: Warum ich und für welche Sünden? Dann kommt die Phase der ersten Schritte. Du stehst auf und beschaffst dir Informationen. Ich bin bis nach Moskau gefahren. Dann kommt für die meisten Infizierten die letzte Phase, die Akzeptanz. Manche machen jedoch noch eine vierte Phase durch – man erweitert seinen Horizont, erkennt, dass man dank dem Virus viel gewonnen hat. So wie ich. Ich bin zu Kräften gekommen und habe mich selbst erkannt, ich bin stark und einflussreich geworden. Deshalb bin ich so ein guter Coach, und die Menschen glauben mir, wenn ich ihnen sage, wie man gegen das Stigma, die auf einen gerichteten Zeigefinger, die Ablehnung und die Diskriminierung kämpft. Denn wenn der Arzt einem HIV-Infizierten keine Medikamente geben will, weil er sagt, dass sie Drogensüchtigen nicht zustehen, dann haben wir es schon mit Diskriminierung zu tun.

In vielen russischen Firmen werden HIV-positive Menschen entlassen. Meiner Meinung nach ist das auch Diskriminierung.

Natürlich. In vielen privaten Banken und Versicherungsunternehmen wird den Angestellten jedes halbe Jahr Blut für einen HIV-Test abgenommen, und wer infiziert ist, wird sofort rausgeschmissen. Das ist außerdem gesetzeswidrig. Das Unglaubliche daran ist die Denkweise dieser Schufte, die dafür verantwortlich sind. Ich habe mal mit so einem Vorstandsmitglied gesprochen. Natürlich ist er gegen Diskriminierung, aber er weiß auch, dass HIV-Positive in unserem Land diskriminiert werden, also will er sie lieber loswerden, damit es nicht heißt, dass in seiner Bank HIVler arbeiten.

Die reine Schizophrenie.

Eine sehr starke Stigmatisierung habe ich in meinem Heimatdorf erlebt, als ich meine Eltern besucht habe. Ich versuche jedoch zu sehen, dass das normale, einfache, sogar dumme Menschen sind, die zudem noch Angst haben. Ich muss ihnen alles erklären. Klug und mit viel Kraft. Dass Sweta niemanden ansteckt. Dass es dieselbe Sweta ist wie vor fünf Jahren. Die genauso die Haare schneidet, hilft, lacht wie früher.

Du bist ein Mädchen vom Land.

Ja, von der Kolchose. Mein Vater war Traktorist im Dorf Schmyrscha in der Tschuwaschischen Republik. Dort kennen mich alle, weil ich von Haus zu Haus ging, zum Milizposten, ins kleine Krankenhaus, in die Verwaltung und den Menschen die Haare geschnitten habe.

Du bist keine Russin?

Eine reine Tschuwaschin. Das ist ein Volk, das westlich von den Kasaner Tataren lebt. Ich bin genau so viele Jahre alt, wie es die Aids-Epidemie auf der Welt gibt. Ich bin 1981 geboren worden, als in Kalifornien die ersten Fälle einer komischen Krankheit beobachtet wurden. Es sind damals ein paar Homosexuelle gestorben.

Deshalb wurde die Krankheit anfangs »Schwulenkrebs« genannt.

Und später Erworbenes Immunschwächesyndrom, das heißt Aids. Nach meiner Geburt hat mir niemand auch nur die geringste Überlebenschance gegeben. Ich bin dreieinhalb Monate zu früh auf die Welt gekommen. Meine Mutter ist gestürzt.

Sie war betrunken.

Woher weißt du das?

Warum kippen denn die Menschen in Russland sonst auf der Straße um?

Stimmt. Es gibt schrecklich viel Alkoholismus bei uns. Ich bin in einer Welt von Alkoholikern aufgewachsen. Und in einer ebensolchen Familie. Mein Vater hat fürchterlich getrunken. Dann gab es Krach, er wollte Mama schlagen, ich stellte mich zwischen sie … Ich war die Älteste von fünf Geschwistern. Ich kam nicht damit zurecht, dass alle meine Freunde, die Jungs, mit denen ich mich traf, genauso sein würden. Dass sie alle einmal Alkoholiker oder Junkies sein würden, weil sie selbst eine solche Kindheit hatten. Ich bin deshalb zum Psychologen gegangen, und gleich nach der Schule bin ich dort weggezogen. Ich begann zu studieren, die erste große Liebe, aber dann kam heraus, dass er … Rate mal!

Trinkt.

Schlimmer. Drogen nimmt. Erst später, dank HIV, bin ich in die Welt hinausgekommen, nach Moskau, habe aufgeklärte Menschen kennengelernt, Therapeuten, ehemalige Drogensüchtige, Alkoholiker, die mir erklärt haben, was Abhängigkeit und Koabhängigkeit sind. Ich habe begriffen, dass ich eine koabhängige Alkoholikerin bin, zudem HIV-positiv. Ich habe verstanden, dass alle meine Beziehungen die krankhafte, fieberhafte Suche nach Liebe waren, die mir meine Säuferfamilie nicht geben konnte. Denn dort gibt es keine Liebe, die Mütter drücken ihre Kinder nie an sich, geben ihnen keinen Kuss, sprechen nicht mit ihnen, sondern brüllen und befehlen. Ich habe verstanden, dass ich bei den Männern das gesucht habe, was ich in meiner Kindheit nicht von meinem Vater und meiner Mutter bekommen habe. Endlich habe ich begriffen, dass ich mit niemandem eine Beziehung eingehen sollte, bevor ich nicht gesund und selbstständig werde, befreit von dieser Suche, dem Gefühl der Unzulänglichkeit, des Defizits.

Dann triffst du vielleicht …

Einen guten Menschen. Mein einer Opa hat getrunken und mein anderer, meine Eltern … Traditionelles Saufen. So ist das bei uns in den Kolchosen. Und in Russland. Eine schreckliche Saufepidemie, Seuche, Pest. Und das bringt Kriminalität, Gefängnis mit sich. Ich fahre in diese Lager zu den Mädchen und sehe, dass sie alle so sind wie ich, aus solchen Familien stammen. Also haben sie die Liebe auf der Straße gesucht, sind auf die Drogen hereingefallen, haben sich das Virus eingefangen, und wenn Drogen im Spiel sind, dann landen sie irgendwann auch im Gefängnis. Später bekommen ihre Kinder keine Liebe von ihnen, weil sie selbst nie welche erlebt haben. Und alles beginnt von vorn.

Wissen deine Eltern, dass du HIV hast?

Mein Vater wusste es nicht. Er ist 2003 gestorben. Im schrecklichsten Jahr meines Lebens. Kurz nach seinem Tod habe ich erfahren, dass ich infiziert bin. Dann kam mein jüngster Bruder zur Welt. Er hat Kinderlähmung. Er kann nicht gehen, und meine Mutter trinkt wegen all dem noch viel mehr. Noch ein zweiter Bruder ist bei ihr, der Achtjährige. Ich habe dafür gesorgt, dass sie in die Stadt gezogen sind, weil ich mir vorgemacht habe, dass Mama dort aufhört zu trinken. Sie trinkt nicht, wenn ich bei ihnen bin, aber wenn ich fahre, fängt sie wieder an. Die Jungen leiden sehr unter ihr.

Wie lebt man mit Aids?

Mit Pillen bis zum Lebensende.

Ich kenne welche, die keine nehmen.

Weil sie zum Beispiel ihre Leber kurieren müssen, die von diesen Medikamenten zerstört wird. Viele HIV-Positive haben riesige Probleme mit der Leber, weil sie getrunken oder gefixt haben oder weil sie Hepatitis B hatten. Hepatitis ruiniert tierisch die Leber. Drei Viertel der russischen HIV-Positiven war oder ist drogensüchtig, und genau deshalb verbreiten sich die Aids-Epidemie und Hepatitis so schnell und ungehemmt bei uns. Durch das gemeinschaftliche Benutzen von Spritzen. Untersuchungen haben gezeigt, dass es für 83 Prozent der Drogensüchtigen zum Alltag gehört. Natürlich leben Tausende von ihnen mehrere oder bis zu einem guten Dutzend Jahren, ohne zu wissen, dass sie infiziert sind, aber ohne Medikamente bricht diese verdammte Krankheit mit Sicherheit bei ihnen aus, umso mehr, weil alles, was die Abwehrkräfte schwächt, diesen Moment näher rücken lässt.

Kann die Krankheit jeden Moment ausbrechen?

Wenn du trinkst, fixt, dieses scheinbar harmlose Marihuana rauchst oder sogar Zigaretten, dann ja. Mein Ilja raucht, aber ich erlaube ihm nicht mehr als eine Packung für drei Tage. Man muss sich gut ernähren, ausschlafen, plötzliche Temperaturwechsel vermeiden, niesenden Menschen aus dem Weg gehen und möglichst keinen Stress haben. Das ist das Wichtigste. Ich sonne mich nie und musste den Sport aufgeben. Man kann Freizeitsport treiben, vorsichtig, aber bestimmt keinen Marathon laufen. Ich bin zu Yoga übergegangen. Und bis zu meinem Lebensende werde ich mich nicht mehr von dieser Pillendose trennen.

Ach was! Ich dachte, das ist ein Spielzeug von Ewa oder ein Frisbee.

Sie hat 31 Fächer für jeden Tag im Monat. Jedes Fach ist zweifach unterteilt. Für morgens und abends. Ich schlucke drei Tabletten am Morgen und eine am Abend, aber nicht alle Infizierten bekommen das Gleiche.

Wie lange kann man mit dem Virus leben?

Angeblich bis zum natürlichen Tod. Ich kenne Kolja Pintschenko aus Sankt Petersburg, der es schon 27 Jahre in sich trägt. So lange, wie ich lebe. Er hat sich 1981 mit einer dreckigen Spritze infiziert. Er war drogensüchtig, aber er nimmt keine Drogen mehr, trinkt und raucht nicht. Er ist sechzig Jahre alt.

Wie verlief die Wahl der schönsten, mit dem Immunschwächevirus Infizierten, also der Miss HIV?

Den Wettbewerb hatten die Zeitschrift *Schagi* und ein Internetportal für HIV-Infizierte gemeinsam ausgeschrieben. Ein paar Dutzend Mädchen hatten anonym ihre Fotos eingesandt, und das Publikum stimmte ab. Tausende Menschen gaben im Internet ihre Stimme ab. Es wurden drei gewählt, aber schließlich erwies sich, dass nur ich bereit war, meinen Vor- und Nachnamen bekannt zu geben. Der Titel der »Miss Positive« wurde mir in Moskau am 1. Dezember 2005, am Welt-Aids-Tag, verliehen. Ich dachte, das wird eine ruhige, kleine Feier im Kreis von ein paar HIV-Positiven, aber es war pompös wie zur Oscar-Verleihung. Scheinwerfer, Kameras, ein Theater voll mit Menschen, und dann eine Pressekonferenz. Ich war entsetzt. Von früh bis spät wurde ich in den Nachrichten aller Fernsehsender gezeigt. Während einer Pause bei der Festveranstaltung kam ein Mann aus dem Publikum zu mir und sagte: »So klein, aber so mutig.« Das war Ilja, mein jetziger Mann.

Später wurden keine Wahlen mehr organisiert, du bist also die einzige Miss HIV.

Ja. Zwölf Tage danach habe ich meine Diplomarbeit in Wirtschaftswissenschaften verteidigt. Ich komme rein und sehe, dass mich alle kennen und wie einen Star behandeln. Das war angenehm, aber ich musste wieder nach Moskau fahren. Ilja hat damals dort gearbeitet, er kennt die Stadt gut, also half er mir mit allem. Ich dachte mir, es wäre nicht schlecht, ständig so eine Hilfe zu haben. Auch zum Leben, denn ich hatte keine Kraft mehr, stark zu sein. Ich hatte die Nase voll von der Einsamkeit. Ich habe mich sofort in ihn verliebt. Er war auch allein, weil seine Freundin, mit der er zwei Jahre zusammengelebt hatte, ihn verließ, als sie erfuhr, dass er HIV-positiv ist. Er hat sehr gelitten.

Weil sie ihn verlassen hat, oder weil er sich infiziert hatte?
Sicher wegen beidem.
Und hat er sie angesteckt?
Nein.
In zwei Jahren? Das ist ein Wunder. Das Infektionsrisiko beim Geschlechtsverkehr mit einem seropositiven Partner ist für Frauen viel größer als für Männer. Ich hatte mir das irgendwo aufgeschrieben ... Da! Für Frauen beträgt es eins zu 600, für Männer eins zu 2000. Ein richtiges Wunder. Dass sie es geschafft hat.

Vielleicht, aber mein Herz war so ausgehungert, ich wollte so sehr jemanden lieben ... Er hat mir einen Heiratsantrag gemacht und eine List angewandt. Der Fernsehsender TNT hat einen Dokumentarfilm über mich gedreht, also hat Ilja ihnen vorgeschlagen, sie sollen mich unter die Haube bringen. Die Idee, zwei junge, gebildete HIV-Positive zu verheiraten, hat ihnen schrecklich gut gefallen, aber die vom Fernsehen haben es immer eilig, und so sind aus dem geplanten Jahr nach der Verlobung drei Monate geworden. Zuerst fand bei uns in Kasan die standesamtliche Trauung vor der Kamera statt, am nächsten Tag ein Empfang für HIV-positive Freunde in Moskau, und am Schluss in meinem Heimatdorf die Trauung in der Kirche. Als Tatar war Ilja Muslim, aber ich habe ihn taufen lassen.

Und wie hat er sich das Virus eingefangen?

Beim Geschlechtsverkehr. Die Ärzte sagten, er müsse sich in den letzten zwei Jahren angesteckt haben. Mein Mann hat eine Liste gemacht mit allen Partnerinnen aus dieser Zeit, aber da sagten sie ihm, es sei doch im Verlauf der letzten vier Jahre geschehen. Also versuchte er sich an die Partnerinnen aus vier Jahren zu erinnern, aber die Ärzte änderten ihre Meinung und sagten, dass es doch sechs Jahre gewesen seien, einer sagte sogar acht. Es gelang ihm, eine Liste für drei Jahre anzufertigen.

Waren es viele?

Viele. Hundert.

In drei Jahren? Was amüsiert dich daran so sehr? Bist du denn nicht ein kleines bisschen eifersüchtig, ganz zu schweigen davon, dass er alle diese Mädchen hätte anstecken können. Hundert junge Frauen! Hat er sie später gesucht, sie angerufen?

Fast alle, aber es war nicht klar, von wem er es haben könnte.

Ist doch egal, von wem er es bekommen hat. Entscheidend ist, ob er sie infiziert hat. Sie sollten sich untersuchen lassen, um die Seuche nicht weiterzuverbreiten.

Keine Einzige hat zurückgerufen. Aber er kann nicht alle infiziert haben, denn am Anfang ist die Konzentration des Virus im Blut so gering, dass die Gefahr klein ist. Wir hatten jedoch Angst, dass man ihm vorwerfen könnte, vorsätzlich andere infiziert zu haben. Wir haben mit Rechtsanwälten gesprochen. Bei uns in Russland gibt es dazu zwei widersprüchliche Paragrafen. Ob schuldig oder nicht, er hätte angeklagt werden können, und das ist kein Zuckerschlecken. Außerdem hat er mit den Frauen, mit denen er gelegentlich Kontakt hatte, immer Kondome benutzt. Ohne hat er es nur mit den festen Partnerinnen gemacht. Und das waren nur etwa 15.

Was heißt da »fest«! In drei Jahren! Was sind das für feste Beziehungen? Das sind zweieinhalb Monate mit einer. Und er hat sie noch hintergangen, weil er in dieser Zeit etwa achtzig Seitensprünge hatte! Und du findest das auch noch lustig.

Wir sind hier nicht im Iran. Bei uns ist das normal. Die Menschen haben hier so viele Partner.

Und deshalb wird Russland das »zweite Afrika« genannt. Deshalb kommen bei euch auf hundert Menschen drei Infizierte. Und wie hast du es dir geholt, Sweta?

Natürlich auch beim Geschlechtsverkehr. 2003. Ich weiß, von wem. Ich war in den Ferien am Schwarzen Meer und hatte eine Affäre.

Habt ihr euch nicht geschützt?

Bei uns ist das nicht so einfach. Die Frauen sind unheimlich folgsam, ängstlich, unterwürfig. Wenn ein Mädchen darauf besteht, ein Kondom zu benutzen, bedeutet das, sie ist krank oder hat keine Achtung vor dem Jungen und Zweifel an seinen sexuellen Gewohnheiten. Das ist eine tödliche Beleidigung für ihn, ein Anzeichen von fehlendem Respekt und Vertrauen. Die russischen Männer können das überhaupt nicht ausstehen.

Was für arrogante Idioten.

Ein Kondom schwächt unheimlich ihr Selbstwertgefühl, ihre Männlichkeit. Und Sex ohne Kondom ist ein Beweis für Liebe und Sympathie. Ganz zu schweigen davon, dass die Mädchen oft so ganz nebenbei schwanger werden und sich so einen Mann angeln. Denn dann muss er sie heiraten. Bei allen meinen Treffen wiederhole ich bis zum Umfallen, dass die Mädchen Achtung vor sich selbst haben und es nicht mit jedem machen sollen. Sie lernen einen Jungen im Club kennen, und eine Stunde später haben sie Sex mit ihm. Die Situation hier ist tragisch. Besonders auf dem Land. Es herrscht ein schrecklicher Sittenverfall, das geht über jeden Verstand.

Sweta, ich bitte dich! Gerade eben noch hast du begeistert vom sexuellen Blitzkrieg deines Mannes erzählt, und jetzt beschwerst du dich, dass die russischen Frauen zu wenig Selbstachtung haben.

Sollen sie sich doch wenigstens schützen! Verdammt noch mal! Vielleicht kommt es dir so vor, als ob du mit einer jungen, glücklichen Frau sprichst, die ein wundervolles Kind und die Zukunft vor sich hat. Aber weißt du, dass meine eigene Schwiegermutter schreckliche Angst hat?

Um dich. Ihren Sohn und eure Tochter.

Von wegen. Sie hat Angst vor uns! Angst, sich anzustecken. Es ist fürchterlich! Sie fürchtet sich vor ihrem eigenen Sohn und schämt sich für ihn. Vor der Familie und den Nachbarn. Eine gebildete Frau, eine Juristin. Sie erlaubt es nicht, dass wir in ihrer Gegenwart laut und offen über Aids reden. Jedes Mal, wenn sie mich sieht, fleht sie mich an, ich solle keine Interviews geben und wir sollten unserer Tochter niemals etwas sagen.

Und deine Mutter?

Sie ist eine Frau vom Land, aus der Kolchose. Nach einer Talkshow im Fernsehen, an der ich teilgenommen hatte, brach sie in Tränen aus, schmiegte sich an mich und sagte, dass sie mir nicht viel im Leben geben konnte und nicht wusste, wie man das tut, aber dass der liebe Gott ein Auge auf mich gehabt hat und dass ich dank der Krankheit so ein schönes, interessantes und ungewöhnliches Leben habe.

Das durchschnittliche Lebensalter wurde im Verlaufe von nur einer Generation um mindestens zwanzig Jahre verlängert. Das ist das schöne Ergebnis der Tatsache, dass wir die gefährlichsten Infektionskrankheiten heute fast völlig unter Kontrolle haben.

Reportage aus dem 21. Jahrhundert, 1957

Michail Timofejewitsch Kalaschnikow, Konstrukteur

GENOSSE KALASCHNIKOW

Ich konnte ihn weder im roten *Buch der sowjetischen Wissenschaftsgenies* aus dem Jahr 1954 finden noch im Meldebüro, im Einwohnerverzeichnis oder unter den Bestarbeitern im Schaukasten in der Fabrik. In der neuesten sowjetischen Enzyklopädie stand nicht einmal, in welcher Republik er lebt, es gab kein Foto von ihm. *Portreta net* – das heißt, er ist ein Staatsgeheimnis.

Im Jahr 1949 wird Kalaschnikow mit dem Stalinpreis ausgezeichnet. Er nimmt ihn aus den Händen des Generalissimus höchstselbst entgegen. 1971 wird ihm der Doktortitel in den Technischen Wissenschaften verliehen, er wird Mitglied der Leningrader Akademie. Kalaschnikow hat nie studiert.

Ischewsk ist eine hässliche Stadt im Ural. In ihrem Zentrum steht ein riesiger Turm aus Eisenträgern – die Ischewsker Version des Eiffelturms. Bis zum Putsch 1991 war die Stadt Sperrgebiet. Das ist eine sowjetische Spezialität. Mitten im Land gibt es eine Stadt, aber aus unerfindlichen Gründen ist es nicht erlaubt, dorthin zu fahren. Es ist, als ob sie von einer Grenze umgeben wäre. In Russland gibt es bis heute solche Städte und Provinzen.

Ischewsk ist das Zentrum der russischen Rüstungsindustrie. Selbstverständlich gibt es keine Panzer-, Gewehr- oder Panzerwagenfabriken. Das war noch eine sowjetische Spezialität. Panzer werden hier in einer Mähbinderfabrik, Raketen in einer Autofabrik und Geschütze in Betrieben zur Produktion von Wirkmaschinen zusammengebaut (in Tula zum Beispiel werden Gewehre in einer Samowarfabrik hergestellt). In einer der Ischewsker

Waffenfabriken arbeitet, obwohl er emeritiert ist, der 88-jährige Konstrukteur Michail Timofejewitsch Kalaschnikow.

Der Anzug des Konstrukteurs

»Mit was soll ich beginnen, Michail Timofejewitsch? Vielleicht damit: Welches Maschinengewehr ist das beste auf der ganzen Welt?«

»Fragen Sie eine Mutter, welches Kind am klügsten ist. Natürlich ihr eigenes.«

»Und wie wird das Maschinengewehr des 21. Jahrhunderts aussehen?«

»Das weiß ich nicht. Die Amerikaner sind der Meinung, dass die Kalaschnikow bis zum Jahr 2025 das beste sein wird. Was danach kommt, wird sich zeigen. Sie funktioniert immer noch. Und wissen Sie, warum mein Maschinengewehr so beliebt ist? Weil es von einem Soldaten für Soldaten gebaut wurde. Das Wichtigste ist seine Einfachheit, aber nicht, weil ich dumm war, nein. Die Schwierigkeit für einen Konstrukteur besteht darin, etwas Unkompliziertes zu erschaffen. Komplizierte Konstruktionen sind leicht zu entwerfen.«

»Warum haben Sie Ihr Gewehr 1974 auf Munition vom Kaliber 5,45 umgerüstet?«

»Weil die Amerikaner sie in Vietnam eingesetzt haben.«

»Aber damals gab es in der ganzen UdSSR Proteste dagegen. Ihr habt selbst gesagt, dass es eine barbarische, menschenunwürdige Waffe sei. Die Geschosse deformieren im Körper und fügen dem Opfer fürchterliche Verletzungen zu…«

»Na, bitte, verstehen Sie jetzt, warum ich nicht gerne mit Journalisten rede? Weil ihr Blödsinn schreibt.«

Kalaschnikow ärgert sich. Er gibt wirklich so gut wie keine Interviews.

»Als ich nach Amerika gefahren bin, haben sie geschrieben, dass ich selbst zu Hause aufräume. Ist das schlecht, dass ich keine Angestellten habe? Oder dass ich keinen ordentlichen Anzug besitze. Ein großer Held, dem so viele Auszeichnungen verliehen wurden, aber er hat keinen Anzug. Warum schreiben die so was? Haben Sie sich auf der Reise zu mir neue Kleidung gekauft? Genau, haben Sie nicht. Und Sie hatten ganz recht.«

Der Blick des Konstrukteurs

»Unter was für Bedingungen haben Sie früher gearbeitet?«

»Man hat mich nicht auf Händen getragen. Es war ein schwerer Weg. Stellen Sie sich vor. Es wird ein Wettbewerb für ein Maschinengewehr ausgeschrieben, und es tritt ein gewisser Degtarjew an, ein General, Simonow, ebenfalls ein General, Schpagin, ein berühmter Konstrukteur, und dann wurstelt da noch so ein Feldwebel rum.«

»Haben Sie die Waffe ganz allein entworfen?«

»Ja. Ich hatte keine Gehilfen, viele Prototypen habe ich eigenhändig angefertigt, so wie die AK-47. Ich habe die Arbeit immer als Arbeit für das Volk verstanden«, sagt Kalaschnikow und wird ernst.

Vaterland, Volk, Arbeit, das sind heilige Worte für ihn. Wenn er sie ausspricht, liegt in seinem Blick so etwas Proletarisches. Klein, wie er ist, in Pantoffeln und in die Ecke beim Klavier gezwängt, schüttelt er seine nach oben gekämmten, grauen Haare und sieht mich ein wenig von oben herab an.

»Wie haben Sie sich zu Stalins Zeit gefühlt? Wie ein freier Mann?«

»Der Stalinpreis war eine große Auszeichnung. Wer ihn bekam, der wurde geachtet.«

»Konnten Sie Ihre Meinung sagen?«

»Verstehen Sie, Hauptkonstrukteur konnte nur werden, wer mit seiner Idee das ganze Kollektiv mitreißen konnte. Mir ist das gelungen.«

»Um Gottes willen, Michail Timofejewitsch, ich spreche davon, dass damals Politoffiziere und Kommissare das Sagen hatten. In Ihrem Büro bestimmt auch.«

»Der Partei kam in jedem Bereich eine Führungsrolle zu. Ich kann nichts Schlechtes an der Führungsrolle unserer Partei erkennen. Wir haben an sie geglaubt. So sind wir erzogen worden, und ich bin bis heute Kommunist.«

»Ich sehe, dass Sie unter anderen Bedingungen gearbeitet haben als die Flugzeugkonstrukteure zur Zeit des Großen Vaterländischen Kriegs.«

»Aber natürlich, ich bin doch nicht mit Flugzeugkonstrukteuren zu vergleichen.«

Kalaschnikow hört sehr schlecht. Das ist eine Berufskrankheit. Vom ständigen Schießen ist er taub geworden. Wir sitzen uns am Tisch gegenüber und schreien, als wären wir in verschiedenen Zimmern. Oft, wenn er etwas nicht versteht oder nicht verstehen möchte, tut er so, als würde er nichts hören.

»Diese Leute haben in Lagern gearbeitet.« Ich gebe nicht auf. »In exklusiven, aber in Lagern. In goldenen Käfigen. Haben Sie nie davon gehört?«

»Ich bin nie dort bei ihnen gewesen«, fällt er mir ins Wort.

Auf der Jagd nach dem Konstrukteur

Wir sitzen da und trinken Tee. Was ich alles anstellen musste, um zu ihm zu gelangen! Denn er ist ein Staatsgeheimnis. Noch Anfang der Neunzigerjahre wusste niemand in der Stadt, dass Kalaschnikow in Ischewsk wohnte, und seine Familie erfuhr erst, womit er sich beschäftigte, als die Waffe nach ihm benannt wurde.

Zwei Tage belagere ich die Maschinenfabrik, in der Kalaschnikow arbeitet. Ich verbringe viele Stunden vor dem Tor, auf den Fluren, in Räumen, Amtszimmern und Passierscheinbüros. Vier Stunden hänge ich am Telefon und warte auf Wiktor Nikolajewitsch, den Hauptingenieur. Alle paar Minuten rufe ich an: »Er ist schon auf dem Weg zu Ihnen, Genosse Korrespondent.«

Ich vergeude keine Zeit. Ich beobachte, was da für Typen rumlaufen. Der da zum Beispiel. Groß wie ein Berg, der zu kleine Anzug platzt aus allen Nähten. Dunkles Gesicht, steife Haartolle, gebrochene Nase, buschige Augenbrauen – ein Kerl aus dem Kaukasus. Man erkennt sofort, dass er sich den Anzug von einem Freund geliehen hat und sonst im Tarnanzug rumläuft. Er geht von Zimmer zu Zimmer und macht seine Geschäfte. Er hat eine große graue Papiertüte dabei. Ich gehe zu ihm und spreche ihn an:

»Was hast du da?«

»Geld«, antwortet er unschuldig und zeigt beim Lächeln seine Zähne.

O Gott! Alle aus Gold! Dabei hatte ich schon gedacht, er sei der Iron Man.

Man sagt mir, Ischewsk sei eine Mafiastadt. Warum? Weil hier Waffen produziert werden. Zum Beispiel dieser rausgeputzte Affe mit Lederjacke, der gerade in einem Ford-Geländewagen vorgefahren ist und nun dorthin geht, wo sich schon mein beredter aserbaidschanischer Goldjunge rumgetrieben hat. Auch ihn spreche ich an. Er stammt aus Odessa, kommt aus Tadschikistan und fährt nach Moskau. In Polen war er auch schon, er kennt sogar ein paar polnische Wörter. Womit er sich beschäftigt?

»Business.«

Diese »Businessmen« kennt man in Russland gut. In Moskau erzählt man sich folgenden Witz: »Was ist das gefährlichste Tier auf der Welt? Ein Businessman im BMW.«

Die Einkünfte des Konstrukteurs

»Auf diesem Foto«, sage ich und zeige mit dem Finger darauf, »stehen Sie neben einem richtigen amerikanischen Millionär.«

1991 war Kalaschnikow in den USA gewesen.

»Das ist Stoner, der Konstrukteur des M16. Er hatte mich eingeladen. Viele Menschen denken, ich bin auch Millionär. Stimmt, aber die Millionen habe ich nicht auf dem Konto, sondern im Warschauer Pakt. Meine Millionen sind die Kalaschnikows, mit denen die ganzen Länder ausgerüstet wurden und für die ich keine einzige Kopeke bekommen habe.«

»Sie haben einmal gesagt, dass Sie, wenn Sie für jede produzierte Kalaschnikow einen Rubel bekommen hätten, Millionär wären.«

»Man kann leicht ausrechnen, dass es mindestens 55 Millionen wären. Und was habe ich davon? Nichts. Als ich in Amerika war, bin ich mir wie ein Bettler vorgekommen, ich konnte mir nicht mal ein Eis kaufen. Die Fabrikleitung sagte, das wäre eine Privatreise, und hat mir nichts gegeben. Stoner hat sein eigenes Flugzeug, und ich fahre zwanzig Stunden mit dem Zug nach Moskau.«

»Wie viel verdienen Sie?«

»Schwer zu sagen.«

»Das Gehalt von der Fabrik, die Rente«, rechne ich laut, »seinerzeit die Diäten als Abgeordneter. In Russland gibt es Menschen, die weniger privilegiert sind als Sie.«

»Glauben Sie mal nicht, dass ich mich beschwere. In meinem Land hat man mich nicht vergessen. Ich wurde mit vielen Orden ausgezeichnet. Ich bin zweifacher Held der Sozialistischen Arbeit, und ich kann Ihnen sagen, dass diese Auszeichnungen nur für außergewöhnliche Verdienste verliehen wurden. Außerdem war ich sechs Jahre lang Abgeordneter im Obersten Sowjet der Union

Sehr breiter und absolut ebener Straßenabschnitt irgendwo tief in Sibirien, der bei Bedarf als Start- und Landebahn genutzt werden kann. Daneben befinden sich sogar Stellplätze für Düsenflugzeuge.

Grischas Werkstatt am Stadtrand von Moskau. Die Jungs montieren unter dem Motor meines Uasiks einen Schutz gegen die eisige Luft.

Emma, die Muttergottes des Moskauer Komsomolplatzes, mit ihrem Freund auf dem Gelände hinter dem Leningrader Bahnhof. Sie ist eine *bomschicha, bitsch, brodjaga*.

Die herrenlose Hündin Blondie an der Metrostation Praschskaja. Nachdem sie ein belegtes Brot gegessen hat, macht sie ein Nickerchen.

Sid, Leader der Punkband Tarakany, sprich: Kakerlaken. Er mag es, wenn das Leben leicht ist. Daneben Bep, der Patriarch der Moskauer Hippies

Im Winter sind die russischen Bahnhöfe in Rauch gehüllt, weil fast alle Waggons von Fernzügen mit Kohle geheizt werden.

Straßenverkäufer mit gefrorenen Gänsen auf seinem Motorrad, irgendwo bei Nowosibirsk

Die Brücke über den Jenissei in Krasnojarsk versinkt im Nebel. Da der Fluss unterhalb des Staudamms nie zufriert, steigt bei Frost Dampf auf.

Wichtigstes Gotteshaus der »Kirche des Letzten Testaments« in Petropawlowka. Lenin hat Karl Marx zitiert mit den Worten, die Religion sei das Opium des Volkes, eine Art geistiger Schnaps.

Gorod. Männer tragen ein Klavier in die Mädchenschule. In der Gemeinschaft werden Jungen und Mädchen getrennt unterrichtet.

Die Mädchenschule. Kinder dürfen in Petropawlowka nicht geschlagen, ja nicht einmal angeschrien werden. Es sind die glücklichsten Kinder, die ich in Russland gesehen habe.

Igor aus Gorod, hinter ihm ein Foto seines Sohnes Ilja, den er mit Sweta bekommen hat, der Exfrau seines besten Freundes Danil. In der Gemeinschaft kann man sogar zwei Frauen haben.

Wissarions Anhänger schauen so gut wie nie Fernsehen, sie treffen sich lieber zu Tanzabenden, die fast täglich im Gemeinschaftsraum ihres Dorfes organisiert werden.

Tanja Denisowa (rechts) mit ihren Freunden. Sie war als Liedermacherin und im Komsomol ein großer Star, verkaufte ihre Wohnung in Moskau und baute mit dem Geld in Petropawlowka die Mädchenschule.

Auf meiner Schulter die Katze von Galina Oschtschepkow in Gorod. Hier errichtet Wissarion seine kleine Utopie, für die er sich Menschen auswählt, wie Noah sich Tiere aussuchte für die Arche.

Gorod inmitten der gewaltigen wilden Taiga, mit Aussicht auf den Berg, den die Gläubigen »Altar der Welt« nennen. 1997 verkündete ihr Lehrer, dass sich dort das Zentrum der Welt befindet.

Auf dem Berg haben die Gläubigen ein Gotteshaus und ein Himmelshaus für Wissarion errichtet, in dem die neue Inkarnation Christi mit seiner neuen Frau und seinen Kindern wohnt.

Jeden Tag versammeln sich die Gläubigen bei Tagesanbruch auf dem zentralen Platz von Gorod zum Morgengebet. Danach beschließen sie den Arbeitsplan für den Tag.

Neben mir steht einer der Priester nach der sonntäglichen Zusammenkunft der Gläubigen mit ihrem Lehrer. Die Gemeinschaft hat die höchste Geburtenrate in ganz Russland.

Die Jungs aus Sljudjanka spielen Eishockey. Der Baikal ist das größte Süßwasserreservoir der Welt, er enthält mehr Wasser als die Ostsee.

Im Winter werden Autostraßen auf dem zugefrorenen See ausgewiesen, und zu Zarenzeiten wurden sogar Eisenbahnschienen darauf verlegt.

Zentraler Platz von Ulan-Ude in der Republik Burjatien. Hier stehen der größte Leninkopf der Welt und eine saisonale Galerie mit Eisskulpturen.

Wodka und Milch werden als schamanische Opfergaben dargebracht. Die Geister haben auch Zigaretten, Kuchen, Butter, Honig, Fett und Kondensmilch sehr gern.

Kleiner Flugplatz in Bamnak, Sibirien. Auf dem Holzhäuschen im Hintergrund sieht man die Aufschrift »Flughafen«.

Lena Kolesowa in der Kabine eines Postflugzeugs vom Typ An-2, mit dem wir in ihr tief in der Taiga gelegenes Dorf fliegen. Den ganzen Flug über löst sie Kreuzworträtsel.

Nordkoreanische Holzfäller sägen Holz in einem Sägewerk weitab in der Taiga.

Winterliches Picknick mit Lena Kolesowas Familie. Neben Lena am Feuer sitzen Alina, ich, Wowka und Rostik. Wir trinken und essen Hirn und Fleisch vom Kopf eines Elchs.

Die »Hauptstraße« von Bamnak bei Sonnenuntergang

Fast die Hälfte der Einwohner des Dorfes Bamnak sind Ewenken, aber es werden immer weniger, weil wenige Kinder geboren werden und die Erwachsenen jung und tragisch ums Leben kommen.

Nach Bamnak gelangt man im Winter am einfachsten über den zugefrorenen Fluss Seja und den Stausee.

In dem Dorf, das an dem riesigen künstlichen Stausee liegt, gibt es ein Problem mit dem Trinkwasser, es muss den Einwohnern deshalb in Tankwagen gebracht werden.

Der kleine Igor in Lenas Uasik, mit dem wir vor der städtischen Sozialkommission, die Maschas Kinder ins Kinderheim stecken wollte, aus Bamnak fliehen.

Rast gleich nach der Flucht aus Bamnak auf einem Fluss. Unser Halt dient vor allem dazu, dass die Mitfahrenden Wodka trinken können.

Das letzte Wegstück legen die Flüchtenden auf Schlitten zurück, vor die Rentiere gespannt werden.

Igor in der Sicherheit des Hirtenlagers mitten in der Taiga

Während in den frostigen Steppen jenseits des Baikals in der Gegend von Tschita immer nur sehr wenig Schnee liegt ...

... fährt man in der Jüdischen Autonomen Oblast am Amur über weißen Asphalt, sprich festgefahrenen Schnee.

Durch ganz Sibirien ziehen Karawanen gebrauchter Autos aus Japan nach Westen.

Verkaufsstand mit Lebensmitteln am Straßenrand in der Nähe von Wladiwostok

Aussicht aus dem Hotelfenster in Wladiwostok. Das Japanische Meer ist zugefroren.

Ich genehmige mir ein Bad im Pazifischen Ozean, zu dem das Japanische Meer gehört.

Eisangeln ist die große Leidenschaft der Einwohner Wladiwostoks. Rechts ein Sprungturm am städtischen Badestrand

Alle benutzen zwei Angeln. Sie fangen winzige Fischlein von der Größe unserer Sprotten, die mit Kopf und Schwanz gegessen werden.

Auf der Motorhaube meines Uasiks am Stadtrand von Wladiwostok. Ende der Reise. In drei Tagen verkaufe ich mein Auto.

der Sozialistischen Sowjetrepubliken, ich denke also, dass ich, für unsere Verhältnisse, angemessen belohnt wurde.«

»Sie sind in den Obersten Sowjet gekommen, als Stalin noch lebte.«

»Ja. Dann war eine Pause, und dann wieder für ein paar Amtsperioden ... Aber nicht, dass Sie auf die Idee kommen, es wäre bei uns üblich gewesen, dass unsere Konstrukteure erwarteten – nicht nur ich denke so, sondern alle, die die sowjetische Technologie vorangebracht haben –, für ihre Leidenschaft, ihr Engagement, ihre Ideen mit Privilegien überschüttet zu werden.«

Die Tränen des Konstrukteurs

»Wovon träumen Sie, Michail Timofejewitsch?«

»Es tut mir in der Seele weh, wenn ich im Fernsehen sehe, dass sich meine Waffe bei Auseinandersetzungen in ein Argument verwandelt. Dem Argument des Stärkeren. Das muss aufhören, und ich denke, das ist der Traum unseres ganzen arbeitenden russischen Volkes.«

Dem Konstrukteur versagt die Stimme. Ich gebe ihm Zeit, sich zu sammeln.

»Die Völker der Sowjetunion kämpfen mit Ihrer Waffe gegeneinander.«

»Was kann ich tun? Aber man kann wohl nicht sagen, dass es diese Kriege ohne meine Waffe nicht geben würde, nicht wahr? Ich habe die Waffe schließlich zum Schutz der Grenzen unseres Vaterlandes gebaut, und nun schießen die Brüder von damals aufeinander.«

»Und Sie arbeiten weiter und denken sich immer wieder neue und noch perfektere Waffen aus.«

»Ich kann keinen Schund herstellen.«

»Bestimmt halten Sie sich für einen Patrioten, oder? Einen Patrioten von was, wenn man fragen darf?«

»Ich verstehe, was Sie meinen. Mein ganzes Leben lang habe ich für die Sowjetunion gearbeitet, mehr noch, für den Warschauer Pakt, und deshalb lässt es mich nicht kalt, dass unser Land zerfallen ist. Ich freue mich nicht darüber. Ich bin Patriot, ich liebe mein Vaterland, und mein Vaterland ist riesengroß ...«

»Das heißt?«

»Die Union der Sozialistischen Sowjetrepubliken.«

Pause. Eine sehr lange Pause.

»Die Politiker haben alles kaputt gemacht.«

»Andere Nationen freuen sich über diesen Zerfall«, sage ich. »Die Litauer, Ukrainer, Georgier ...«

»Lassen Sie es mich so sagen. Ich bin zwei Mal die riesige Grenze der Sowjetunion abgefahren, ringsherum, alle Wehrbereiche. Ich wollte mit den Soldaten in Kontakt sein. Ich war in den Schützengräben. Ich habe Kasachen, Georgier, Tschetschenen und alle unsere Kinder in meine Arme geschlossen. Und vor Freude kamen mir die Tränen. Wenn ich jetzt sehe, dass dieselben Jungs aufeinander schießen, weine ich auch.«

Michail Timofejewitsch schluchzt.

»Beurteilen Sie also selbst, ob ich Patriot bin oder nicht.«

Die Einsamkeit des Konstrukteurs

Michail Timofejewitsch weckt ambivalente Gefühle in mir. Mal ist es Abneigung, Ärger, sogar Aggression, mal gewöhnliches Mitleid. Alt, einsam, umgeben von einer Meute gieriger, habsüchtiger, unersättlicher Menschen wie beispielsweise Wiktor Nikolajewitsch Sch., dem Hauptingenieur der Fabrik, der sich auf Kosten Kalaschnikows bereichern und von mir ein paar Hundert Dollar für das Interview ergaunern wollte.

Kalaschnikow lebt allein. Seine Frau ist 1978 gestorben, seine geliebte Tochter Natascha 1983 bei einem Autounfall. Er hat noch zwei Töchter und einen Sohn.

Mit Sicherheit ist er ein Mensch, der auf seine Art ehrlich, stolz und ehrenhaft ist. Der Wortschatz, den er benutzt, ist beschränkt. Viele Wörter, die nicht im Alltag Verwendung finden, versteht er nicht, ganz zu schweigen von solchen wie *honoris* causa. Im Gespräch kommt er oft vom Thema ab oder lenkt es sogar mit aller Kraft auf technische Fragen. Er will nur über seine Waffe sprechen, über die Modernisierungen, Versionen, das Blow-back-System, den Abzugswiderstand und die Ableitung der Druckwelle aus dem Gewehrlauf. In seinen Äußerungen zur aktuellen Politik ist er feige, erst recht wagt er sich nicht, einen Würdenträger zu beurteilen oder zu sagen, was er von den Reformen Gorbatschows, von der Politik Putins hält.

In den Achtzigerjahren bekam Kalaschnikow einen Brief aus Amerika. Ein Militärhistoriker, der ein Buch über Waffen schrieb, bat um ein paar Informationen. Michail Timofejewitsch brachte den Brief zur Fabrikleitung. Ein Jahr später rief das Außenministerium an.

»Sie haben gefragt, ob ich einen Brief aus den USA bekommen hätte. Hatte ich. Und ob ich ihn beantwortet hätte. Sie haben so getan, als wüssten sie es nicht. Ich habe keine Genehmigung bekommen, antwortete ich. Na, dann tun Sie es jetzt. Also habe ich geschrieben.«

Die Lustration des Konstrukteurs

Das dramatischste Jahr für Kalaschnikow war 1956, als Stalin auf dem 20. Parteitag verurteilt wurde.

»Es zeigte sich, dass mir verschiedene Vorwürfe gemacht werden konnten. Einem Menschen, der nicht in Stalins Namen Karriere gemacht hatte. Mir nichts, dir nichts wurde aus mir auf der Versammlung der Parteiorganisation in der Fabrik, wo mit dem Personenkult abgerechnet wurde, der Prügelknabe – wer wollte, der hat zugeschlagen.«

Der Konstrukteur hat bis heute die Ausgabe der Fabrikzeitung von dieser Versammlung aufgehoben.

> Genosse Konstrukteur Drodonow führte nicht wenige Beispiele dafür an, wie sich gewisse Individuen alle Erfolge des Kollektivs selbst zuschreiben. Ganz besonders wies er darauf hin, was für große Stücke Genosse Kalaschnikow auf sich hält, der zu den Vorwürfen des Redners nicht Stellung bezog und dessen Vorschläge ignorierte.

»Der Leitung gefiel meine schöpferische Unabhängigkeit nicht, und auch nicht, dass ich mich über ihre Köpfe hinweg mit dem Ministerium und den Leuten in Verbindung gesetzt habe, die die Bestellungen aufgaben. Also haben sie mich unter dem Vorwand, den Personenkult bekämpfen zu wollen, angegriffen. Wo auch immer ich auftauchte, wurde ich wie ein räudiger Hund behandelt. Ich habe alle Arbeiten eingestellt und gesagt, dass ich erst wieder anfange, wenn eine Parteikommission genauer formuliert hat, was ich mir da angeblich zugeschrieben haben soll. Schließlich bin ich mit der fertigen Maschinenpistole nach Ischewsk gekommen, die ich ganz allein gemacht hatte. Mit wem sollte ich also etwas teilen? Sie dachten, dass ich am Ende wäre, aber ich gewann wieder einen Wettbewerb für ein vielseitig einsetzbares Maschinengewehr, das der Ministerrat 1961 zur Produktion freigab. Und wieder hieß es, ich sei unausstehlich.«

»Kann es sein, dass Sie sich für die Entstalinisierung qualifiziert hatten?«

»Sie machen Witze. Ich war nur ein Konstrukteur.«

»Nicht nur. Sechs Legislaturperioden, das heißt 24 Jahre lang, waren Sie im Obersten Sowjet. Sie haben alle Generalsekretäre überlebt.«

»Na und?«

Er ist ungehalten. Blickt auf die Uhr.

»Schon deshalb, weil das Volk Sie nicht wählen konnte, weil Sie ein Staatsgeheimnis waren. Niemand kannte Sie, es war nicht erlaubt, Ihren Namen zu nennen. Wie viele Treffen mit Wählern haben Sie gehabt, Michail Timofejewitsch? Machen wir uns nichts vor. Nicht das Volk hatte Sie auserwählt, sondern das Regime.«

Kalaschnikow lässt sich auf keine Diskussion ein, in solchen Situationen zieht er es vor, beleidigt zu sein, und zeigt, dass er von seinem Gesprächspartner genervt ist.

Die Andenken des Konstrukteurs

Der Konstrukteur lebt in einer hübschen Dreizimmerwohnung von 70 Quadratmetern in der zweiten Etage eines kleinen Wohnblocks. Es ist nicht irgendein Block aus Leningrader Fertigteilplatten, sondern ein solides Backsteinhaus.

In der Wohnung steht ein Klavier und ein unechter Kamin, sie ist mit einer soliden Möbelgarnitur eingerichtet, die noch vom Preisgeld des Stalinpreises angeschafft wurde. Die Küche ist riesig. Ich zähle die Kühlschränke. Zwei. Ein weiterer steht im Flur. Das ist viel für ein Land, in dem es den Bürgern schwerfiel, einen einzigen zu füllen. Ich sehe nach. Zwei sind abgeschaltet.

Das Arbeitszimmer ist ein echter Schock für mich. Ich stehe in einem wahrhaften Freilichtmuseum des Kommunismus, einem Mausoleum des Marxismus-Leninismus, einer Stube des proletarischen Internationalismus. An den Wänden hängen Diplome,

Lenin beim Jagen, die Flagge der sowjetischen Grenzer, außerdem Kirow, Che Guevara; die Amerikaner haben ihm eine indianische Federhaube geschenkt, die Chinesen eine geschmackvolle Uhr, umrahmt von einem Patronengurt für ein Maschinengewehr.

Ich zähle 23 Leninköpfe, Büsten und ganze Figuren, außerdem ein Dutzend Dzierżyńskis; überall gibt es Rahmen mit Fotos des Konstrukteurs in Gesellschaft berühmter Menschen, Modelle von Panzern, Schiffen, Flugzeugen, Erinnerungsmedaillen, eine riesige Sammlung metallener Gedenkabzeichen an einem schwarzen Stück Stoff, einen verzierten Kindjal, einen Offiziersdolch und einen ganzen Haufen Krimskrams mit dem Motiv der AK-47: auf einem kleinen Felsbrocken, einem Sockel, in einer Glaskugel oder grünem Kristall.

Der Stolz des Konstrukteurs

»Sprechen wir über den Krieg, Michail Timofejewitsch«, versuche ich das Gespräch auf Themen zu lenken, die für Veteranen angenehm sind.

»Über den Krieg? Zum Teufel mit dem Krieg!«

»Sie wurden 1938 in die Armee eingezogen. Sie waren Panzersoldat. An welcher Front? Waren Sie 1939 in Polen?«

»Wo? In Polen…?« Wieder hört er nichts.

»Ihre Armee ist in Polen einmarschiert!!!«, schreie ich.

»Moment mal… Gibt es in Polen denn so eine Stadt… Wie hieß die nur?… Stryj!«

»Vor dem Krieg lag sie in Polen. Jetzt gehört sie zur Ukraine.«

»Dort habe ich gedient.«

»Haben Sie gegen die Polen gekämpft?«

»Woher soll ich denn wissen, wer das war. Ich war ein einfacher, junger Soldat. Zwanzig Jahre war ich alt, aber ich weiß noch, es gab hübsche Mädchen, nur haben sie uns nicht aus den Kasernen gelassen.«

»Bedeutete Ihnen die Parole ›Für das Vaterland, für Stalin‹ etwas? Haben Sie daran geglaubt, haben Sie sie verstanden?«

»Ich war ein Kind der Revolution. In jenen Jahren war ich überzeugt, dass das eine große, wundervolle Parole ist. Sehen Sie sich alte Dokumentarfilme an, wie viele Menschen diesen Parolen gefolgt sind. Sie marschierten voran und wischten sich die Tränen aus dem Gesicht, nicht nur solche unbedeutenden Soldaten wie wir, sondern die Großen dieser Welt.«

Kalaschnikow möchte seine Orden nicht zeigen, weil sie nicht an seinem Anzug hängen. Schließlich gibt er nach. Aus dem Arbeitszimmer bringt er ein Bündel. Er zieht ein Gummi herunter und wickelt das Läppchen auseinander.

»Drei Leninorden, ein Orden der Oktoberrevolution, zwei Orden der sozialistischen Arbeit, ein Orden der Völkerfreundschaft, der Rote Stern I. Grades …« Die Stimme versagt ihm, aber er reißt sich zusammen. »Nicht, dass Sie denken, die hätte es einfach so gegeben. Die musste man sich unter großen Anstrengungen verdienen.«

Er verbietet mir, die Orden zu fotografieren. Er ist empört, sagt, dass sie nichts seien, das man zur Schau stelle: »Damit treibt man keinen Handel.«

»Ein wenig verkaufen Sie sich schon«, setze ich ihm gnadenlos zu. »Auf der Waffenmesse in Abu Dhabi sind Sie mit den Orden herumgelaufen wie ein Werbe-Schlüsselanhänger. Sie haben den arabischen Scheichs die Kalaschnikows persönlich überreicht.«

Es ist wohl vor Rührung, dass er kein Wort herausbringt. Andächtig wickelt er die Orden in das Tuch und geht in das Museumszimmer.

Die Geschichte des Konstrukteurs

Michail Timofejewitsch kam in der Region Altai in einer kinderreichen Bauernfamilie zur Welt. Er besuchte zehn Jahre lang die Schule. Er war 19 Jahre alt, als er 1938 zur Armee eingezogen wurde.

»Meine gesamte Erfahrung als Konstrukteur bestand damals darin«, sagt er, »dass ich einen Kontrollmechanismus für einen Panzerwagenheber entworfen und damit den Wettbewerb der Regiments-Rationalisatoren gewonnen hatte.«

Er war Kommandant eines T-34-Panzers, als die Deutschen die Sowjetunion überfielen. Er sah, wie die mit veralteten Fünfschussgewehren ausgestattete Infanterie zu leiden hatte. Schwer verletzt kam er in ein Feldlazarett, und dort gab es nur ein Thema: Wenn man bloß so eine Waffe wie die Faschisten hätte. Michail Timofejewitsch kaufte sich also ein Buch über Waffenbau und ein kariertes Heft. Als er aus dem Lazarett entlassen wurde, fuhr er nicht nach Hause, um sich auszukurieren, sondern zu dem Bahndepot, in dem er vor dem Krieg gearbeitet hatte. Die Kollegen fertigten das erste Gewehr nach seinen Zeichnungen an.

Mit diesem Prototyp und einem Empfehlungsschreiben des stellvertretenden Direktors der Turkestanisch-Sibirischen Eisenbahn und Zuständigen für den Komsomol fuhr er nach Alma-Ata (dem heutigen Almaty), zum Zentralkomitee der Kommunistischen Partei Kasachstans. Er wurde freundlich empfangen und an die Abteilung für Erfindungswesen des Volkskommissariats für Verteidigung in Moskau weiterverwiesen.

Man erlaubte ihm zu arbeiten, teilte ihm eine Unterkunft im Hotel zu, verpflegte ihn und zahlte ihm ein Gehalt. Kalaschnikows Maschinenpistole wurde jedoch abgelehnt. Die Armee wurde stattdessen mit der berühmten »Pepescha« (PPSch-41) ausgestattet.

Sein nächstes Werk war ein Maschinengewehr, das für die Verwendung von Munition mittleren Kalibers konstruiert war. Die Waffe, die später als AK-47 auf der ganzen Welt berühmt werden sollte, nahm an einem Wettbewerb teil und siegte gegen die Maschinengewehre der großen sowjetischen Waffenkonstrukteure: Degtarjew, Schpagin, Simonow. Kalaschnikow war damals 28 Jahre alt.

Gute Nacht, Herr Konstrukteur

»Vielleicht wäre es gut, am Schluss noch über Stalin zu sprechen, Michail Timofejewitsch. Wussten Sie von seinen Verbrechen?«

»Ich habe nichts gewusst.«

»Alle sagen heute, sie hätten nichts von den Lagern gehört.«

»Lassen Sie es mich so sagen: Es ist schwer, das zu begreifen. Das geschah irgendwo dort, weit oben, fern von uns.«

»In einem Interview für die Zeitschrift *Ogonjok* haben Sie gesagt, dass es Ihnen schwerfällt, die siebzigjährige Geschichte der Sowjetunion mit einer Handbewegung wegzuwischen.«

»Natürlich ...«

»Sie haben gefragt, ob irgendjemand beweisen könne, dass Fehler begangen wurden. Ich kann es beweisen. Die Kommunisten sind für den Tod von zig Millionen Bürgern der UdSSR verantwortlich. Eineinhalb Millionen Landsleute von mir sind in Ihrem Vaterland ums Leben gekommen.«

»Mit diesen Sachen hatte ich nichts zu schaffen.«

»Wissen Sie, Michail Timofejewitsch, dass Ihr Maschinengewehr als Terroristenwaffe bezeichnet wird?«, frage ich ihn.

Aber Michail Timofejewitsch hört schon nicht mehr zu. Er steht mitten im Zimmer und bedeutet mir, dass das Gespräch beendet ist. Der Konstrukteur schaltet den Fernseher ein, dort sind

Abchasier zu sehen. Sie laufen mit erhobenen Hände. Hinter ihnen gehen Georgier, die Kalaschnikows in den Händen.

Das Maschinengewehr AK, Kaliber 7,62, durchschlägt:
– eine 7 mm starke Panzerung aus einer Entfernung von bis zu 300 m;
– jeden NATO-Helm aus einer Entfernung von bis zu 900 m;
– jede kugelsichere Weste aus einer Entfernung von bis zu 600 m;
– ein 30 cm dickes Hindernis aus Sand aus einer Entfernung von bis zu 500 m;
– einen 25 cm dicken Holzbalken aus einer Entfernung von bis zu 500 m;
– eine 15 cm breite Backsteinmauer aus einer Entfernung von bis zu 100 m.

Am 23. Dezember 2013 ist Michail Timofejewitsch Kalaschnikow im Alter von 94 Jahren gestorben.

Mithilfe eines Dammes in der Straße von Gibraltar könnte man dem Grunde des Mittelmeeres ausgedehnte und fruchtbare Landflächen abgewinnen.
 Die Kuro-Siwo-Strömung könnte man in das kalte Ochotskische Meer lenken.
 Mitten in der afrikanischen Sahara könnten große Meere angelegt, könnte dadurch eine Mäßigung des ganzen Festlandklimas erzielt werden.
 Die großen sibirischen Ströme könnte man nach Süden leiten, um die mittelasiatischen Wüstengebiete zu bewässern.
 Was ist nötig, um diese großartigen Pläne zu verwirklichen?

In erster Linie: Frieden, Völkerfreundschaft, gegenseitiges Verstehen und Eintracht unter den gemeinsamen Bewohnern der Erde.

Reportage aus dem 21. Jahrhundert, 1957

Wenn die Kinder aus dem Kinderheim in Ajagös (Kasachstan) nach draußen gehen, müssen sie an einem Ort still sitzen – zum Beispiel auf dem Gerüst der ehemaligen Rutsche.

DAS LEHRMITTELMAGAZIN

*Denn dort eröffnete vor unsern Schritten
Und unsern Blicken sich ein ebnes Land,
Deß Boden nimmer Pflanz' und Gras gelitten.*

DANTE ALIGHIERI, GÖTTLICHE KOMÖDIE. DIE HÖLLE

Arsamas-16, 400 Kilometer östlich von Moskau. Sogar die fünfjährigen Kinder der Arbeiter wurden, bevor sie die Stadt verließen, vom NKWD belehrt, dass sie niemandem sagen dürfen, wie lange sie mit dem Flugzeug geflogen sind, weil ihren Eltern sonst ein schreckliches Unglück geschieht.

Bis 1990 gab es diesen Ort auf keiner sowjetischen Karte. Er war keine gewöhnliche Stadt, sondern ein *wojennyi zakytyi gorodok* – militärisches Sperrgebiet. Ohne Erlaubnis konnte man weder hierhergelangen noch von hier fortgehen.

Seit 1947 wurden hier die sowjetischen Atombomben entworfen und gebaut.

Die Stadt wurde für den Bedarf des Instituts für Atomenergie der sowjetischen Akademie der Wissenschaften errichtet, also für jene Institution, die für den Bau der Kernwaffen in der UdSSR verantwortlich war. Wie alle großen Bauvorhaben jener Zeit wurde auch dieses den *seki* aufgebürdet. *Sek* (in sowjetischen Dokumenten *s/k* geschrieben) ist eine Kurzform von *sakljutschjonnyi* und bedeutet ganz einfach »Häftling«. Der örtlichen Bevölkerung erklärte man, dass in dem riesengroßen, mit Stacheldraht umzäunten Gebiet und in der von den *seki* gebauten Stadt versuchsweise der Kommunismus eingeführt werde. Alle Einheimischen machten vor Angst einen weiten Bogen um den Ort. Im Jahr 1949 brach in den Lagern des verheißenen Paradieses ein großer bewaffneter Aufstand aus (er wurde später von Solschenizyn im *Archipel GULAG* beschrieben). Die Gefangenen ermordeten fast die gesamte Wachmannschaft, erbeuteten Waffen, eroberten die Zone und flohen in die Steppe. Drei Divisionen des NKWD umzingelten die Flüchtenden und metzelten Tausende Menschen mithilfe von Artillerie, Panzern und Flugzeugen nieder.

Nach dieser Erfahrung wurden andere *seki* ausgewählt. Zu langen Haftstrafen Verurteilte, die nichts zu verlieren hatten, wurden durch Leute ersetzt, die per Dekret des Präsidiums des Obersten Sowjets Verbrecher waren und die lediglich geringe Strafen zu verbüßen hatten. Sie mussten ein paar Jahre absitzen für Rowdytum, eigenmächtiges Verlassen des Arbeitsplatzes, das Anhalten von Zügen oder für *kolosy*, das heißt für das Aufsammeln von Kornähren, die nach der Ernte auf den Kolchosfeldern liegen geblieben waren.

Doch was sollte mit den Häftlingen geschehen, die ihre Strafe verbüßt hatten? Schließlich konnten sie dem Feind verraten, wo sich die Stadt befand.

Nachdem sie ihre Strafe bis zum letzten Tag abgesessen hatten, wurden die Häftlinge lebenslänglich nach Magadan verbannt, wo sie niemandem etwas verraten konnten.

Das Plutonium-239 für die sowjetischen Bomben wurde in einer ähnlichen Kleinstadt bei Tscheljabinsk hergestellt. Dieser Ort hieß Tscheljabinsk-40.

So wurden die Bomben in Arsamas-16 gebaut, die Sprengladung in Tscheljabinsk-40, und alles zusammen wurde noch weiter entfernt getestet, auf dem Testgelände 52-605 bei der Stadt Semipalatinsk in Kasachstan, die heute offiziell den Namen Semei trägt. Für den Bedarf der Atomindustrie wurde hier die Stadt Semipalatinsk-22 gebaut.

Im Jahr 1953 wurde der gesamte Atomkomplex dem Ministerium für den Bau mittelgroßer Maschinen unterstellt.

Der Vorhof zur Hölle – die Krebsklinik

Altysch ist 18 Jahre alt. Das heißt, sie war es, denn sie starb, noch bevor ich aus Semipalatinsk fortging. Sie war Kasachin. Ihr Russisch war sehr schlecht. Sie lag im Kreiskrankenhaus für Onkologie.

»Ich bin Hirtin«, erzählt mir Altysch, »so wie meine Eltern und Brüder. Ich wohne im Aul Kainar. Einmal bin ich vom Pferd gefallen. Ich habe mir den Bauch gestoßen. Es hat nicht wehgetan, aber ein paar Wochen später begann mein Bauch groß und rund zu werden. Ich habe mich erschreckt, aber ich habe niemandem etwas gesagt. Ich habe mich fürchterlich geschämt. Also habe ich weite Kleidung angezogen, damit es nicht rauskam, bis ich schließlich so dick war, dass ich nicht mehr aufs Pferd steigen konnte, na, und dann war was los ...«

Ihre Familie dachte, sie sei schwanger. Man wollte, dass sie verrät, wer der Vater ist. Die Brüder schlugen sie mit Pferdestricken.

»Als sie zu uns gebracht wurde, sah man noch, dass sie geschlagen worden war«, sagt Doktor Aleksandr Iwanowitsch Eraiser.

»Was sollte ich ihnen denn sagen?« Dem Mädchen laufen die Tränen herunter. »Wo ich doch selbst nicht wusste, was mit mir los ist. Schließlich entschied mein Vater, dass sie mich an den schlimmsten Alten im Dorf verheiraten, und so ist es geschehen. Das ist so ein alter Kasache, ein Witwer, der mein Großvater sein könnte. Er ist sechzig Jahre alt, und er hat mich so geschlagen und solche Schweinereien mit mir gemacht ... Das war die Hölle.« Altysch verbirgt ihr Gesicht hinter dem Kopfkissen. »Er hat gesagt, wenn er schon die allerletzte Hure aus dem Aul genommen hat, dann kann er auch mit ihr machen, was er will.«

Nach einem Jahr bemerkte der Mann des Mädchens, dass etwas nicht in Ordnung war, und brachte sie in die Stadt ins Krankenhaus.

»Ich habe sie sofort operiert«, erzählt Doktor Eraiser. »Sie hatte eine riesige Geschwulst an der Gebärmutter. Die war schon krebsartig geworden. Bei uns entstehen Tumore blitzschnell. Überall gibt es Metastasen. Wissen Sie was? Sie ist immer noch Jungfrau.«

»Und dieser Mann?«

»Das ist irgendein Perverser. Wir lassen ihn nicht ins Krankenhaus, und sie wird es nicht mehr lebend verlassen.«

Die onkologische Klinik in Semipalatinsk wurde 1948 eröffnet, ein Jahr vor dem Testgelände. Es kamen viele junge Ärzte aus Russland, denen hier ein Arbeitsplatz zugewiesen worden war. Sie machten sich so tatkräftig an die Arbeit, dass sie noch im selben Jahr den zweiten Platz im Sozialistischen Wettbewerb ihrer Oblast belegten. Sie entdeckten 45 Tumore. Vor allem an der Speiseröhre, dem Magen und der Gebärmutter. Das alles habe ich in den Klinikannalen gelesen.

Später, bis zum Zerfall der Sowjetunion, waren alle onkologischen Statistiken geheim. Zehn Jahre lang wurde darüber nicht einmal Buch geführt, danach wurden die Daten unter Verschluss gehalten. 1958 hatte die Klinik 574 Krebsfälle, 1963 waren es 861 Fälle. Gegenwärtig greifen die meisten Tumore Lunge, Magen, Brust, Schilddrüse, Haut und die weiblichen Geschlechtsorgane an.

»Dieses Jahr haben wir alle Frauen in der Region von Abaisk untersucht, die an der Grenze des Testgebiets liegt«, erzählt Doktor Eraiser. »Von 4504 Frauen wurden 82 die Brüste amputiert, bei 156 wurden die Eierstöcke entfernt. Bei weiteren zwölf haben wir

Krebs entdeckt und bei 1182 ein Vorstadium von Krebs, dabei haben wir nur Brüste und Adnexe untersucht. Jede neunte Frau hat eine Erosion des Gebärmutterhalses, dazu kommen eine schreckliche Anämie, Magen-Darm-Erkrankungen, Zahnausfall, Unfruchtbarkeit und Entwicklungsanomalien, auf die ich nicht mal im Traum gekommen wäre. Ich war zwanzig Jahre lang Gynäkologe, bevor ich nach Semipalatinsk gekommen bin, aber ich wusste nur aus Büchern, dass so etwas möglich ist. Hier sind allein aus einem Dorf fünf Frauen zu mir gekommen, die zwei Gebärmütter hatten. Ein paar andere hatten zwei Gebärmutterhälse.«

»Unglaublich.«

»Uns alle im Krankenhaus schockiert immer wieder, dass unsere Tumore sich an keine Regeln halten. Sie überraschen uns ständig. Im Studium hat man uns beigebracht, dass Kasachinnen fast nie an Brustkrebs erkranken. Das liegt in ihrer Natur. Sie bekommen zehn Kinder, alle werden mit der Brust gestillt – und auf einmal rinnt ihnen blutige Milch aus der Brust. Aus der Literatur wissen wir, dass Kinder Blutkrebs, Tumore an Lymphgefäßen oder Knochen haben können, aber ganz sicher nicht an der Schilddrüse, der Gebärmutter oder dem Verdauungstrakt ... Jetzt wissen wir, dass nichts unmöglich ist. 15-jährige Mädchen sterben an Eierstock- oder Brustkrebs. Es kommt vor, dass der Krebs zwei Organe zugleich befällt, und das sind keine Metastasen, sondern zwei komplett unterschiedliche Tumoren mit einer ganz anderen Struktur, die wir mit unterschiedlichen Mitteln bekämpfen müssten. Für mich als Arzt ist es das Schlimmste, dass ich diese Menschen ganz oft nicht heilen kann. Eine Chemotherapie ist schlecht für sie, weil sie ein fatales Blutbild haben. Am schlimmsten ist der Mangel an weißen Blutkörperchen. Es genügt, kurze Zeit hier zu leben, und schon rauschen die Leukozyten in den Keller. Bei uns allen ist das so. Ich wette, bei Ihnen auch schon.«

Es gibt Gegenden in der Region von Semipalatinsk, in denen 85 Prozent der Menschen eine schwere Anämie haben. Von den 412 000 Einwohnern in der Region leiden 175 000 Menschen daran. Auf dem Atomtestgelände von Semipalatinsk wurden im Verlauf von vierzig Jahren (von 1949 bis 1989) 469 Kernwaffenexplosionen durchgeführt: 73 überirdisch, 87 in der Atmosphäre, die restlichen unterirdisch.

»Es besteht kein Zweifel daran, dass die Behörden die einheimische Bevölkerung wie Versuchskaninchen behandelt haben«, sagt Professor Marat Urasalin, der Prorektor der Medizinischen Hochschule von Semipalatinsk. »Leider haben auch Ärzte an diesen Experimenten teilgenommen. Sie haben die Auswirkungen der Explosionen, den Einfluss der Strahlung auf den menschlichen Organismus untersucht. 1,2 Millionen Menschen wurden in den kasachischen Gebieten Semipalatinsk und Karaganda, zwischen denen das Testgelände liegt, verstrahlt, aber auch Hunderte Kilometer von dort, in der russischen Region Altai. Nach einer der großen Explosionen kam es dort zu einem gewaltigen Fallout.«

Am meisten wurde jedoch die Bevölkerung im Gebiet von Semipalatinsk geschädigt. Die Menschen leiden an Krankheiten des Herz-Kreislauf-Systems, des Blutes, der blutbildenden Organe, des Nerven- und des Hormonsystems, der Sinnesorgane, an einer Schwächung des Immunsystems und eben an Krebs.

In elf von vierzehn Regionen des Gebiets wurden bei 70 Prozent der Menschen Chromosomenanomalien festgestellt. Bei Frauen aus der zweiten Generation, die der Strahlung ausgesetzt ist, kommt es zu doppelt so vielen Missbildungen an den Geschlechtsorganen, Fehlbildungen während der Schwangerschaft und Komplikationen bei der Geburt. Die Sterblichkeit von Säuglingen in dem Gebiet ist dreimal höher als im Rest des Landes – 64,6 auf 1000 Geburten (in Polen sind es laut jüngsten Zahlen 6,3, in

Deutschland 3,5). Jedes fünfzigste Kind kommt geistig behindert auf die Welt.

Jeder zehnte Mensch in dem Gebiet hat schon eine einmalige Strahlendosis von mehr als 100 Röntgen abbekommen (das ist die zulässige Norm, aber für das ganze Leben).

1993 wurde in Kasachstan ein Gesetz verabschiedet. Durch Kernforschung zu Schaden gekommene Menschen sollten Entschädigungen erhalten, aber das Land hatte kein Geld dafür. Die Opfer sollten früher in Rente gehen, aber die Regierung machte einen Rückzieher, und was herauskam, waren geringfügige Steuervergünstigungen für Krebskranke. Allerdings muss man beweisen können, dass der Tumor nicht »natürlich« entstanden ist, sondern durch die Tests.

Auch Professor Marat Urasalin gehört zu den Geschädigten, weil er in der Stadt lebte, als Atomtests durchgeführt wurden.

»Von 1959 bis 1963 habe ich an der Medizinischen Hochschule von Semipalatinsk studiert. In dieser Zeit wurden hier die letzten Atomtests in der Atmosphäre durchgeführt. Die studentischen Übungen fanden in der Klinik im Stadtzentrum statt. Vor den Explosionen hat man uns informiert, damit wir die Kranken auf die Straßen und Höfe trugen. Alle Menschen verließen dann die Häuser. Es ging darum, dass niemand unter einem einstürzenden Haus begraben wurde. Man sagte uns, dass die Tests, abgesehen von dem leichten Beben, ungefährlich seien. Manche Tests wurden 50 Kilometer von der Stadt entfernt durchgeführt.«

Der erste Kreis – das Lehrmittelmagazin

Professor Urasalin führt mich über lange Flure zum Magazin mit den Lehrmitteln.

»Wissen Sie, wie wir uns über die Bombe gefreut haben?«, fragt er auf dem Weg. »Wir brauchten sie. Amerika bedrohte die Sowjetunion, aber selbst wir Mediziner waren uns der Folgen dieser Tests nicht bewusst, weil die Untersuchungen und Statistiken nicht zugänglich waren.«

Wir sind da. Er öffnet die Tür und lässt mich hinein, er selbst kehrt in sein Büro zurück. Er sagt, dass er den Ort nicht mag und dass ich hier die Folgen finde.

Sie stehen in der Ecke am Fenster in ein paar Dutzend großen, mit Formalin gefüllten Gläsern. Sie heißen: Anenzephalie, Exenzephalie, Hydrocephalus, Osteochondrodysplasie, Sirenomelie …

Exenzephalie liegt auf dem Bauch. Aus dem Hinterkopf wächst ihm eine große Geschwulst wie ein zweiter Rumpf, die in ihrer Form einem Gehirn ähnelt.

Anenzephalie hat riesengroße Augen wie ein Frosch. Er hat überhaupt keinen Hals und sieht aus, als würde er verwundert mit den Schultern zucken.

Sirenomelie erinnert nur mit seinem Kopf ein wenig an einen Menschen. Dann folgt etwas wie der Leib eines Walrosses, der in einem menschlichen Fuß endet.

Osteochondrodysplasie hat die Augen geschlossen. Er sieht aus, als hätte er überhaupt keine Knochen. Er wurde an Bändchen im Glas aufgehängt.

Inienzephalie ist ein Klumpen, der an gar nichts erinnert.

»Als Student wollte ich mich auf Geburtshilfe spezialisieren«, erwähnt Professor Urasalin, als ich wieder bei ihm bin, »aber als ich bei den Übungen bei zwei solchen Geburten dabei war, ist mir das schnell vergangen. Ich musste jedoch die Übungen hinter mich bringen. Ich war überzeugter Kommunist, aber bei jeder Geburt habe ich gebetet, dass es ein normaler Mensch sein möge. Ich bin Arzt, verdammt noch mal, aber bis heute nimmt mich das mit. So bin ich Dermatologe geworden.«

Der Professor zeigt mir eine Karte, auf der die radioaktive Verseuchung des Gebiets verzeichnet ist. Eine der mächtigsten Wolken stieg am 12. August 1953 nach der ersten von den Russen durchgeführten thermonuklearen Explosion über dem Testgelände auf. Die Detonation hatte eine Kraft von 400 Kilotonnen (20 Mal so viel wie die in Hiroshima).

Der zweite Kreis – die Friedensschützer

»Der Vorschrift entsprechend legen wir uns alle bäuchlings auf den Boden, das Gesicht zur Explosionsstelle gewandt«, schreibt der Wissenschaftler Andrei Sacharow, der Erfinder der sowjetischen Thermonuklearbombe, die damals Wasserstoffbombe genannt wurde, in seinen Memoiren.

> Das quälende Warten zog sich in die Länge. Aus dem Lautsprecher neben uns ertönten die Befehle.
> Noch 10 Minuten.
> Noch 5 Minuten.
> Noch 2 Minuten.
> Alles die Schutzbrillen aufsetzen (diese schwarzen Brillen hatten wir in den Taschen).
> Noch 60 Sekunden.
> 50, 40, 30, 20, 10, 9, 8, 7, 6, 5, 4, 3, 2, 1, 0.
> In diesem Augenblick blitzte am Horizont etwas auf, dann erschien ein sich sehr schnell vergrößernder weißer Ball – sein Widerschein erfasste den gesamten Horizont. Ich riss die Brille herunter, und obwohl mich der Wechsel von Dunkel zu Hell blendete, konnte ich noch die sich ausbreitende gewaltige Wolke sehen. Einige Minuten später verfärbte sich die Wolke bedrohlich schwarzblau und zog sich über den halben Horizont. Man merkte, dass sie allmählich von Höhenwinden gen Süden abgetrieben wurde, in Richtung der nun menschenleeren Berge, Steppen und kasachischen Siedlungen.

Eine halbe Stunde später verschwand die Wolke aus dem Gesichtsfeld.

Aus dem Bunker kam Wjatscheslaw Aleksandrowitsch Malyschew, der Stellvertreter von Georgi Maksimilianowitsch Malenkow, dem Ministerratsvorsitzenden der UdSSR. Er hatte die Explosion beobachtet, umarmte und küsste Sacharow im Namen der sowjetischen Regierung »für seinen großen Beitrag zum Schutz des Friedens«.

Anschließend zogen sie sich Schutzanzüge an und fuhren los, um sich die Folgen der Explosion anzusehen.

»Plötzlich bremste der Wagen scharf neben einem Adler mit versengten Flügeln, der aufzufliegen versuchte, doch er schaffte es nicht«, erinnert sich Sacharow. »Seine Augen waren getrübt, möglicherweise war er blind. Einer der Offiziere stieg aus dem Wagen und tötete ihn mit einem kräftigen Fußtritt, wodurch er das Leiden des unglückseligen Vogels beendete.«

Es war das Jahr 1953. Die Amerikaner gaben dem Test den Namen Joe 4, also Josef 4. Josef stand für den fünf Monate zuvor verstorbenen Stalin, die Vier ist die fortlaufende Nummer der sowjetischen Nukleartests.

Sacharow verfasste seine Memoiren gut dreißig Jahre später, und zwar aus dem Gedächtnis, weil der KGB seine Notizen gestohlen hatte. Sacharow unterlief dabei ein wesentlicher Fehler: Die Wolke zog nicht nach Süden. In dieser Gegend von Kasachstan weht der Wind durchschnittlich an 27 Tagen im Monat von West nach Ost. Die Wolke zog direkt in Richtung des eine Viertelmillion Einwohner zählenden Semipalatinsk.

Mit dieser Wolke gab es überhaupt ein gehöriges Problem. Es hatte ganz einfach vorher niemand an sie gedacht. Erst zwei Tage vor dem Test schlug sich jemand mit der Hand an die Stirn und merkte an, dass es doch bei einer überirdischen Explosion radioaktive Rückstände geben würde. Es war klar, dass bei der Explosion, die man erwartete (400 Kilotonnen, das entspricht einer Explosion von 400 Millionen Kilogramm TNT), die Verseuchung weit über die Grenzen des Testgeländes, das halb so groß war wie Belgien, hinausreichen würde.

Die Wissenschaftler, die für den Test zusammengekommen waren, versammelten sich im Hotel und berieten sich. Marschall Wassilewski, der Stellvertreter des Verteidigungsministers Schukow und militärische Befehlshaber des Experiments, war wütend: »Sie plagen sich unnötig so sehr ab. Jedes Manöver in der Armee fordert Menschenopfer.«

Sacharow notierte in seinen Memoiren:

> Wir schätzten, in welcher Entfernung vom Ort der Explosion unserer Sprengladung eine Gesamtstrahlungsdosis von 200 Röntgen zu erwarten war. Diese Zahl hatte man als Grenzwert gewählt. Wir gingen davon aus, dass eine Strahlungsdosis von 100 Röntgen manchmal zu ernsthaften Schädigungen bei Kindern und geschwächten Erwachsenen führt und dass eine Dosis von 600 Röntgen in 50 Prozent der Fälle den Tod gesunder Erwachsener verursacht. Wir hielten es für unumgänglich, alle Menschen zu evakuieren, die in Windrichtung in einem Sektor wohnten, welcher diesseits der von uns festgelegten 200-Röntgen-Grenze lag.

Heute weiß man, dass eine Dosis von 100 oder 200 Röntgen bei Erwachsenen zur Strahlenkrankheit führt, für Kinder aber kann sie den Tod bedeuten. Genetische Folgen hat sie ganz gewiss.

Es kam das Jahr 1955. Die Bemühungen der NKWD-Agenten bewirkten, dass die Sowjetunion ihren Rückstand beim Bau von Kernwaffen gegenüber den Vereinigten Staaten aufholte. Es wurden regelmäßig militärische Manöver mit Atomsprengköpfen abgehalten, zu denen ausländische Korrespondenten geladen waren.

Am 22. November 1955 war Andrei Sacharow wieder auf dem Gefechtsstand des Atomtestgeländes in Semipalatinsk. Es sollte die erste sowjetische Drei-Phasen-Bombe getestet werden. Die erwartete Stärke der Explosion betrug 1,6 Megatonnen.

Der Test verlief sehr erfolgreich. Selbst 100 Kilometer vom Ort der Explosion entfernt gingen die Fensterscheiben zu Bruch. Im Konservenfleisch-Kombinat von Semipalatinsk flog das Glas von den Fensterscheiben in die fertige Wurstfüllung. Zehn Tonnen Fleisch waren zum Teufel.

Abends versammelte sich die Crème de la Crème der Wissenschaftler, Militärs und Politiker, die bei dem Experiment anwesend war, bei Marschall Mitrofan Nedelin zum Bankett.

Der Marschall war Oberbefehlshaber der Raketentruppen. Er bat Sacharow, den Schöpfer der getesteten Bombe und Ehrengast auf dem Empfang, den ersten Toast auszubringen.

»Ich schlage vor, darauf zu trinken«, der Wissenschaftler erhob sein Glas, »dass unsere Produkte immer genauso erfolgreich wie heute über Versuchsgeländen explodieren mögen, doch niemals – über Städten.«

Am Tisch wurde es totenstill. Alle erstarrten. Marschall Nedelin gab Sacharow unmissverständlich zu verstehen, dass ihn diese Frage nichts angehe.

»Ich trank schweigend meinen Kognak aus«, erinnert sich Sacharow, »und machte bis zum Ende des Abends den Mund nicht mehr auf. Seitdem sind viele Jahre vergangen, doch noch heute habe ich die Empfindung, dass mir damals ein Peitschenschlag versetzt worden ist. Nedelin hielt es für notwendig, meinem unannehmbaren pazifistischen Ausfall zu begegnen, mich und alle anderen, denen etwas Ähnliches in den Sinn kommen könnte, in die Schranken zu weisen. Wir, die Erfinder, Wissenschaftler, Ingenieure und Arbeiter, hatten eine furchtbare Waffe gebaut, die furchtbarste in der Geschichte der Menschheit. Doch ihr Einsatz würde außerhalb unserer Kontrolle liegen. Entscheiden würden diejenigen, die an der Macht, an der Spitze der Partei- und Militärhierarchie waren.«

Das Akademiemitglied erhielt jedoch noch einen, den dritten, Goldenen Stern als Held der Sozialistischen Arbeit, also gebührte ihm nach geltendem Recht ein Bronzedenkmal in der Hauptstadt. Er bekam einen weiteren Leninpreis (der vorhergehende hieß noch Stalinpreis) und ein Preisgeld von einer halben Million Rubel (ein märchenhaftes Vermögen, das seinen ebenfalls märchenhaften Einkünften aus zwanzig Jahren entsprach). Er bekam auch ein Haus bei Moskau, Personenschutz – zwei Obersts vom KGB – und häufig Einladungen zu Sitzungen des Politbüros des ZK der UdSSR. Er war ein sowjetischer Gott. Die Sowjets marschierten gerade in Budapest ein.

»Schon in den Fünfzigerjahren war ich zu der Überzeugung gelangt«, schreibt Sacharow, »dass Kernwaffenversuche in der Atmosphäre ein direktes Verbrechen gegen die Menschheit sind, das sich, zum Beispiel, in nichts von einer heimlichen Verseuchung der städtischen Wasserleitung durch krankheitserregende Mikroben unterscheidet.«

Im Jahr 1961, nachdem auf Nowaja Semlja die größte Explosion aller Zeiten durchgeführt worden war, begann er von der Führung ein Ende der Kernwaffentests zu fordern. Ein Jahr später stellte er seinen Entwurf für einen internationalen Vertrag über den Verzicht auf Kernwaffenversuche an Land, im Wasser und in der Luft vor. Die Behörden lehnten das Projekt ab, Sacharow fiel in Ungnade, und im Jahr 1963 unterzeichneten die Großmächte einen solchen Vertrag.

Im Testgelände unter Semipalatinsk begann die Ära der unterirdischen Explosionen. Es sollten 360 werden.

Der dritte Kreis – das Goldfieber

Daniar Saksalykow wohnt am Rande des Testgeländes, im Aul Sarschal, was auf Kasachisch Goldene Mähne bedeutet. Von der Kolchose hat er einst ein Haus bekommen, so wie alle. Er war Hirte. In den letzten Jahren hat die Kolchose ihm fast nichts mehr gezahlt, jedoch genügten die Fleisch-, Milch-, Mehl- und Kohlezuteilungen, um die Familie irgendwie am Leben zu erhalten, und wenn Gäste kamen, schlachtete Daniar das erstbeste Schaf. Dem Brigadeleiter meldete er, die Wölfe hätten es gerissen.

Die Tragödie begann, als die Kolchose aufgelöst wurde. Die Kolchosleitung betrog die anderen bei der Aufteilung. Jeder Arbeiter erhielt 63 Hektar Land (das gibt es hier im Überfluss) und noch etwas anderes. Daniar fielen sechzig Schafe zu, aber es wurde ihm der Treibstoff abgezogen, der bei der Heumahd auf seinen Feldern verbraucht worden war, also bekam er nur zehn statt sechzig Tieren, und die hat er verkauft, als sein Sohn auf die Business School in Semipalatinsk ging. Ein Jahr Unterricht kostet dort 300 Dollar. Dann starb ihnen eine Kuh, die zweite schlachteten sie; schließlich gaben sie das Land ab, weil sie die Grundsteuer nicht bezahlen konnten. Noch essen sie kein gekochtes Gras wie ihre Nachbarn, aber es kommt vor, dass sie hungern.

»Als die Kolchosen gegründet wurden, starben wir vor Hunger, und wenn sie aufgelöst wird, sterben wir auch«, sagt Daniar.

Im Jahr 1932 hatten die Bolschewiki den Nomaden alle Tiere weggenommen und ihnen befohlen, den Boden zu bestellen. Natürlich wusste niemand, wie man das macht. Viele Menschen verhungerten.

Daniars Familie lebt noch von dem, was er dem Berg hatte entreißen können.

Der Berg heißt Degelen. Er ist nicht besonders hoch, 1085 Meter ü. d. M., aber er erhebt sich plötzlich aus der Steppe, die flach ist wie ein Tisch, und ist deshalb von jedem Ort im Aul zu sehen, obwohl es etwa 50 Kilometer bis dorthin sind. Der Degelen ist das Zentrum des Testgeländes und der Ort, an dem seit 1961 209 Atomexplosionen von einer Stärke bis zu 140 Kilotonnen durchgeführt wurden.

1989, nachdem der letzte Test stattgefunden hatte, kehrte wohltuende Ruhe ein, bis plötzlich fünf Jahre später jemand die im Berg verborgenen Schätze entdeckte. Dicke Adern ... von Kupferdraht. Wer in den umliegenden Dörfern lebte, machte sich auf den Weg zum Degelen. Es herrschte ein richtiges Goldfieber. Die Menschen ließen ihre Häuser, Familien und Herden allein und gingen Kabel aus dem Berg schneiden. Die Händler zahlten einen Dollar pro Kilogramm Kupfer. Unheimlich viel Geld. Die Ortsansässigen rivalisierten mit den Menschen aus Semipalatinsk. Kupfersucher, die auf eigene Faust loszogen, mussten sich schnell organisierten Gruppen geschlagen geben. Es tauchten Gruppen, Firmen und Mafiabanden auf und verjagten die Hirten. Also schlossen sie sich zu Brigaden zusammen, so wie einst in der Kolchose.

Daniar ging wie die meisten Männer aus dem Dorf Kabel holen. Zu fünft haben sie fast 6000 Dollar verdient. Heute fährt er mit, um mir die in den Berghang geschlagenen Stollen zu zeigen, in denen die Atomtests durchgeführt wurden. Aus diesen Stollen haben sie die Kabel herausgeholt.

Unser Fahrer ist Kulanysch Makaschow. Er ist einer derjenigen, die in sowjetischer Zeit hervorragend zurechtkamen und auch heute zur Dorfaristokratie gehören. Natürlich hat er einen Wolga. Er war Buchhalter, das heißt die drittwichtigste Person in der örtlichen Kolchose.

Zunächst fahren wir Benzin besorgen. Natürlich gibt es keins, also gehen wir in das kleine Büro der Tankstelle, zahlen ein Schmiergeld und bekommen die Kanister in die Hand. Dann fahren wir in den Laden und holen Wodka. Wir kaufen eineinhalb Liter klaren Getreideschnaps.

»Das ist gegen dieses fiese Zeug«, sagt Daniar.

»Gegen die Strahlung?«, frage ich.

»Ja. Wir haben das immer so gemacht.«

»Und muss man ihn vorher oder nachher trinken?«

»Wenn man rauskommt. Und man muss sich damit die Hände waschen. Wir haben das alle so gemacht. Kistenweise haben wir den Wodka auf den Berg geschleppt. Sonst wäre es uns schlecht ergangen.«

Wir sind jedoch noch keine zehn Kilometer gefahren, als die erste Flasche geöffnet wird. Es muss auf die Bekanntschaft angestoßen werden. Als Erster trinkt Kulanysch, dann Daniar, schließlich ich.

»Vorsicht. Meine Lippe ist aufgeplatzt.«

Auf dem Gläschen ist ein kleiner Tropfen Blut. Wir trinken aus einem. Ich wische es an der Hose ab und kippe mir den Wodka hinter die Binde.

Ich kenne den sowjetischen Glauben an den Alkohol – er heilt alles, jede Seuche, selbst Strahlung. Die Hälfte der Alkoholiker hier trinkt »für die Gesundheit«, die andere Hälfte »gegen den Seelenschmerz«.

»Die Leute gehen in die Stollen und sterben«, sagt Daniar und wischt sich mit dem Ärmel den blutigen Mund ab. »Alle paar Tage verschwindet jemand. Letztes Jahr im Mai sind vier hineingegangen und nicht mehr zurückgekehrt. Von denen, die aufgebrochen sind, um sie zu retten, sind drei im Stollen gestorben, bei dem Vierten ist mit dem Kopf was nicht in Ordnung, also ist er ins Irrenhaus gekommen, und der Fünfte hat sich vor zwei Wochen die Kehle durchgeschnitten, dabei waren sie doch nur eine Stunde in der Grube. Weiß der Teufel, was das war: Gas oder vielleicht Abgase, weil sie das Wasser mit einer Motorpumpe aus dem Gang gepumpt haben. Ich glaube aber, dass es dieses fiese Zeug war, weil dem, der sich umgebracht hat, sind die Augenbrauen, Wimpern und Haare ausgefallen, sogar an seinem Geschlecht, als ich ihm für den Sarg sein Leichenhemd angezogen habe, habe ich das gesehen.«

»Dann trinkt ihr diesen Wodka aus Furcht, nicht für die Gesundheit?«

»Ja, wie soll man denn nicht trinken, wenn es heißt, wer das Testgelände gesehen hat, wird keines natürlichen Todes sterben?«, fragt der Kolchosbauer.

»Alle in Sarschal haben das Testgelände gesehen, weil es gleich hinter dem Dorf beginnt«, sage ich.

»Und wer hat bei uns einen menschenwürdigen Tod? Hier ist es normal, dass man sich mit Krebs rumquält.«

Wir trinken noch einen. Wieder hinterlässt Daniar am Rand des Glases einen kleinen Blutfleck.

Von der Steppe gelangen wir in ein Tal. Aus der Nähe zeigt es sich, dass der Degelen nicht eine einzige Erhebung ist, sondern ein kleiner Gebirgszug von 35 Kilometern Länge, so ähnlich wie die Westliche Tatra, bloß dass er nicht bewaldet ist. Einst waren alle Täler bewohnt, doch als die Experimente begannen, wurden die Menschen umgesiedelt. Dabei ist dieser Ort das kasachische Mekka. Hier irgendwo ist der Nationaldichter Abaj Kunanbajew geboren. Hier hat er gelebt, und hier ist er gestorben. Der genaue Ort ist schwer zu benennen, weil er wie alle Kasachen ein Nomade war, aber in dieses Tal kam er mit seiner Herde zum Überwintern, weil es hier gutes Gras und Wasser gibt. Heute treiben die Menschen ihre Herden nicht mehr hierher, das ist zu weit, aber sie kommen noch, um Heu zu machen.

Es zieht sich zu, wird düster und beginnt zu schneien. Überall sind Haufen von Granitsteinchen – bestimmt ist das der Abraum aus den Stollen. Reste von Bahnschienen, ein umgestürzter Strommast, eingestürzte, von Weidengestrüpp bewachsene Häuser. Überall liegt jede Menge Alteisen herum, aber es ist so verbogen, zerfetzt, dass schwer zu sagen ist, was das einmal war.

Wir haben Schwierigkeiten, einen Stollen zu finden. Bei allen Gängen, die Daniar kennt, sind die Eingänge verschüttet. Seit vielen Jahren sind Amerikaner in silbernen Anzügen in den Bergen unterwegs. Sie sehen aus wie Außerirdische. Eine amerikanische Umweltstiftung bezahlt sie dafür, dass sie die Eingänge zu allen Stollen verschließen. Die Amerikaner sind nicht übervorsichtig. Mein Dosimeter zeigt an, dass die Strahlung im Tal 50 Mikroröntgen pro Stunde beträgt – das ist zweieinhalbmal mehr als die Norm, das heißt die natürliche Strahlung, die es überall gibt.

In einem der Seitentäler stoßen wir auf einen Laster mit einem riesigen Rohr. Das sind die Schatzsucher aus Semipalatinsk. Sie holen alles, was man auf dem Bau gebrauchen kann. Ihre Gesichter sind schwarz wie bei Bergarbeitern. Sie erlauben es nicht, dass ich ein Foto von ihnen mache, aber sie erzählen, dass es Häftlinge seien, die die Stollen zuschütten. Sie zeigen uns den Weg zu einem unverschlossenen Gang.

Vor dem Eingang in den Stollen liegt ein großer Schneehaufen. Der Zutritt wird erschwert von morschen Balken aus der Verschalung, die den Eingang versperren, aber man kann sich hindurchzwängen. Ich bin enttäuscht – Daniar sagt, dass er nicht hineingeht. Um Kabel rauszuholen, das sieht er ein, aber die gibt es hier schon längst nicht mehr, und nur so zum Spaß wird er das nicht riskieren. Ich sage, dass ich ihn bezahle, aber wir werden uns nicht einig. Er will zu viel. Kulanysch ist hier noch nie reingegangen, also wird er es auch jetzt nicht tun.

Ich zwänge mich durch die herabgestürzten Balken und stehe im Stollen. Ich messe die Stärke der Strahlendosis – sie beträgt 160 Mikroröntgen pro Stunde. Das ist viel. Irgendwo am Ende des Ganges, 2000, vielleicht 3000 Meter von hier, ist eine Bombe explodiert. Nur was für eine? Eine gewöhnliche Atombombe, die eine gewaltige Verseuchung bewirkt, oder ein thermonuklearer Sprengkopf, der »umweltfreundlicher« ist? Wie groß war sie? 1, 20, 100 oder vielleicht 140 Kilotonnen? Und dann noch die Frage: Wann ist sie gezündet worden? Vor zehn, zwanzig, dreißig Jahren? Das ist von Bedeutung. Das Wichtigste jedoch ist, ob es zu einer Eruption von radioaktiven Gasen gekommen ist.

Der Stollen ist in massiven Granitfels geschlagen, die Wände aber sind, genau wie in einem Bergwerk, mit Holzstempeln abgestützt. Viele davon sind, vermutlich bei der Explosion, unter dem Gewicht der Felsen zerborsten und haben Haufen von kleinen Steinen auf dem Boden hinterlassen. Hier und da sieht man die verschütteten Schienen einer Grubenbahn. Natürlich ist es der sowjetischen Verwaltung nicht in den Sinn gekommen, dass man die Schienen abbauen könnte, bevor man die Ladung zündet. Schließlich sind das mehrere Kilometer Schienen, Tausende Holzbohlen, die man im nächsten Stollen hätte verlegen können.

Ich zähle die Schritte. Nachdem ich etwa 300 Meter gegangen bin, stehe ich vor einer Wand aus Stahlbeton. In der Mitte steckt ein Stahlrohr von ca. 30 Zentimetern Durchmesser. Hierdurch verliefen die Kabel zum Zünder der Bombe und Dutzenden Messinstrumenten, die auf der ganzen Länge des Stollens verteilt waren. Neben dem Rohr haben die Kupfersucher in den Beton einen schmalen Durchgang geschlagen.

Wieder prüfe ich die Strahlung – 320 Mikroröntgen. Das ist schlecht. Mit Mühe zwänge ich mich hindurch.

Die Trennwand im Gang war zehn Meter dick. Um so etwas zu durchstoßen, mussten die Kupfersucher etwa fünf Monate lang mit Hammer und Meißel arbeiten. Alles in Handarbeit, ohne jede Maschine. Sie wechselten sich jede halbe Stunde beim Hämmern ab. In der zweiten Kammer biegt der Gang um 90 Grad nach rechts ab. Es gibt jede Menge von den Buntmetallsammlern und herabfallenden Felsbrocken zerschlagene Geräte. Noch einmal 300 Meter, noch eine Wand mit einem hineingeschlagenen Durchgang und einer Biegung nach links.

Die Strahlung beträgt ganze 1170 Mikroröntgen pro Stunde. Nichts wie raus!

Ich kehre um. Eine so hohe Strahlung verhältnismäßig nahe am Eingang des Stollens spricht dafür, dass die Wucht der Explosion mehrere der dem Detonationszentrum am nächsten gelegenen Barrieren zerstört haben muss. Das ist hier sehr oft vorgekommen.

In dem im Inneren des Berges eingeschlossenen Atomsilo lässt die Explosion Hunderte Tonnen Fels schmelzen, verdampfen und zu Glas werden. Der Druck von Millionen Atmosphären kann alle Sperren durchbrechen und als radioaktive Gasfontäne aus dem Stollen hervorschießen. Am Degelen ist es sogar vorgekommen, dass die Sperren gehalten haben, aber der Berg nicht. Die Explosion hat alle seine Innereien aus ihm herausgeblasen, und zwar nicht in der Nähe des Stollens, sondern an einem ganz anderen Ort.

So war es am 17. Februar 1989 bei dem letzten Atomtest in Kasachstan. Es gelangte eine gewaltige radioaktive Wolke in die Atmosphäre, die der Wind zur Stadt Tschagan trieb, die auf halbem Weg nach Semipalatinsk liegt.

Niemand hätte sich etwas daraus gemacht, wenn Tschagan nicht eine geschlossene Militärstadt mit großem Flughafen gewesen wäre. Dort waren Regimenter der sowjetischen Strategischen Luftstreitkräfte stationiert, die an Bord von Bombern die nuklearen Gefechtsköpfe transportierten. In der Stadt brach Panik aus. Die Frauen flohen mit den Kindern, und die Piloten, die Elite der sowjetischen Streitkräfte, rebellierten.

Es war das Jahr 1989, die Perestroika erreichte ihren Höhepunkt, also verordneten die Behörden, anstatt wie immer in solchen Situationen eine Division des KGB zu schicken, ein Moratorium für Atomtests auf dem Testgelände unter Semipalatinsk.

Noch bis Ende 1996 lag eine mittelgroße Atombombe im Berg. Die ganze Gegend wurde von Schatzsuchern geplündert, und sie blieb einfach dort liegen. Sie hätte sieben Jahre zuvor gezündet werden sollen, aber die Behörden hatten gerade das Ende der Experimente verkündet. Es brach Panik aus, als die Bastler aus dem Sarschal an dem Sprengkopf herumzuwerkeln begannen. Man weiß ja, auf einem Hof kann man alles gebrauchen: ein Schräubchen, ein kleines Scharnier, ein Zahnrad ... Endlich kamen Experten aus Russland, bauten das Uran aus und sprengten den Rest der Bombe mit TNT.

Am Ausgang des Stollens begrüßen mich meine Kasachen mit einem Glas Wodka. Ich war über eine Stunde weg gewesen. Sie hatten sich schon Sorgen gemacht.

»Nun trink«, sagt Daniar. »Und noch einen ... Verdammte Lippe. Ständig blutet sie.«

Wir kehren in den Aul zurück.

18 Kilometer vor Sarschal wächst ein großer Hügel frischer Erde aus der Steppe, ganz so, als wäre er gestern von einem Riesenmaulwurf aufgeworfen worden. Daniar und Kulanysch sagen, dass er 1959 entstanden ist. Warum ist er dann nicht mit Gras bewachsen wie die ganze Steppe rings herum? Ich steige hinauf und weiß, warum. Nicht einmal Gras will auf dem Krater einer Atombombenexplosion wachsen. Der Hügel ist ein Krater und gefüllt mit Wasser.

Die Bombe war sehr klein, sie hatte eine Stärke von 1,2 Kilotonnen (etwa so viel wie 1200 der größten im Zweiten Weltkrieg eingesetzten Fliegerbomben zusammen genommen). Der kleine See ist 60 Meter lang und 30 breit. Er heißt Tel'kem-1 und ist der radioaktiv am stärksten verseuchte Ort auf der ganzen Welt neben bestimmten Orten am Degelen und dem sogenannten Versuchsfeld (50 Kilometer weiter westlich, wo der Großteil der Tests auf und über der Erde durchgeführt wurde). Die Strahlung ist hier 400 Mal höher als die Norm – 8000 Mikroröntgen.

In die Kraterkrone ist ein schmaler Durchgang gegraben. Die Hirten aus Sarschal treiben hier im Sommer ihre Tiere zur Tränke, auch Stuten, die sie dann melken und deren Milch sie ihren Kindern zu trinken geben.

Es war das Jahr 1959. Die Häftlinge wurden aus den Gulags entlassen, also kam irgendein kranker Kopf auf die Idee, man könne Kanäle mithilfe von Atomsprengköpfen graben. Eine Atombombe nach der anderen werfen, und der Kanal wäre fertig. Man überlegte auch ganz ernsthaft, Lagerstätten von natürlichen Rohstoffen mittels Atomsprengköpfen offenzulegen. Im Januar 1965, also zwei Jahre nach der Unterzeichnung des Vertrags über das Verbot überirdischer Tests durch die UdSSR, schuf eine thermonukleare Explosion mit der Stärke von 140 Kilotonnen 30 Kilometer nördlich von Sarschal in der Nähe des Dorfes Znamenka ein riesiges Wasserbecken mit einem Durchmesser von 400 und einer Tiefe von 100 Metern. Die sowjetischen Forscher wollten auf diese Weise alle Wüsten in der Sowjetunion bewässern. Nach einigen Jahren tauchten in dem Becken bei Znamenka sogar Fische auf, nur hatten sie keine Augen.

Der Spaziergang im Stollen und am See haben mich, umgerechnet auf Röntgen, so viel gekostet wie zwei große Röntgenaufnahmen, zum Beispiel der Wirbelsäule oder des Brustkorbs.

Der vierte Kreis – die Selbstmörder

Ich habe schon so manches Durcheinander in meinem Leben gesehen, darunter nicht nur eine Kolchose, aber das, was ich in Sarschal sah, überstieg alle meine Vorstellungen. Es heißt, ein Nomade habe keine Achtung vor dem Ort, an dem er lebe, weil er nicht ihm gehöre. Morgen verlasse er ihn und ziehe weiter. Die Bolschewiken zwangen die Kasachen, ein sesshaftes Leben zu führen, aber auch nach all den Jahrzehnten haben sie das noch nicht gelernt. Selbst die sehr soliden Höfe, die die Kasachen den in den Westen ausreisenden Russlanddeutschen abgekauft haben (Stalin hatte sie 1941 hierher verbannt), verwandeln sich nach drei, vier Jahren in Ruinen. Die Gärten vertrocknen, die Farbe blättert ab, die Zäune und Klohäuschen verrotten und brechen zusammen ...

Ich übernachtete im Haus von Daniar (am Morgen blutete seine aufgeplatzte Lippe immer noch). Wir frühstückten *rymtschyk* – Brei aus saurer Stutenmilch – und verabschiedeten uns.

Hier erwacht das Leben, obwohl es ein Dorf ist, etwa um zehn Uhr. Die Menschen stehen auf, melken und tränken die Tiere – wenn sie welche haben ... Sie bewegen sich gemächlich, als wäre jeden Tag Sonntag. Die Männer tun den ganzen Tag lang gar nichts. Sie wechseln nur die Orte, an denen sie herumsitzen. Mal ist es eine Eisenstange, die sinnlos aus der Erde emporragt, mal ein umgestürzter Betonpfeiler, ein Balken, ein Schutthaufen ...

Die Häuser im Aul stehen in mehreren geraden Reihen, gut 100 Meter voneinander entfernt. Das ist erstaunlich breit für eine Dorfstraße. Die Idee dahinter war, den Mist aus den privaten, an der Straße gelegenen Ställen auf diese Straße zu werfen. Alle paar Tage kam der Bulldozer von der Kolchose und schaffte auf einen Schlag die »Ausbeute« der gesamten Straße weit fort von den Häusern. Aber die Kolchose gibt es nicht mehr, und den kaputten Bulldozer haben sie zum Schrotthändler gebracht – das heißt, nicht den ganzen, weil es unmöglich war, ihn zu bewegen. Auf den Schrott kam alles, was man abschrauben konnte. Der Rest steht mitten auf der Straße, er geht im Mist unter. Der Bulldozer-Veteran. Der Bulldozer-Bestarbeiter. Der Bulldozer-Held. Gefallen am Arbeitsplatz.

So wachsen also zwischen den Häusern gewaltige Dunghalden heran, und obwohl wir in der Wüstensteppe sind, watet das ganze Dorf im Sommer durch einen fürchterlichen, stinkenden Schlamm, der aus den jeden Tag größer werdenden Misthaufen sickert. Manche zünden die in der Sonne getrockneten Hügelkuppen an, aber das ändert die Situation kein bisschen, außer dass man kaum mehr Luft bekommt.

Zwischen den Dunghaufen liegen Autowracks, Teile von Betonkonstruktionen und Stapel von versteinerten Zementsäcken herum, man sieht rachitische Klohäuschen mit weit aufgesperrten Mäulern, die alle paar Tage zu einer anderen Grube gebracht werden. Überall gibt es massenhaft herrenlose Hunde, eigentlich sind es von ekzematöser Haut überzogene Hundeskelette. Kühe und Ziegen, die auf die Straße gelassen werden, konkurrieren mit ihnen um die Abfälle, Kinder stochern, schwarz vor Dreck, mit Stöcken im Müll, Männer gaffen. Sie hassen die Russen, ihren Präsidenten, die Beamten – alle. Selbst Kasachstan hassen sie, was ist das auch für ein Vaterland, das nicht einmal dazu in der Lage ist, den Mist fortzuschaffen. Sie hassen alles, was nicht die Sowjetunion ist. Ja, genau! Die Sowjetunion hat, als sie fortging, sogar die Kabel dagelassen, damit sie ein paar Jahre überleben konnten.

Kulanysch Makaschow, der mich mit dem Wolga in das Testgelände gefahren hat, ist nicht auf den Degelen gegangen. Alle Menschen aus dem Dorf plünderten den Berg, er plünderte die Kolchose. Seine Ausbeute belief sich auf 323 Hektar Land, 400 Schafe, eine Pferdeherde, ein paar Kühe, zwei Traktoren, einen Mähdrescher, drei Lastwagen. Er hatte hier seine Goldader, und zwar eine bessere als die anderen. Er war der Buchhalter in der Kolchose, also war er für die Auflösung und Aufteilung der Landwirtschaft zuständig.

»Nur Dummköpfe sind Kabel holen gegangen«, erzählt er.

»Hirten, Traktoristen, Verlader. Gibt es nicht schon genug Leid bei uns? Und dann auch noch dorthin rennen. Bei uns haben sich in den letzten drei Jahren 69 Menschen das Leben genommen. Junge und alte, ganz gewöhnliche Menschen, das waren keine Säufer. Sie haben Kinder hinterlassen ...«

»Vielleicht wegen der Armut?«

»Ach was. Das sind auch Reiche gewesen. Abends lacht so einer noch, verabredet sich zum Wodkatrinken, sagt, was er morgen tun will, und morgens hängt er auf dem Dachboden. Kinder hängen sich bei uns auf, der Mullah, er war so ein gläubiger Junge, aber er hat sich auch umgebracht, obwohl er nur drei Jahre bei uns gelebt hat.«

»Vielleicht aus Angst?«

»Möglich. Die Menschen fürchten sich, vierzig zu werden, weil in dem Alter die meisten an Krebs erkranken, aber es bringen sich schließlich auch Kinder und alte Frauen um. Hier wird man keine fünfzig Jahre alt. Nur warum schneiden sich Kinder die Kehle durch?«

Aus Hiroshima ist bekannt, dass der Krebs meist zwischen dem zehnten und dreißigsten Jahr nach der Verstrahlung angreift. Dies bestätigten Beobachtungen in Nevada, wo die Amerikaner Atomtests durchgeführt haben, auf Inseln im Südpazifik und auch bei Tscheljabinsk, wo es in den Sechzigerjahren nach einer Panne in einer Plutoniumfabrik zu einer gewaltigen Verseuchung gekommen ist. Hier ist es ähnlich. Der Krebs lässt die umliegenden Aule seit den Sechzigerjahren veröden. Die Selbstmorde begannen 1991, nachdem das Testgelände aufgegeben worden war. Mit jedem Jahr werden es mehr. In letzter Zeit sind es im Durchschnitt drei pro Monat.

Professor Marat Urasalin von der Medizinischen Hochschule in Semipalatinsk sagte mir, kanadische Untersuchungen hätten einen Zusammenhang zwischen einer Strahlung, die über der zulässigen Norm liegt, und Störungen bestimmter Zentren in der Hirnrinde nachgewiesen.

Der fünfte Kreis – der Elfte auf der Liste

Garin Kadbenlo kann sich bestens an verschiedene Bilder aus seiner Kindheit erinnern.

»Wie sollte ich mich nicht erinnern, wo ich doch den ganzen Tag in diesem Auto gesessen habe. Selbst wenn sie einen Kranken geholt haben, mussten sie mich mitnehmen.«

Garins Vater war Arzt in Sarschal. In der einen Hälfte des Hauses war ein kleines Krankenhaus, in der anderen wohnte die Familie des Arztes. Vor dem Eingang stand der Krankenwagen.

»Ich war vier Jahre alt. Es war August, heiß, und ich saß in diesem Auto. Irgendwann lief ich zu meiner Mutter und beschwerte mich, dass die Scheibe so schmutzig war und ich nichts sah. Meine Mutter wischte sie ab, aber zehn Minuten später sah ich wieder nichts, und so ging es den ganzen Tag. Das war so ein leicht rötlicher Staub. Die Menschen sind nicht so dumm, sie wussten sofort, dass das von der Bombe ist, die einen Tag zuvor explodiert war. Bei uns ist die Erde rot.«

Am Vortag war das Militär ins Dorf gekommen. Sie sagten, man solle das Feuer in der Küche löschen, dürfe kein Licht anmachen, müsse im Haus bleiben und solle nicht ans Fenster gehen.

»Meine Mutter löschte nicht das Feuer in der Küche, weil sie für das Krankenhaus kochte«, erinnert sich Garin, »also schlugen der Herdring und die Flammen, als es krachte, bis zur Decke hinauf. Die Scheiben klirrten, die Türen knallten zu, der Schrank rutschte von der Wand weg, selbst die Tapete an der Wand hat es zerrissen. Dann wuchs ein riesiger Pilz empor. Meine Mutter war damals schwanger. Sie war gerade hinausgegangen, also bekam sie es auch ab, na, und meine Schwester wurde mit Epilepsie geboren.«

Garin ist 59 Jahre alt. Er klingt heiser, als wollte er mit lautem Flüstern sprechen. Er hatte einen Tumor im Kehlkopf, der wurde rausgeschnitten.

»Zwei Jahre später, im November 1955, haben sie alle Menschen 40 Kilometer von hier fortgebracht, in die Stadt Abai. Wir waren 100 Kilometer entfernt von der größten Explosion, die es bei uns gegeben hat. Alle Menschen wurden auf die Straße getrieben. Sie befahlen uns, uns auf den Bauch zu legen, es war nicht erlaubt zuzusehen, und die Mütter sollten ihren Kindern die Augen zuhalten. Aber nachdem sie das gesagt hatten, waren die Leute nur noch neugieriger, zu erfahren, wie das aussieht. Die Kinder am allermeisten. Ich sehe es noch heute vor mir: Alle liegen, aber die Köpfe haben sie hoch erhoben, um besser sehen zu können.«

Ein halbes Jahr lang erlaubte man ihnen nicht, nach Sarschal zurückzukehren.

Garin ist ein *metis*, ein Kind aus einer Mischehe. An Europäern lebten nur Russen und Deutsche hier, aber Garins Mutter, Wanda Kamieniecka, war Polin, allerdings keine Umsiedlerin wie alle Polen im benachbarten Gebiet Qaraghandy. Garins Vater war Militärarzt. Sie verliebten sich, als er 1945 aus der Gegend von Berlin zurückkehrte, also ging sie mit ihm nach Kasachstan.

Garin ist der Reichste im Aul. Er ist noch viel reicher als Kulanysch Makaschow, der die Kolchose ausgeplündert hat.

»Ich habe mir die Lizenz für den Metallhandel besorgt und die Kabel nach China verkauft. Ich habe unseren Leuten geholfen, das Testgelände zu säubern.« Er muss laut lachen. »Als es kein Kupfer mehr gab, habe ich ihnen den Eisenschrott und alles verkauft, was nicht niet- und nagelfest war. Sie wussten genau, woher ich das hatte, aber so ist das Geschäft, von irgendwas muss man leben. Sie haben es auch weiterverkauft. Angeblich nach Japan. Irgendwann hat ein Japaner ein Dosimeter auf diesem Schrott abgelegt, und es gab einen Skandal. Es strahlte. Jetzt verkaufen die Chinesen es an jemand anders. Das Schlimmste ist, dass die, die bei uns die Kabel rausgeholt haben, noch öfter als die anderen krank werden, sterben, sich aufhängen. Weil das so schrecklich dumme Menschen sind. Sie benutzen keine Dosimeter, verstehen nichts, und dort gibt es schließlich Orte mit 1000 und mehr Mikroröntgen in der Stunde, und all das bringen sie zu mir. Ich bin in keinen Stollen gegangen, aber bis heute mache ich keinen Schritt ohne mein Dosimeter.«

»Warum?«

»Weil ich Kinder habe. Ich kann sie und mich nicht gefährden. Es reicht, dass mir ein Kind gestorben ist. Ich arbeite jeden Tag mit Metall, aber wenn etwas faul ist, dann halte ich mich davon fern.«

»Wirfst du es weg?«

»Was denkst du denn? Ich fasse es nicht an. Ich gehe nicht mal in die Nähe. Die Leute machen das alles selbst.«

Garin zahlte den Schatzsuchern einen Dollar pro Kilogramm Kupfer. Die Chinesen gaben ihm, je nach dem Preis an der Londoner Börse, 1,10 bis 1,30 Dollar. Er sagte, er habe mehr als 2000 Tonnen ausgeführt. Er muss also knapp eine halbe Million Dollar verdient haben.

Garin hat auf eigene Kosten eine Moschee in Sarschal errichtet, einen Mullah hergeholt, aber der hat sich aufgehängt, also hat er einen zweiten geholt.

1959 wurden im Testgelände, 18 Kilometer von Sarschal entfernt, zwei kleine Atomsprengladungen von 1,2 Kilotonnen gezündet. Es entstanden die Seen Tel'kem-1 und Tel'kem-2. Garin war damals zehn Jahre alt. Es war in den Ferien, also verbrachte er seine Tage mit den Brigaden in der Steppe. Sie waren gerade dabei, Heu zu machen.

»Eines Tages kamen welche vom Militär und sagten, dass wir am nächsten Tag zu Hause bleiben sollten, weil es Tests geben würde. Von wegen das Heu nicht einbringen! Welcher Brigadeleiter erlaubt das denn? Als es losging, war ich nicht mehr als zwei Kilometer vom Ort der Explosion entfernt. Manche nur einen Kilometer. Die, die noch näher gewesen waren, hatten sie weiter weggeschickt. Es war schrecklich. Unsere Heuschober brachen zusammen, und die, die am nächsten dran waren, erblindeten. Wir stiegen auf die Lastwagen und kehrten ins Dorf zurück.«

Unmittelbar nach ihnen trafen medizinische Einheiten der Armee im Aul ein. Alle Menschen, die in der Nähe der Explosionen gewesen waren, wurden zusammengetrommelt. Man stellte sie auf der Straße auf, befahl ihnen, sich auszuziehen, und untersuchte, maß, betrachtete jeden sehr genau, nahm Blut ab zur Analyse, notierte und machte Fotos.

»Sie schafften es nicht, alle zu untersuchen. Manche starben in der Schlange zum Arzt.«

Dann fertigten die Ärzte eine Liste an. Auf die Liste setzten sie 275 Personen. Frauen und Männer. Alte, Junge und Kinder. Sie waren ständig krank. Hin und wieder mussten sie zu Untersuchungen in der onkologischen Klinik von Semipalatinsk erscheinen.

»Sie behielten uns für zehn bis fünfzehn Tage dort und untersuchten uns, machten Röntgenaufnahmen, nahmen Blut ab, fotografierten uns. Wir wussten schon, dass es eine Todesliste ist, dass alle Menschen auf der Liste sterben müssen, und sie sind auch gestorben. Anfangs von der Strahlung, später an Krebs, es sei denn, jemand hatte sich vorher aufgehängt oder die Gurgel durchgeschnitten. Nur noch elf Menschen von der Liste sind am Leben. Ich bin der Elfte.

Der sechste Kreis – die Konquistadoren

Die Militärs und Wissenschaftler, die die Tests durchführten, machten sich am meisten Sorgen um den Wind. Das Wichtigste war, dass er nicht nach Norden wehte, denn dort, am Rand des Testgeländes, lag die Stadt Semipalatinsk-22, in der sie lebten. 1960, nach dem Tod von Igor Wassiljewitsch Kurtschatow, dem Menschen, der für die Sowjetunion die Atombombe gebaut hatte, wurde die Stadt nach ihm benannt.

Einst lebten hier 30 000 Menschen. Nichts als Forscher und Militärs. Man kann sagen, es war die Elite der Sowjetunion. Fast alle waren in der Partei. Fast alle waren Russen. In Kasachstan gab es keine Universitäten, die Spezialisten auf dem Gebiet der Atomenergie ausbildeten.

In Kurtschatow gibt es vier wissenschaftliche Institute, die sich mit Atomphysik befassen. Es werden drei Atomreaktoren betrieben. Dymitr Selenski ist Direktor des Instituts für Atomenergie. Er lebt schon seit 26 Jahren hier. Er ist russischer Staatsbürger im Dienste Kasachstans.

»Was haben Sie denn mit diesen Winden?« Es gefällt ihm nicht, dass ich darauf zu sprechen komme. »Schließlich waren das Einzelfälle, in denen radioaktive Gase aus einem Stollen entwichen sind. Und wenn es denn zu einer Eruption kam, dann hat sich das am Himmel verteilt, verflüchtigt, wurde auseinandergeweht.«

»Aber die onkologische Klinik ...«

»Ach! Ständig sprechen Sie von dieser Klinik. Die Menschen haben hier auch zu Dschingis Khans Zeiten Krebs bekommen, und damals gab es keine Explosionen. Die schweren Lebensbedingungen machen die Menschen krank, der Schmutz, besonders auf dem Land, dort gibt es keine Hygiene und kein ordentliches Essen. Hundertmal schlimmer als die Strahlung ist die Armut.«

»Warum begehen dann jedes Jahr mehr als dreißig Menschen in Sarschal Selbstmord?«

»Solange hier Atomtests durchgeführt wurden, steckte die Sowjetunion massenhaft Geld in die Entwicklung der Region rings um das Testgelände. Nachdem die Sowjetunion zerfallen war, gab es keine Gelder mehr, die Menschen blieben ohne Lebensgrundlage zurück. Sie haben nichts, um ihre Kinder zu ernähren.«

Nachdem die russische Armee aus Kurtschatow abgezogen war, blieben von 30 000 Menschen 10 000 zurück. Es wurde einsam. Die Wohnungen stehen leer. Die Fenster mit den herausgerissenen Rahmen sehen unheimlich aus. Das Restaurant Irtysch und der Supermarkt Rossija sind geschlossen. Im Hotel, in dem es einst von gelehrten Gästen nur so wimmelte, bin ich der einzige Kunde. Ich habe als Einziger in der Stadt warmes Wasser aus der Leitung. Selbst das Haus von Lawrenti Pawlowitsch Berija, der als Vorsitzender des Spezialkomitees für die Bewaffnung der UdSSR diese Stadt gebaut hatte, wurde in eine Kirche verwandelt.

»Unsere Stadt glich einem Blumenmeer, und es gab einen Haufen Kinder«, erzählt Larissa Jakowlewna Boguschow. »Man ließ sein Kind auf der Straße und konnte stundenlang im Laden plaudern. Niemand hat es angerührt. Man musste keine Angst haben, dass der Kinderwagen geklaut wird. Bei uns haben die Frauen die Bettwäsche in den Höfen trocknen lassen, und sie ist nicht weggekommen, auch wenn sie eine Woche lang gehangen hat. Aber jetzt sind die Kolchosbauern aus der Umgebung gekommen, und das ist ein ganz anderer Menschenschlag. Jetzt bleibt die Bettwäsche nicht hängen.«

Larissa ist Beamtin in der Stadtverwaltung. Ihr Mann war Oberst, der militärische Befehlshaber bei allen Atomtests im letzten Jahrzehnt, in dem das Testgelände genutzt wurde. Sie warten auf ihre Ausreise nach Russland, aber dort gibt es keine Wohnung für sie. Das Vaterland braucht den körperlich und psychisch versehrten Offizier mit Gedächtnisschwund nicht mehr.

»Das kommt von der Arbeit, aber bei uns wurde nicht herumgenörgelt. Ein Soldat ist ein Soldat. Die Partei hat ihn dorthin geschickt, und basta. Wenn ich nur wüsste, dass es wieder so wie früher wird, dann würden wir nie von hier fortgehen. Es zieht ständig jemand neues hier ein. In unserem Aufgang haben nur Russen gelebt, und jetzt sind schon zwei kasachische Familien da. Ich habe nichts gegen sie, aber sie sind anders, so unangenehm, man sieht sie überall, sie spucken auf die Treppe, dabei wurde das doch nicht für sie gebaut. Wir sind hier zu Hause, aber es ist nicht unser Zuhause. Hier kann man nicht leben.«

Die Tränen fallen Larissa auf die Knie, aber plötzlich strahlen ihre Augen.

»Auf dieser Straße, die vom Verwaltungsgebäude herführt, kamen am 9. Mai immer die Paraden entlang. Die Soldaten marschierten. Im Paradeschritt. So blitzeblank, so adrett und geschniegelt. Die Offiziere und die jungen Kerle, die Soldaten. Ganz vorne unsere Männer, und wir Frauen, luftig gekleidet, in unseren kurzen Mänteln, warteten mit den Kindern auf sie. Gelächter, Freude, Luftballons, rote Nelken … Und auf einmal gibt es das alles nicht mehr, dabei war das mein ganzes Leben. Ich würde alles geben, um das zurückzubekommen.«

»Ihr Mann ist schwer krank, weil er auf dem Testgelände gedient hat.«

»Wir waren stolz auf diese Arbeit.«

»Stolz?«

»O ja. Schließlich hat er außergewöhnliche Dinge getan. Die Partei hat ihn in die größten Geheimnisse der Sowjetunion eingeweiht. Er war auserwählt. Er hat große, nützliche und notwendige Dinge getan.«

»Für wen waren sie notwendig?«

»Zum Beispiel für Sie.«

»Für mich?«

»Genau. Für Sie. Für das gesamte sozialistische Lager. Das war notwendig für das Mächtegleichgewicht auf der Welt, für den Frieden.«

Larissas Eltern stammen aus Armenien, obwohl sie Russen sind. Sie ist in Batumi am Schwarzen Meer geboren, wo ihr Vater diente. Später lebten sie in Brest an der polnischen Grenze, und als sie geheiratet hatte, zog sie nach Kasachstan.

»Wo ist also meine Heimat?«, fragt Larissa. »Vielleicht ist es so wie in dem Lied: ›Meine Adresse ist keine Stadt, kein Haus, keine Straße. Meine Adresse ist die Sowjetunion.‹ Im Kommunismus, da hatte man ein Licht vor Augen, da hatte man eine hoffnungsvolle Zukunft, aber wenn es diese Hoffnung nicht mehr gibt, will man nicht mehr leben.«

Wieder fallen Tränen auf ihre Knie.

»Ich habe meine Eltern schon seit sieben Jahren nicht mehr gesehen. Ich würde gerne hinfahren, aber wenn man seine alte Mutter und seinen Vater besucht, sollte man etwas mitbringen, irgendwie helfen, nur reicht es dafür nicht. Und ich weiß selbst nicht, ob ich lieber mit leeren Taschen zu ihnen fahren oder besser etwas Geld schicken soll, schließlich können sie jeden Moment sterben.«

Der siebte Kreis – das Lehrmittelmagazin

Auf dem Flur des Instituts für Strahlen- und Umweltschutz in Kurtschatow stehen Exponate in formalingefüllten Gläsern.

Kaninchen eignen sich hervorragend zur Untersuchung von Augenschäden. In einem Glas haben wir also ein ganzes schwarzes Kaninchen mit verbrannten Äuglein. Es gibt auch einen Schafbock ohne Wolle, zerfetzte Lungen von Kamelen, geplatzte

Hundeherzen, Gehirne mit Schlaganfällen, die man mit bloßem Auge erkennen kann, ein ganzes Ferkel, das aussieht, als wäre es gebraten worden, als hätte man es gerade vom Grill genommen. Es gibt auch einen Kuhkopf und einen Hund mit versengtem Fell. Vollkommen nackt. Bestimmt ist es ein Mischling oder ein Spitz, aber das ist ohne die Zotteln schwer zu erkennen. Vielleicht ist das so eine Laika wie jene Hündin, die man im Kosmos verhungern oder ersticken ließ. Anstelle eines Halsbandes hatte sich ein Stahldraht vor Hitze in den Körper eingebrannt. Irgendwie musste man den Hund in seiner Zone festbinden, damit er sich nicht aus dem Staub machte. Er hatte sowieso noch Glück. Der aus der 1250-Meter-Zone starb erst am nächsten Tag.

Der achte Kreis – die Kinder aus der Zone

Vater Fjodor von der orthodoxen Kirche in Semipalatinsk erzählte mir von ihr.

Sie war Russin. Ihr Name war Sweta. Sie lebte in Semipalatinsk und studierte in Moskau an der nach Patrice Lumumba benannten Universität der Völkerfreundschaft an der sehr renommierten Fakultät für Diplomatie und Internationale Beziehungen. Das war noch zu Zeiten, als die Sowjetunion Tausende zu linken Ansichten neigende Studenten aus Ländern der Dritten Welt ausbildete. Bald sollte die Perestroika beginnen.

Das Mädchen heiratete einen schwarzen Kommilitonen von der Fakultät, unterbrach ihr Studium und fuhr mit ihm in den Sudan. Dort angekommen, erwies es sich, dass Swetas Mann schon drei Frauen und mehrere Mätressen in seinem Harem hatte. Er war Kommunist, und außerdem ein reicher und religiöser Muslim. In Afrika ist das ganz normal.

So gelangte also das Mädchen aus der Heimat von Walentina Tereschkowa in einen Harem. Sie kämpfte. Hunderte Male versuchte sie zu fliehen. Einmal hatte sie sich sogar schon auf der Jacht eines französischen Journalisten, der sie befreien wollte, versteckt, aber immer wurde sie geschnappt. Nicht einmal die Intervention des sowjetischen Konsuls half ihr.

Schließlich gebar sie einen Sohn. Er war schwer behindert. Da jagte der Mann Sweta aus dem Haus. Sie nahm das Kind und kehrte zu ihren Eltern nach Semipalatinsk zurück.

»Was sie für ein Leben hatte«, sagt Vater Fjodor voller Mitleid. »Es tat einem leid, sie so zu sehen, als sie hierherkamen. Nicht nur, dass das Kind schwarz war wie der Teufel, es war auch noch krank.«

Es war zehn Jahre alt, als es starb.

Selbst die kleinste Strahlendosis kann eine Schädigung des Erbguts hervorrufen, das heißt der DNA-Moleküle, und infolgedessen zu einer genetischen Erkrankung, Behinderung oder dem Tod des Nachkommen einer verstrahlten Person führen.

Es gibt bei Strahlung keine Schwelle, keinen Minimalwert, unter dem es nicht zu Schädigungen kommt. Strahlenschäden sind probabilistisch, das heißt, von der Strahlendosis hängt die Wahrscheinlichkeit, also die Häufigkeit der Schädigungen ab, nicht aber ihr Charakter. Die meisten Schädigungen wurden in Ajagös festgestellt, 300 Kilometer südlich von Semipalatinsk.

Es gab zwei solche Städte in der Sowjetunion. Odessa und das kleine Ajagös mit 50 000 Einwohnern. Zwei Städte mit einem verdientermaßen miserablen Ruf als die gefährlichsten, kriminellsten Städte. In Odessa gab es das Meer und den Hafen, hier nur die Steppe und die Lager. Dutzende Lager. So ist es bis heute. Die meisten Kriminellen kommen irgendwann endlich aus dem Lager, und weil sie sich keine Fahrkarte nach Hause kaufen können, bleiben sie und stehlen in Ajagös.

Das Kinderheim, also das *detdom*, wie es von den Russen kurz genannt wird, wurde hier 1942 für die aus Russland evakuierten

Kriegswaisen gegründet. 1956 waren die Waisen schon herangewachsen, jedoch gab es in der Gegend auf einmal Unmengen von geistig behinderten Kindern. Das Haus änderte sein Profil.

Ein Tor. Hoch oben auf dem Zaun Stacheldraht. Ein Hof. Eine Gruppe von Jungen ist draußen – aber sie dürfen nicht umherlaufen. Ständig brüllt eine Alte im weißen Kittel: »Sitzen!«, und die Jungen setzen sich auf eine Bank.

»Sitzen!!!«, brüllt nun ein Kalfaktor. Man kann ihn leicht an der besseren Kleidung erkennen. Die Kalfaktoren sind klüger als die anderen, sie können sprechen, wurden also auserwählt, ausgezeichnet, sind wichtiger. Sie leisten treu ihren Dienst, und sie kennen kein Erbarmen. Sylwia zum Beispiel ist so gut, dass man ihr erlaubt hat, im *detdom* zu bleiben, obwohl sie schon dreißig ist. Sie ist sehr schick gekleidet. Sie hat vom Direktor einen Adidas-Trainingsanzug bekommen, weil sie wirklich gut ist.

Die Kunst besteht darin, die Kinder in einer Schar zusammenzuhalten. Die weiß bekittelte Alte sitzt da und hat wie ein Hirte von Ferne ein Auge auf das Ganze. Die Kalfaktoren sind wie Schäferhunde: Wenn sich ein Kind entfernt, dann setzt es, zack, eins aufs Ohr. Die Kinder sitzen zusammengedrängt auf der Bank, auf dem Rand des kleinen Sandkastens und in einem Metallgerüst, das über der Erde schwebt. Letzteres ist ihr Lieblingsort, also haben sich etwa sechs dort hineingezwängt. Früher gab es eine Rutsche, aber die ist abgerissen.

Sabr Ramasanow hat 27 Jahre lang Sport unterrichtet, jetzt ist er Direktor. Sein Gesicht ist fast violett, die Äderchen in seinen Augen sind geplatzt.

Es muss auf die Bekanntschaft angestoßen werden. Er holt eine Flasche Staro Russkaja Wodka aus dem Schrank.

»Ich habe hier zwanzig Debile, hundertzwanzig Imbezile, acht Idioten, und ich muss sie durchfüttern«, sagt der Direktor. »Wir machen es so. Ihr schickt mir, das heißt an das Kinderheim, humanitäre Hilfslieferungen, ich stelle euch alle notwendigen Quittungen aus, also zahlt ihr keinen Zoll, und vom Verkaufsgewinn kriegt jeder die Hälfte.«

Die Küchenchefin bringt einen Imbiss, die Hauptbuchhalterin das entsprechende Dokument. Es ist sogar schon alles ausgefüllt, man muss nur einfügen: was, woher, Versandtermin.

»Ich habe hier schon zu Sowjetzeiten Geschäfte gemacht«, sagt der Direktor. »Ich habe Ziegel gebrannt. In einer Saison habe ich eine Million Stück an die Sowchose geliefert. Ich war nicht mal in der Partei, weil es sich für Parteimitglieder nicht gehörte, Geschäfte zu machen.«

Tagsüber ist es nicht erlaubt, in den Schlafsälen zu sitzen, auch nicht in den Gemeinschaftsräumen. Jede Gruppe hat ein klitzekleines Zimmer mit dem Charme einer Gefängniszelle. Es ist nicht erlaubt, das Zimmer zu verlassen, sonst kriegt man von Sylwia eine gescheuert. Es gibt dort nichts als Bänke, die an den Wänden fest angebracht sind. Die Kinder bekommen Beruhigungsmittel. Sie sitzen den ganzen Tag da und wiegen sich. Es gibt keine Beschäftigung, kein Spielzeug, im ganzen Haus habe ich ein einziges Brettspiel gefunden. Wenn ich die Hand ausstrecke, um ein Kindergesicht zu streicheln, weichen viele Kinder aus wie vor einem Schlag.

Ich ging durch alle Gruppen, aber am Schluss kehrte ich noch mal zu den Knirpsen zurück und sah, dass die Lumpen, die sie vorher am Körper trugen, ihre »Ausgehkleidung« war. Sie waren umgezogen worden, als der Direktor mich mit dem Staro Russkaja bewirtete. Jetzt sah ich die Kinder in ihren Alltagsfetzen, zerrissen und schmutzig wie das Unglück. Sie waren barfuß und fast nackt.

Der neunte Kreis – das Zimmer im Obergeschoss

Der neunte Kreis, der Grund der Hölle, ist das Zimmer im Obergeschoss. Es ist das Zimmer jener Kinder, die ihre Notdurft nicht verrichten können, aber nicht stark behindert sind, sie liegen nicht im Bett. Man hat sich ein sehr raffiniertes Folterinstrument für sie ausgedacht: Den ganzen Tag lang quälen sie sich im Stock.

Kennen Sie dieses Kirchenmöbel, das in den Presbyterien alter Kathedralen an der Wand steht? Ich meine das Chorgestühl, lange, geschnitzte Bänke mit Lehne. In ähnlichen, nur kleineren und mit einem Loch anstelle der Sitzfläche, stecken die Kinder aus dieser Gruppe. Die Händchen und Füßchen sind an der Bank festgebunden. In der Kleidung, das heißt den Lumpen, ist das Hinterteil ausgeschnitten. Die nackten Hintern hängen in den Löchern, darunter stehen volle Nachttöpfe.

Sie winden sich den ganzen Tag in ihren Fesseln, krümmen, recken und strecken sich. Sie wollen loslaufen, davonfliegen, sich am Ohr jucken ...

Erstmalig in seiner Geschichte hält der Mensch ein Mittel in der Hand, mit dem er sich selber vernichten und das ganze Leben auf unserem Planeten zum Verlöschen bringen kann. Ich glaube jedoch nicht, dass die Menschheit Selbstmord begehen, sondern dass es für sie auch ein einundzwanzigstes Jahrhundert geben wird. Was für ein herrliches Jahrhundert wird dies sein!

Reportage aus dem 21. Jahrhundert, 1957

Männer tragen ein Klavier.

EIN FLECKCHEN HIMMEL

Beim ersten Mal ritt Christus auf einem Esel, aß Fisch, trank Wein und lebte in Keuschheit. Jetzt bevorzugt er einen Yamaha-Schneescooter, ist Vegetarier, Abstinenzler, und seine Frau ist schon wieder schwanger. Die zweite. Von der ersten hat er sich getrennt, also ging sie in die Stadt und begann klinische Psychologie zu studieren.

Von den sechs Christussen, die es derzeit gibt, leben drei in Russland. Einer ist noch nicht erschienen, aber er hat schon Gläubige und eine eigene Kirche. Der zweite heißt Grigori Grabowoi und sitzt im Gefängnis, weil er von den Eltern der von Terroristen in Beslan ermordeten Kinder Geld für deren Auferweckung genommen hat. Der dritte ist Sergei Anatoljewitsch Torop, ein ehemaliger Milizionär und autodidaktischer Maler, der von den Gläubigen Wissarion genannt wird, das heißt – Lebensspender. Meist nennen sie ihn jedoch Lehrer.

Er schreit sich nicht am Ufer eines Sees, auf einem Platz oder einem Hügel die Seele aus dem Leib. Am liebsten bedient er sich des Internets, wo laufend das *Letzte Testament* entsteht, ein gewaltiges, derzeit achtbändiges Buch, in dem Wadim Retkin, ein ehemaliger Rockmusiker, der nun Wissarions Hofevangelist ist, dessen Leben und Worte niederschreibt. Das Werk regelt das Leben der Gläubigen sehr präzise, und das sind schon fast 100 000 Menschen auf der ganzen Welt.

Der Lehrer gibt Anweisungen, wie man es dem Mann im Bett und wie bei Tisch recht macht, wie viele Kinder man haben und wie man sie erziehen soll, was man essen, wie man Teewasser kochen, für wen man bei der Wahl stimmen und wo man pinkeln soll – das heißt, wo es nicht erlaubt ist.

In Sowjetzeiten haben sich die Russen an Verbote gewöhnt, also konnte ihnen der Lehrer ganze 61 Gebote auftischen. Sie sind eine künstlerische Weiterentwicklung und Konkretisierung jener zehn, die die Menschheit von Gott auf dem Berg Sinai bekam. So beispielsweise die Verbote, sich zu beleidigen, zu tratschen oder Fleisch zu essen, Letzteres gilt sogar für Tiere – ohne Zweifel fällt es unter das mosaische »Du sollst nicht töten«.

Aber nicht nur aus diesem Grund essen Wissarions Anhänger kein Fleisch. Jeder Zelle eines getöteten Tieres ist die Angst eingeschrieben. So sagt es der Lehrer. Das isst dann der Mensch, nimmt die schlechte Energie auf, füllt sich mit Entsetzen, Panik, Tod.

Es ist unglaublich! Bei ihnen sind sogar die Hunde Vegetarier! Und? Sie sind sanftmütig wie Kätzchen. Es ist der einzige Ort in Russland (einschließlich der Hauptstadt), wo ich ruhig die Straße entlanggehe und mich nicht auf Schritt und Tritt umsehe, ob hinter meinem Rücken irgendeine Bestie lauert.

Es ist der einzige Ort in Russland, an dem ich glückliche Menschen treffe. Heitere, fröhliche, ruhige Menschen, die auf der Straße sogar einen Fremden grüßen, ansprechen, mit einem Lächeln fragen, wie sie ihm helfen können, und die an den Türen ihrer Häuser keine Schlösser haben. Alle duzen sich, selbst die Kinder die Erwachsenen. Angeblich haben 60 Prozent der Erwachsenen einen Hochschulabschluss. Sie sprechen langsam, ruhig, haben es nie eilig, fluchen nicht, trinken und rauchen nicht. Nirgends in Russland ist der Geburtenzuwachs größer als bei ihnen, sie schlagen ihre Kinder nie und sind fast nie krank. Die Männer tragen Bärte, lange Haare und sehen nicht fern. Sie interessieren sich überhaupt nicht für Politik, und ihre Klos sind sehr sauber und angenehm, weil man sich setzen kann und nicht hinhocken muss wie sonst überall in Russland. Es ist der glücklichste Ort, den ich auf meiner mehrmonatigen Reise mit dem Auto von Moskau nach Wladiwostok gefunden habe.

Die Autoren der *Reportage aus dem 21. Jahrhundert* benutzten kein einziges Mal in ihrer Arbeit die Worte »Gott«, »Gebet«, »Religion«, denn schließlich sollte es sie nicht mehr geben. Wladimir Lenin, der Schöpfer der Sowjetunion, wiederholte Karl Marx' Worte, dass die Religion das Opium des Volkes sei, eine Art geistiger Schnaps, sie also verschwinden sollte. Verschwunden ist aber die Sowjetunion, und dort, wo sie einmal war, gibt es neben allen Weltreligionen mehr als achtzig große Sekten mit etwa 800 000 Anhängern.

Es gibt keinen allmächtigen Generalsekretär der Kommunistischen Partei mehr, aber es gibt gleich drei Inkarnationen von Jesus Christus.

I. Du sollst keine anderen Götter haben neben mir

»Das war wie ein Aufleuchten, wie ein Blitzschlag«, sagt Galina Oschtschepkow, eine Spezialistin für Naturheilkunde aus dem belarussischen Masyr. »Ich habe sofort erkannt, dass er es ist, als ich ihn in dem Video sah. Das Herz klopfte, ein Stechen in der Brust, Freude und Tränen zugleich. Ich hatte noch nicht das Gesicht gesehen, nur die Beine, aber ich war schon sicher. Er ist auf die Erde zurückgekehrt! Er läuft über die Wiese, tritt auf, aber es ist, als würde er in der Luft schweben. Ich frage mich, ob das so eine Montage ist, ein Trick bei der Aufnahme, aber nein, denn ich sehe seine Füße, und die knicken keinen einzigen Halm. Er ging vorüber, und die Wiese sah aus, als wäre dort niemand entlanggekommen. Ein Wunder. Also ist er das! Er, er, er! Christus. Der Messias. Der Erlöser. Der Mensch, der von Gott kommt.«

Oberstleutnant Wladimir Fjodorowitsch, Leiter der Abteilung für den Kampf gegen Wirtschaftskriminalität der Republik Chakassien, nahm den Glauben auf einer Versammlung vom Klub der Liebhaber übersinnlicher Erscheinungen an, in dem er Mitglied war.

Grischa Guljajew wurde in einer Strafkolonie für Wiederholungstäter und gefährliche Häftlinge bei Angarsk bekehrt. Das war zu Beginn der dritten, neunjährigen Haftstrafe, die er für tätliche Angriffe mit schwerer Körperverletzung verbüßte.

»Der Herr hat mir Slawa geschickt«, sagt Grischa. »In dem Etagenbett haben sie ihm die Pritsche über mir zugewiesen. Er hatte acht Jahre für Drogen bekommen, und als die Polizei ihn zu Hause abholte, warf ihm seine Frau ein Buch in den Beutel. Es war das *Letzte Testament*. Ich habe es aus Langeweile gelesen. Dann noch drei Mal, und ich nahm den Glauben an. Das größte Problem dort ist es, sich satt zu essen, zu rauchen und Tee zu organisieren, aber ich war nur daran interessiert, über Gott zu sprechen. Ich geriet in einen seltsamen Zustand, betete ununterbrochen, fastete, gab das Rauchen und Teetrinken auf. Sie haben mich angesehen wie einen Irren. Sogar feindselig, und das ist ein Hochsicherheitslager, 2000 Männer, gefährliche Verbrecher. Es ist kein Monat vergangen, in dem sie nicht jemanden umgebracht haben, und ich war der größte Sonderling.«

Igor aus Almaty hat der Herr im letzten Moment einen Nachbarn geschickt. Der Mann gab ihm eine Audiokassette und sagte, das sei Wissarion – die zweite Inkarnation Christi.

»Ich habe ihm eine halbe Stunde zugehört und wusste, dass ich zu ihm fahren muss. An diesem Tag habe ich meine tägliche Dosis Heroin nicht mehr genommen. Die Angst und die Entzugserscheinungen waren verschwunden, ich habe sogar sofort aufgehört, Fleisch zu essen. Alles an einem Tag, dabei hatte ich noch in der vorhergehenden Nacht an Selbstmord gedacht, weil alle Therapien nichts gebracht hatten, ich war über zehn Mal entgiftet worden, klinischer Tod, Gefängnis. Selbst meine Eltern hatten mich abgeschrieben.«

Igor ging arbeiten, und als er alle Schulden zurückgezahlt hatte, brach er auf nach Sibirien, wo die anderen Gläubigen wohnen.

Mischa Orlow stammt aus Podolsk in der Nähe von Moskau. Die Stadt ist – so wie das polnische Wołomin – für ihre mafiösen Strukturen bekannt, nur dass die polnische Mafia im Vergleich mit den Podolsker Gruppierungen Heulsusen und Trantüten sind. Mischa war Chef einer dieser Banden. Er war 25 Jahre alt, als er im Dezember 1996 beim Besitzer eines auf religiöse Literatur spezialisierten Verlags das monatliche Schutzgeld eintrieb. Auf dem Schreibtisch des Verlegers lag das Foto eines engelsgleich lächelnden, bärtigen Mannes mit blauen Augen und Haaren bis zu den Schultern. Mischa fragte, wer das sei. Er bekam zu hören, es sei der König der Könige.

»Das hat mich so umgehauen«, sagt Mischa, »dass ich das Geld liegen ließ, nur dieses Foto nahm, und am nächsten Tag saß ich im Flugzeug nach Sibirien. Ich traf den Lehrer. Wir sprachen zwei Stunden über Kunst, über das Leben im Einklang mit der Natur, warum die Menschen ohne Geld glücklicher sind ... Ich kehrte nach Hause zurück und sagte meiner Frau, dass wir von Moskau fortgehen, um bei Christus zu leben. Ich verteilte alles, was ich hatte.«

»Was hat die Frau eines Gangsters dazu gesagt?«

»Sie entschied sich, mit mir zu kommen. Versuchsweise. Drei Kinder hat sie mir hier geboren, und nach zehn Jahren hat sie sich wohl damit abgefunden, dass sie im Herzen der Taiga lebt. Wir leben einfach, beschaulich und sehr glücklich. Meine Kinder wissen nicht, was Streit, Schlägereien, Aggression sind ...«

»Sie wissen auch nicht, wer Iwan der Schreckliche, Napoleon oder Stalin war. Sie haben nie von der Oktoberrevolution und dem Zweiten Weltkrieg gehört, weil ihr das in euren Schulen nicht unterrichtet.«

»Aber sie wissen viel über Raffael, Rembrandt, Cervantes, Rimski-Korsakow ... Und der ältere Sohn kommt, obwohl er erst neun Jahre alt ist, hervorragend mit der Axt zurecht und baut mit mir unser Haus, weil wir immer noch in dem provisorischen leben.«

Unter Wissarions Anhängern traf ich auch Sergei Tschewalkow, einen ehemaligen Oberst der Strategischen Raketenverbände, der jetzt einer von zwei Priestern der Gemeinschaft ist, Hauptmann Oleg Patulow, einen Veteran des Afghanistankriegs, und Hauptmann Sergei Koslowski, der in Tschetschenien gekämpft hat. Der erste der beiden Hauptmänner wurde so etwas wie der örtliche Theologe, der zweite ist Vorsteher der größten Siedlung der Gläubigen. Sergei Morosow war wissenschaftlicher Mitarbeiter in einem geheimen Militärinstitut, fanatischer Kommunist und Parteisekretär. Nach dem Zusammenbruch der UdSSR suchte er fieberhaft nach etwas, das die Leere füllen könnte. Er begann mit der orthodoxen Kirche, dann war er bei der Hare-Krishna-Bewegung, bei den Buddhisten und hat sich sogar mit Schamanismus beschäftigt.

Sehr viele Männer in der Gemeinschaft sind ehemalige Militärs, Milizionäre, Angestellte der Staatsanwaltschaft, Offiziere von Spezialeinheiten, aber auch unbekannte Künstler. Wissarion, also der Gründer und Kopf der Kirche des Letzten Testaments, denn so nennt sich ihre Gemeinschaft, war Milizionär, und bis heute malt er mit Pastellfarben. Ich habe mit Dutzenden Anhängern von ihm gesprochen, und alle, ohne eine einzige Ausnahme, waren früher Atheisten, oft militante Anarchisten, und die allermeisten von ihnen waren in der Partei, waren überzeugte, sogar fanatische Kommunisten.

Von Moskau fährt man mit dem Auto acht Tage zu ihnen. In

Krasnojarsk, mitten in Sibirien, muss man nach Süden abbiegen, und nach 400 Kilometern, in Abakan, nach Osten. 200 Kilometer weiter, im Herzen der Taiga, befindet sich ihr gelobtes Land.

II. Du sollst den Namen des Herrn, deines Gottes, nicht missbrauchen

»Kennt der Lehrer die Antwort auf alle Fragen?«

»Natürlich!«, erklärt mit Galina Oschtschepkow aus Masyr. »Schließlich ist er das lebendige Wort Gottes, er ist Christus.«

»Kann er Auto fahren?«

»Er tut es nicht …«

»Aber Fahrrad fahren kann er?«, lasse ich nicht locker.

»Kann er! Und reiten. Und wie, er reitet wie ein großer König. Als der Gouverneur unserer Provinz kam und sie auf den Berg gestiegen sind, ist dem Gouverneur und seinem ganzen Gefolge nach der Hälfte des Weges schon die Puste ausgegangen, aber er flog hinauf wie ein Vogel. So stark und gesund ist er. Und so harmonisch entwickelt. Er ist nie krank.«

»Von wegen. Er hatte einen Eingeweidebruch. Es endete mit einer Operation.«

»Das höre ich zum ersten Mal. Er ist manchmal müde, aber das kommt von seinem intensiven Schaffen, von den Kontemplationen über unser Schicksal. Es ist nicht leicht, alles zu wissen. Ich habe ihn selbst einmal gefragt, ob ich die Mikrowelle benutzen kann, weil ich gehört hatte, dass die Speisen daraus ungesund sein sollen. Er sagte, wir würden schließlich das Essen vor der Mahlzeit segnen. So werden wir die ganze schlechte Energie los, die in allem ist, selbst in einer Flasche des gesündesten Olivenöls, weil es für Geld gemacht wurde. Ganz zu schweigen von den bösen Gedanken der Menschen, die diese Flasche in der Hand hatten, bevor sie zu uns gelangt ist.«

»Und warum darf man das Teewasser nicht zum Kochen bringen?«, frage ich.

»Weil der Lehrer gesagt hat, dass es leblos wird.«

Er wurde von der Großmutter aufgezogen. Sie war Putzfrau. Seinen Militärdienst brachte er in Arbeitsbataillonen hinter sich, wohin in der UdSSR die größten Tölpel und Plattfußindianer kamen. Bis heute ist er der Meinung, dass es auf der Welt keinen dümmeren Ort und keine dümmeren Menschen gibt. Ein entsetzliches kulturelles Ödland, primitive Gewalt, Unverschämtheit und Vulgarität. Er überstand es, weil er die Kommandanten porträtierte.

Nach der Armee versuchte er sich als Geschäftsmann, aber erfolglos, also wurde er Milizionär.

Sein erster Kontakt mit Religion war ein Auftrag der orthodoxen Kirche in Abakan für eine Ikone der Gottesmutter. Er malte sie aus dem Gedächtnis. Sie bezahlten ihn gut, aber als er fertig war, empörten sich die Geistlichen, dass die Mutter Jesu so riesige Hände hatte wie eine Kolchosbäuerin. Sie sagten, sie habe nie gearbeitet. Der Künstler beharrte darauf, dass es ein sehr getreues Bildnis sei, und nahm keine Korrekturen vor. Er musste das Geld zurückgeben.

Die Offenbarung wurde ihm Ende 1991 in seiner sibirischen Heimatstadt Minussinsk südlich von Krasnojarsk zuteil. Im Trolleybus. Er verstand, warum er so genau wusste, wie er Maria malen musste – schließlich war sie seine erste Mutter.

Damals brach die Sowjetunion zusammen. Torop war dreißig Jahre alt. Er warf die Arbeit bei der Miliz hin und begann zu unterrichten. Zunächst bei einer Wohlfahrtseinrichtung, wo er seinen ersten Anhänger fand. Er sagte, dass er nicht dafür wieder auf die Erde gekommen sei, um die Lebenden und die Toten zu richten, wie die Evangelisten geschrieben haben, sondern um die Menschheit vor der Vernichtung zu bewahren. Die Evangelisten haben viele Fehler gemacht, weil sie ihre Bücher aus der Erinnerung geschrieben haben, zehn Jahre nach dem Tod Jesu. Die ganze Wahrheit enthält nur das *Letzte Testament*, weil es von ihm stammt, von Christus selbst.

Die Vernichtung, die uns erwartet, wird keine Strafe Gottes sein – der Mensch erlegt sie sich selbst auf. Religionskriege, Wirtschaftskrisen, ökologische Katastrophen. Es wird nur eine Handvoll Menschen überleben, die sich um ihn in Sibirien versammeln. Einstweilen sind das 4500 Personen, das ist nicht viel, aber Noahs Familie war noch kleiner. Anschließend verlassen die Geretteten diese Erde, die der Zerstörung anheimfällt.

Sie sind aus den entlegensten Ecken Russlands und der ehemaligen Sowjetrepubliken gekommen. Nicht nur Russen. Kirgisen, Jakuten, Letten, Bewohner Dagestans ... russischsprachige Deutsche, Amerikaner und Juden aus Israel, eine beträchtliche Gruppe Bulgaren, ein Belgier, der Schach unterrichtet, und sogar ein Kubaner, wenn auch aus Schweden. Sie leben in über zehn Dörfern. Nicht alle haben elektrischen Strom.

Das größte ist Petropawlowka. Es besteht aus etwa 250 Holzhäusern, aber die Gläubigen verteilen sich auf 200. In jeder Familie werden drei bis fünf Kinder geboren. Wenn die Eltern mit der Erziehung ihres Nachwuchses überfordert sind, holen sie einen Alleinstehenden oder eine Alleinstehende zu sich ins Haus, die für die Kinder so etwas wie Großeltern oder Onkel und Tanten sind.

Wissarion lebte ein paar Jahre in Petropawlowka, aber 1997 verkündete er, dass sich das Zentrum der Welt ein paar Dutzend Kilometer weiter östlich befinde, auf einer Anhöhe inmitten von Sümpfen und der gewaltigen Taiga. Er und seine Anhänger entschieden, dort ihre Hauptstadt zu bauen. Sie fingen bei null an, schlugen einen Weg, der nur im Winter befahrbar ist, wenn die Sümpfe zufrieren, und nur mit Schneescooter und Pferden. Im

Sommer muss man zu Fuß einen Umweg durch die Berge machen. Dann errichteten sie auf einem Berg, den sie »Altar der Welt« nannten, ein Gotteshaus und ein Himmelshaus für den Lehrer. Im Alltag nennen sie diesen Ort »Berg« und zu der Stadt der Morgenröte, die sie zu seinen Füßen erbaut haben, sagen sie kurz Gorod, also »Stadt«.

Das Symbol von Wissarions Anhängern ist eine Sonne mit 14 von ihr ausgehenden Strahlen, und so ist auch ihre Stadt entworfen: Ein zentraler Platz des Gebets und 14 von ihm strahlenförmig fortführende Straßen. Einstweilen sind es nur 50 Häuschen und etwa 200 Einwohner – die religiöse Avantgarde unter Wissarions Anhängern.

III. Du sollst den Feiertag heiligen

Sie haben drei Feiertage. Am 18. August das Fest der Guten Früchte zur Erinnerung an die erste Predigt Wissarions. Im April ist das Frühlingsfest und am 14. Januar Gottes Geburt – Wissarions Geburtstag.

An jedem Sonntag, ganz egal bei welchem Wetter, steigen die Gläubigen aus Gorod gemeinsam auf den Berg. Der Höhepunkt der Zeremonie ist eine sorgfältig einstudierte Begegnung mit dem sich grotesk als Christus aufspielenden Lehrer. Er sitzt in den Felsen auf einem Sessel unter einem großen roten Schirm mit Fransen. Er ist ganz in Weiß gekleidet. Ein langes Gewand, Chiton genannt, eine Hose, wollene Fäustlinge und eine Kopfbedeckung, wie sie die Männer im Nahen Osten tragen. In der Hand ein Mikrofon, auf der Nase eine riesige, etwas komische Sonnenbrille.

Kein körperlicher Kontakt. Die Gläubigen fallen in sicherem Abstand auf die Knie und verharren während der gesamten Begegnung in dieser Position.

Zunächst sammeln sie sich ein paar Minuten lang in absoluter Stille, meditieren, verschmelzen geistig zu einer Einheit, zu einem harmonisch wirkenden Organismus. Es ist beinahe zu sehen, wie der Frost mit einem großen Hammer alle Gedanken und Klänge an den Boden schmiedet. Ein paar Frauen sinken lautlos und ohnmächtig auf den Schnee. Der örtliche Arzt leistet mit seiner Feldapotheke Hilfe.

Danach ist Zeit für Fragen. Wissarions Anhänger sind erfüllt von leidenschaftlichem Eifer. Sie könnten sich endlos auslassen über ihren Lehrer, dessen theologische Akrobatik bis ins Allerkleinste analysieren, aber bei den Sonntagszusammenkünften dürfen nur konkrete Dinge gefragt werden. Kindererziehung, Sex, Gartenarbeit, Verkauf oder Bau eines Hauses, Arbeit... Jemand fragt, ob sie im Städtchen einen eigenen Kandidaten bei den Lokalwahlen aufstellen können.

»Auf keinen Fall!«, braust der Lehrer auf. »Haltet euch fern von der Politik, greift nie nach der Macht. Ihr sollt zur Wahl gehen, aber nie kandidieren.«

Sie haben immer eine hundertprozentige Beteiligung. Ich war während der Parlamentswahlen bei ihnen. In Petropawlowka wurde das Wahllokal viele Stunden vor dem Ende der Abstimmung geschlossen, weil alle ihre Stimme abgegeben hatten, wer noch zögerte, wurde telefonisch ermahnt. In allen Dörfern haben die Gläubigen eigene, interne Telefonleitungen.

Wissarions Anhänger stimmen immer für die herrschende Partei. Sie sagen offen, dass die Regierung andernfalls schon längst mit Maschinenpistolen bewaffnete Truppen in die Taiga geschickt und sie in alle Winde zerstreut hätte.

IV. Du sollst deinen Vater und deine Mutter ehren

Vor ein paar Jahren kam ein verzweifelter Mann aus Murmansk zu einem Treffen mit Wissarion, der dem sibirischen Propheten vorwarf, ihm seine Frau ausgespannt und seine Familie zerstört zu haben. Wissarion antwortete nicht und nahm mehrere kräftige Schläge ins Gesicht ruhig hin. Das Ereignis wurde im *Letzten Testament* beschrieben.

»Ich konnte nicht mit ihm leben«, sagt Ljubow Derbina aus Petropawlowka, die ehemalige Frau des Angreifers. »Mein Mann glaubt nicht an unseren Lehrer. Ich habe Mann, Mutter, Vater, Arbeit und Wohnung verlassen und bin hierhergekommen, wo ich nicht nur für mich lebe, sondern viel Gutes für die Gemeinschaft tun kann, und ich entwickle mich auch noch geistig. Nur meinen Sohn habe ich mitgenommen.«

»Du hast einem anderen sein Kind weggenommen?«

»Aber später hat er es mir weggenommen. Um die Wahrheit zu sagen, mein Sohn ist selbst gefahren. Er wollte eine Weile beim Vater sein. Er sagte, dass er zurückkehrt, wenn er die Schule beendet hat.«

Um kurz die Fakten zu klären: Es ist das einzige Kind von Ljubow. Der Junge war neun Jahre alt, als sie ihn vom Vater fortgenommen hat, und elf, als er zu ihm zurückkehrte. Jetzt ist er 14.

»Du hast deinen Sohn drei Jahre lang nicht gesehen«, sage ich. »Ist das nicht schwer?«

»Es ist schwer.«

»Warum bist du dann nicht mit ihm gefahren?«

»Weil es dort keine Brüder gibt. Menschen, die so sind wie ich, die so leben wie ich, in der Gemeinschaft. Dort ist jeder für sich, ganz allein, und im Alleingang kann ich meine Seele nicht entfalten. Nur hier kann ich leben.«

»Das ist so stark, dass man sogar sein Kind verlassen kann?«

»Ja. Um mit dem Lehrer und den Brüdern zusammen zu sein.«

Ljubow war Englischlehrerin, jetzt führt sie für die Gemeinschaft die Tourismusagentur »Pol der Erde«. Wissarions Anhänger glauben, dass sich der Nordpol nicht im Nordpolarmeer befindet, sondern an dem Ort, wo das Haus des Lehrers steht. Die Agentur befasst sich mit Gläubigen, die hierherkommen, um die Gemeinschaft kennenzulernen, bevor sie sich für immer niederlassen.

Als ihr Sohn weggegangen war, heiratete die Mutter abermals. Ihr neuer Partner hatte sich kurz zuvor scheiden lassen, weil seine Frau auch nicht gläubig war, obwohl sie mit ihm ein paar Jahre lang in Petropawlowka gelebt hatte. Sie war für ihn hierhergekommen – und damit ihre beiden Töchter einen Vater hätten. Nach der Scheidung blieb sie mit den Mädchen vor Ort, weil sie nirgendwohin zurückkehren konnte. Die Wohnung in Smolensk hatten sie verkauft, um sich hier einzurichten.

»Es gibt sehr viele Scheidungen bei uns«, sagt Ljubow. »Wir schließen niemanden aus, aber wer sich nicht anpasst, wer anders lebt als wir, der wird sich mit uns nicht wohlfühlen, er wird ständig Konflikte haben, krank werden und schließlich sterben. Aber nicht, dass du denkst, ich sei eine herzlose Mutter. Bevor ich das Kind habe gehen lassen, habe ich den Lehrer bei einer der Sonntagszusammenkünfte gefragt, ob ich das tun kann, weil doch der Vater ungläubig ist. Er hat Ja gesagt, und sofort war mir leichter zumute. Er weiß alles, sieht alles ...«

»Wie das denn? Wie kann ein gebildeter Mensch zulassen, dass ein Fremder über die eigene Ehe, die eigenen Kinder entscheidet?«

»Das ist Glaube. Ich habe sehr lange gesucht. Ich ging zum Meditations-, zum Bioenergetikkurs, zum Bibelkreis, ich habe mich sogar mit Yoga beschäftigt, aber niemand konnte mir auf alle Fragen Antwort geben. Der Lehrer weiß alles.«

V. Du sollst nicht töten

Wissarions Anhänger trinken keinen Alkohol und rauchen nicht. Man muss jedoch wissen, dass das für Männer in Russland, besonders in der Provinz, ein offenkundiger Mangel an Männlichkeit ist. Mehr noch! Es kommen Zweifel an der sexuellen Orientierung eines solchen Typen auf.

Selbst in den Läden, die von den Gläubigen geführt werden, gibt es keine tödlichen Waren. Auch keinen Fisch und kein Fleisch. Milchprodukte und Eier sind nicht verboten, aber nur Kinder essen sie, zudem in sehr geringen Mengen. Sie kommen nicht aus dem Laden, sondern von den eigenen Ziegen, die nicht getötet werden, sondern alt werden und eines natürlichen Todes sterben dürfen. Wenn sie umkommen, werden sie von den Hunden der ungläubigen Nachbarn gefressen. Und deren Katzen fressen Mäuse, die die Gläubigen lebendig in ihren Häusern fangen.

Oleg Patulow hat von einem Tag auf den anderen aufgehört, Fleisch zu essen.

»Ich musste einfach kotzen, selbst wenn ich nur eine Dose mit Schweinefleisch gesehen habe.«

Er hatte ein Bajonett genommen, damit in den Deckel gestochen, und das zähflüssige, von der afghanischen Sonne brühheiße Fett war auf die Uniform gespritzt. Er hatte erbrechen müssen, selbst mit Wodka hatte sich der Magen nicht beruhigen lassen.

Das war ein paar Tage nachdem die 15 Panzer der Kompanie, die er befehligte, ein afghanisches Dorf niedergewalzt hatten. In dem Kischlak versteckte sich eine Gruppe bewaffneter Menschen, und er hatte per Funk den Befehl bekommen, die Gebäude einzunehmen und bis zum Eintreffen der Verstärkung zu halten.

Er führte ihn aus, ohne einen einzigen Schuss abzugeben.

»Vielleicht waren in den Häusern keine Zivilisten«, tröste ich Oleg.

»Was denkst du denn. Ich habe gesehen, wie sie sich versteckt haben, als wir auf sie zugejagt sind. Erinnerst du dich an *Die sieben Samurai* von Kurosawa? Wir sind genauso durch dieses Dorf gejagt wie die Irren, nur mit 37 Tonnen schweren Panzern. Wenn ich in eine Lehmhütte hineingefahren bin, habe ich nicht einmal gespürt, dass ich etwas plattgemacht habe. Deshalb kann ich kein Fleisch mehr sehen. Besonders Gehacktes.«

Zehn Monate später, im Februar 1989, führte Hauptmann Patulow seine Kompanie aus Afghanistan hinaus und wurde aus der Armee entlassen. Gorbatschow verkleinerte die Streitkräfte.

Oleg war 34 Jahre alt und Rentner. Er begann am Pädagogischen Institut in seiner Heimatstadt Orjol Philosophie zu studieren. 1993 traf er Wissarion auf einem Kongress für Philosophie in Moskau. Mittlerweile ist er dessen Cheftheologe. Er gibt am Morgen den freiwilligen Weltanschauungsunterricht für die Frauen, und am Abend für die Männer. Ein Mal in der Woche findet ein Pflichtunterricht für Lehrer statt.

Die ersten sechs Jahre unterrichten die Gläubigen Mädchen und Jungen in getrennten Schulen. Es geht darum, dass die Mädchen keine unvermeidlichen Schwächemomente der Jungen miterleben sollen, was sie in Zukunft daran hindern könnte, die grundlegende Wahrheit der Lehre des sibirischen Christus zu verstehen – dass der Mann der Welt des Geistes angehört, die Frau aber der Welt der Natur, die dem Geiste dient. Ebendeshalb wäscht jede Frau ihrem Mann alle paar Tage die Füße.

Alle Schulen werden nach den vom russischen Bildungsministerium beschlossenen Lehrplänen geführt.

Ich komme zu dem zweistündigen Weltanschauungsunterricht für zwölf Lehrerinnen aus der Mädchenschule, das Thema ist die Funktionsweise des Finanzsystems in der heutigen Welt.

Oleg beginnt jedoch mit der Information, dass infolge der gestrigen Parlamentswahl vier Parteien in die Duma eingezogen sind. Er sagt nicht, welche, aber niemand fragt danach.

Alle Lehrerinnen haben ihre Hausaufgaben gemacht und das aufgegebene Kapitel aus dem *Letzten Testament* gelesen, in dem geschrieben steht, dass die Juden das Finanzsystem geschaffen haben. Im Universum gibt es sehr viele Zivilisationen, und jede herrscht über ihre Welt, aber die mächtigeren versuchen, die kleineren und jüngeren zu beherrschen, uns auch.

»Wer möchte über uns herrschen?«, frage ich schüchtern und wohl dumm, denn alle Frauen hören auf zu häkeln und blicken mich über den Rand ihrer Lesebrillen hinweg an.

»Die Zivilisation Lu-zi-fers«, skandieren sie im Chor.

»Die sich das jüdische Volk gewählt hat, um ihren Plan Wirklichkeit werden zu lassen«, fügt Oleg hinzu. »Und dieses Volk lenkt durch das weltweite Banksystem das Schicksal der Menschheit. Die Juden planen Währungskrisen und lösen Finanzkrisen aus, ja sogar Kriege und Revolutionen, und hinter denen stehen immer ungeheuer kostspielige Rüstungsprogramme und … Na, was noch, Jacek?«

»Bestimmt auch wieder irgendwelche Juden …«, murmele ich undeutlich.

»Gut. Gelder. Und über die gebietet die weltweite Finanzoligarchie.«

»Christus war Jude«, rufe ich in Erinnerung, »das heißt, dass euer Lehrer das auch ist.«

»Der himmlische Vater hat seinen Sohn extra zu diesen Menschen gesandt, um dadurch zumindest ein wenig den niederträchtigen Plan dieses Volkes abzumildern. Nun hat er ihn noch einmal geschickt, weil die Menschheit am Rand des Abgrunds stand. Dank ihm errichten wir eine großartige, ökologische Gemeinschaft voller Harmonie und Liebe, in der die Kinder das

Wertvollste sind. Was wir nur können, tun wir selbst. Stell dir die weltweite Katastrophe vor: Die Brennstoffe gehen zur Neige, es gibt keine Energie mehr ... Wir werden überleben. Wir werden etwas zu essen und zu heizen haben. In mehreren Dörfern haben wir sogar eigenen elektrischen Strom aus Solarzellen. Wir sind noch in geringem Maße abhängig vom Geld, aber wir lassen es hinter uns.«

Die Gemeinschaft bezahlt Oleg für seine Vorträge im Monat 2000 Rubel (100 Euro) – so viel wie dem Arzt. Das ist für die hiesigen Bedingungen nicht wenig, bedenkt man, dass der staatliche Strom hier nur wenige Kopeken pro Kilowatt kostet, also heizen viele Menschen die Wohnung elektrisch, weil es sich nicht lohnt, Holz zu hacken. Von diesem Geld unterhält der Theologe seine Frau und fünf Kinder, aber die meisten Nahrungsmittel bauen sie, wie alle, auf ihrem eigenen Land an. Olegs ältester Sohn ist jetzt bei der Armee, genau wie der Sohn des Lehrers, aber sie dienen in Arbeitsbataillonen, um nichts in die Hand zu nehmen, was zum Töten dient.

Oleg gehört zum kleinen Kreis der *bjudschetniki*, der Angestellten in der Gemeinschaft, so wie die Lehrer und Priester. Unter anderem zu diesem Zweck zahlen alle Gläubigen redlich eine 30-prozentige Steuer (unabhängig von der staatlichen, die in Russland 13 Prozent beträgt) auf jede verdiente Kopeke, selbst auf staatliche Renten und Pensionen.

Alle Anhänger Wissarions beteuern, dass sie viele Male das gesamte *Letzte Testament* gelesen haben (was ich bereit bin zu glauben), vielleicht ist also Olegs Wissen gar nicht so wertvoll? Der Haken an der Sache ist, dass es absolut chaotische und verworrene Bücher sind, die in einer unverständlichen, bizarren, gekünstelt archaischen und oft fehlerhaften Sprache geschrieben sind. Wer so wie ich kein Gläubiger ist, schafft es nicht einmal, sich durch die ersten paar Seiten zu quälen.

Die Letzte Hoffnung, das Hauptwerk des *Testaments*, das Wissarion eigenhändig verfasst hat, beginnt mit folgenden Worten: »Menschengeschlecht! Kinder des lebendigen und einzigen Gottes. Die nächstfolgende Etappe des vorbestimmten Ereignisses, das sich auf Mutter Erde entfaltet, hat begonnen, und bereits jetzt habe ich euch vieles offen zu sagen. Ihr seid äußerst nah an gewaltige Schwierigkeiten herangekommen. Seit Jahrhunderten wart ihr bestrebt, den eigenen Namen bis an den Himmel zu erheben, doch nur in Jauche habt ihr euer Gesicht getaucht.«

VI. Du sollst nicht ehebrechen

Igor, der 37-jährige ehemalige Drogensüchtige aus Almaty in Kasachstan, lebt allein in einem klitzekleinen Haus in Gorod. »Haus« ist entschieden zu viel gesagt. Es ist ein Schuppen aus Brettern und Sperrholz, gedämmt mit Sägespänen, den Igor, damit es noch wärmer ist, in einem Folientunnel errichtet hat. Der Schuppen hat ein Fenster, aber der Ausblick ist miserabel, weil die Folie dahinter nicht durchsichtig ist. Ein Kämmerchen, ein Ofen, eine physische Karte der Region Krasnojarsk, die die ganze Wand einnimmt, und ein Foto von einem Kind im Steckkissen. Das ist Ilja, sein Sohn.

Vor eineinhalb Jahren ging Igor zu seinem Freund Danil und dessen Frau Sweta, um einen Lehmofen zu bauen. Einen Monat später ließ sich die Frau scheiden und heiratete Igor. Sie hatten keinen Ort, an dem sie leben konnten, also zogen sie zu ihren Eltern in das Dorf Tscheremschanka.

»Ist Sex vor der Ehe erlaubt?«, frage ich.

»Wenn man sich verlobt hat, dann ja«, sagt Igor. »Früher war das unvorstellbar, aber es gab so schrecklich viele Scheidungen, dass der Lehrer die Regeln geändert hat. Man kann sogar zwei Frauen haben, denn das ist besser als heimliche Affären, aber es kommt nicht oft vor. Meine Ehe mit Sweta war ein halbes Jahr nach der Geburt unseres Sohnes am Ende, aber wir vereinbarten, dass wir weiter zusammen bleiben und dass, wenn einer jemanden findet und sich verliebt, ihn der andere gehen lässt. Sweta war die Erste, also bin ich nach Gorod zurückgekehrt.«

»Hat Danil, dein ehemaliger Freund, dir nicht die Fresse poliert?«

»Wieso denn das?! Bei uns schlägt man sich nicht. Und wir sind immer noch befreundet. Er war glücklich, dass die Frau, die er liebt, die Liebe gefunden hat, und es ging ihr bei mir gut. Er hatte die geistige Pflicht, uns ein gemeinsames Leben zu ermöglichen. Immer, wenn wir nach Gorod gefahren sind, sind wir bei ihm im Haus untergekommen, und er wohnte bei uns, wenn er vom Berg herunterkam. Man muss sich über seinen eigenen Egoismus erheben und im Glück der anderen aufgehen. Das ist für uns normal. Unter den jungen Menschen, die nach diesen Regeln erzogen worden sind, gibt es Dutzende solcher Geschichten.«

»Nur die Schwangerschaft und das Kind waren unnötig.«

»Wieso denn unnötig? Frauen sollten so viele Kinder kriegen wie möglich! Weißt du, wie gewaltig die Schlange im Himmel zur Reinkarnation ist? Sie warten nur darauf, dass wir ihnen auf der Erde neue Körper schaffen.«

Ljuba gebar Wissarion fünf Kinder und verließ nach 25 Ehejahren ihren Mann. Zuvor hatte sie, um Unterstützung mit dem Nachwuchs zu haben, die wunderschöne Sonja in ihr Haus geholt, die 18-jährige Tochter von Gläubigen aus Petropawlowka, mit denen sie befreundet war.

»Sie selbst hat sie dem Lehrer untergeschoben und gewartet, bis eine Zuneigung entstand«, sagt Galina Oschtschepkow, die auch eine Freundin seiner Frau ist. »Dann lebten sie zu dritt, und als Sonja schwanger wurde, verließ Ljuba ihren Mann, das Haus, die Kinder und ging fort. Sie ist eine sehr tüchtige, zupackende Frau. Ihr wurde die Gnade des Glaubens nicht zuteil, sie hat ihn nicht als Christus akzeptiert.«

»Tausende Menschen hat er mitgerissen, aber bei der eigenen Frau hat er es nicht geschafft?«

»Sie waren schon verheiratet, als sie erfuhr, dass sie mit Christus zusammenlebt.«

»Und auch mit ihm schläft, ihm die Unterhosen wäscht, die Socken, ihm eine Fliege aus dem Auge holt, die Fingernägel schneidet, die Nasenhaare…«

»Sie hat es nicht ausgehalten«, sagt ihre Freundin. »Jetzt lebt sie in Krasnojarsk. Sie hat eine kleine Wohnung gemietet und studiert klinische Psychologie.«

Ihre Erzählung von der neuen Liebe Wissarions hat Galina so in Stimmung gebracht, dass sie warmes Wasser in eine Schüssel gießt, Seife nimmt und vor ihrem Mann niederkniet.

»Der Lehrer hat gesagt, dass onkologische Krankheiten bei Frauen von ihrem schlechten Verhältnis zu Männern kommen«, sagt sie, während sie zwischen den Zehen ihres Mannes etwas abgeschürfte Haut hervorholt, »vom Beleidigtsein, Schmollen und Ungehorsam der Weiber. Und vom Feminismus. Ich war auch so. Ich war 44 Jahre alt und lebte immer noch allein, nur für mich, egoistisch. 19 Jahre lang war ich ohne Mann! Ich lebte in der Gemeinschaft, aber nur in der Frauenwelt. Chor, Massageunterricht, Tanzkurs, Männer habe ich verschmäht. Bestimmt aus Angst, die mir von meinem Exmann geblieben war. Vor fünf Jahren bekam ich die letzte Warnung.«

Die Ärzte aus der Klinik für Onkologie in Krasnojarsk entdeckten bei ihr einen gewaltigen Tumor in der Gebärmutter. Sie sagten, dass die Situation aussichtslos sei, sie aber zur Beruhigung operieren könnten. Galinas Freunde riefen den Lehrer an, und der riet, sie sofort aus dem Krankenhaus zu holen. Er sagte, dass sie die Operation nicht überstehen, aber leben wird. Auf ihre eigene Verantwortung hin wurde sie entlassen.

»Ich würde alles tun, was er sagt«, erklärt Galina.

Sie kehrte zur Gemeinschaft zurück, aber sie hatte keine Kraft zu laufen, nicht einmal, um den Kopf vom Kissen zu heben. Sie war abgemagert wie ein Skelett und litt schrecklich. Sie erlosch. Zwei Monate lang betete sie pausenlos und hörte ihrer Freundin zu, die ihr rund um die Uhr das *Letzte Testament* vorlas.

Als Wladimir Petuch, der Arzt der Gläubigen aus Gorod, befand, dass sie noch zwei Wochen zu leben habe, bereitete sie der Priester aus Petropawlowka auf den Tod vor.

»Der Lehrer erschien wie leibhaftig in meinem Zimmer«, erzählt Galina, »und vor ihm sah ich mein Organ, die Gebärmutter mit dem großen Tumor. Riesig, blutig, dreckig, aber plötzlich zerfiel der Tumor vor meinen Augen, er zerfloss, und das Organ erblühte wie eine Blume.«

Ein paar Minuten nach dieser Vision sank ihre Temperatur. Und zum ersten Mal seit zwei Monaten tat es nicht mehr weh.

»War das ein Wunder?«, frage ich Doktor Petuch.

»Nein. Die Kraft des Glaubens hat sie geheilt, denn ihr Glaube ist heldenhaft. Das Wichtigste ist, dass sie entschieden hat, ihr falsches Verhältnis zu den Männern zu ändern. Damit hatte sie es in den Augen des Vaters und Lehrers verdient, das Leben zurückzubekommen. Denn ihr Tumor war riesengroß wie …«

Wolodja sieht sich in seinem Behandlungszimmer um.

»Wie deine Tasche mit dem Fotoapparat. Sie sah schrecklich aus, wie ein schwangeres Skelett. Ich war fünf Tage nach dem Besuch des Geistlichen bei ihr, und sie war auf den Beinen. Ich nehme eine gynäkologische Untersuchung vor, und dort ist keine Spur eines Geschwürs. Ich habe sie zu Untersuchungen ins Krankenhaus geschickt. Sie war beim Ultraschall. Nichts! Sie haben es nicht geglaubt. Machten die Untersuchung noch mal … Sie ist gesund. Aber das ist nichts Außergewöhnliches. Bei uns ist das normal. Ich kenne Dutzende solcher Fälle. Ganz ähnlich ist es mit Drogensüchtigen. Wir haben jede Menge, aber keiner ist rückfällig geworden. Verstehst du? Kein Einziger! Oft sogar ohne Medikamente.«

»Woher kommt diese Kraft?«

»Ein Mensch, der für Gott sein Herz öffnet, ist wie high, als hätte er ein Glas Morphin intus. Wir leben ohne Angst, Stress, Anspannung, wovor soll man sich hier unter den Brüdern auch fürchten? Die Krankheiten entwickeln sich, wenn der Mensch gegen sich selbst vorgeht, hektisch lebt, mit Schuldgefühlen, in Sünde und nicht im Einklang mit der Natur, wenn seine Seele leidet.«

»Alle sagen mir, dass hier niemand krank ist.«

»Mehrere Jahre habe ich im Zelt gelebt, auch im Winter, aber ich habe mir nicht mal einen Schnupfen eingefangen«, sagt Wolodja. »Ich wurde nicht besonders gebraucht. Ich habe als Holzfäller gearbeitet, aber wir sind ständig mehr geworden, und es waren hauptsächlich gebildete Menschen aus der Stadt, aus der Intelligenzija, andauernd hat sich jemand mit der Axt verletzt, also habe ich genäht, eingegipst, hatte kleine Operationen und Hausgeburten.«

Vor drei Jahren hat Galina Kolja geheiratet, der nach 25-jähriger Ehe für sie und den Lehrer seine Frau verließ.

VII. Du sollst nicht stehlen

In Gorod, wo nur Gläubige leben, hat keine Haustür ein Schloss. Selbst nachts schließen sie sich nicht ein. Die Bewohner lassen ihre Skier, Schlitten, ihre Kinder im Wagen, ja sogar die in den Baumstumpf geschlagene Axt unbeaufsichtigt. Und das in der Taiga, wo sie für einen richtigen Mann der wertvollste Gegenstand ist.

Um sich dort niederzulassen, muss man vom Ältestenrat und dem Lehrer selbst eingeladen werden; um hineinzugelangen, benötigt man die Einladung des Vorstehers. Man muss sich am Tor ins Buch einschreiben und darf sich nur mit einem bestimmten Begleiter fortbewegen. Als ich ihm ausbüxe und eigenmächtig auf den Berg steige, wo der Lehrer wohnt, wollen sie den Armen mit seiner ganzen Familie aus der Stadt werfen. Mit Müh und Not gelingt es mir, sie gnädig zu stimmen und ihnen zu erklären, dass es meine Schuld war. Dann entdecken sie, dass ich im Wald gepinkelt habe. Der nächste Skandal ist perfekt. »Das ist ein Ort der Geistesbildung«, sagen sie, »bei uns hat sogar der Reiter die Pflicht, die Hinterlassenschaft seines Pferdes zu beseitigen.«

Das Geld der Gemeinschaft stammt aus den Steuereinnahmen und dem Gewinn der Firmen, die sie betreiben. Sie fällen die Bäume der Taiga, haben ihre eigenen Sägewerke und Tischlerwerkstätten. Sie bauen prächtige Residenzen und Kirchen aus Holz in ganz Russland. Sie leben im Herzen der Taiga, 200 Kilometer von der nächsten Stadt, aber sie haben nie einen Baum geschlagen, kein Scheit in den Ofen geschoben, für das sie nicht bei den Förstern bezahlt hätten.

VIII. Du sollst nicht falsch Zeugnis reden wider deinen Nächsten

Tanja Denisowa war als Liedermacherin und im Komsomol ein großer Star, sie war Kultursekretärin im Zentralkomitee. In den Siebzigerjahren gewann sie zweimal die Hauptpreise auf dem größten Festival des Autorenliedes, und als der Kommunismus zusammenbrach, wurde sie eine erfolgreiche Geschäftsfrau. Sie kennt die Crème de la Crème der Moskauer Künstler, war mit Bulat Okudschawa befreundet, wurde reich wie Krösus, reiste, meditierte in indischen, chinesischen und nepalesischen Klöstern, bevor sie 1999 nach Petropawlowka kam.

Im Haus des Schaffens gab sie für die Gläubigen ein Konzert. Sie hatte die 25 ergreifendsten, dramatischen Stücke, die Perlen des klassischen Autorenliedes, ausgewählt, aber schon nach ein paar Liedern spürte sie, dass etwas nicht stimmte. Es gab keine Reaktion. Je mehr sie sich bemühte und je ergriffener sie sang, desto niedergeschlagener, trauriger saß das Publikum da.

»Mir zerreißt es die Seele, bricht das Herz, und von denen kommt kein Mucks!«, erinnert sich Tanja. »Sie saßen dort auf ihren Bänken und Stühlen und wurden immer kleiner, die Köpfe sanken immer tiefer ... Zum Schluss singe ich *Ach, die erste Liebe* von Okudschawa, was das Publikum immer umhaut, aber sie klatschten und gingen nach Hause. Nicht mal eine Zugabe wollten sie. Das ganze Land heult auf meinen Konzerten, aber die ... Ich war furchtbar gekränkt. Die ganze Nacht konnte ich nicht schlafen, und am Morgen fragt mich die Tochter meiner Gastgeber, warum ich mir das antue? Warum nur Kriege, Verrat, hoffnungslose Liebe? Endlich hatte ich begriffen. Das sind Klassiker, aber energetisches Gift.«

»Dabei sind sie so schön«, protestiere ich.

»Na und? Diese fernen, erfundenen Probleme berühren die Gläubigen nicht. Für sie klingt das falsch, irreal. Wozu diese Kriege, das Leiden, die Angst, wenn man doch aus der Stadt weggehen, sich in der Taiga ansiedeln und ein neues Leben beginnen kann, den Menschen in die Augen sehen, sich am Wald erfreuen, schöpferisch tätig sein kann ... Zum Frühlingsfest versammeln sich Tausende Menschen am Fluss. Es gibt kein Bier, keine Drogen, niemand streitet oder prügelt sich ... Das ist auch ein wahres Wunder in unserem Russland.«

Tanja sagt, dass sie ihre Moskauer Einzimmerwohnung gegen sieben Klassenzimmer in Petropawlowka getauscht hat. 2001 verkaufte sie ihre Wohnung für 37 000 Dollar. Für dieses Geld baute sie eine Mädchenschule mit sieben Zimmern, und es blieb ihr noch ein wenig, um eine kleine Banja, also ein russisches Dampfbad, zu kaufen, die sie zu einem Häuschen für sich umbaute. Sie ließ sich scheiden, also wohnt sie jetzt allein. Sie liebten sich sehr, aber ihr Mann wollte nicht aus Moskau fortgehen.

»Hier geschieht nichts aus Zufall«, sagt Tanja. »Das war göttliche Vorsehung. Nun sehe ich, wie weise das war. Wäre mein Mann mit mir hergekommen, hätten wir uns ein Haus gebaut, und das hätte niemandem genutzt. So gibt es die Schule.«

Wissarions Anhänger haben in Russland eine sehr schlechte Presse. Die Journalisten bezeichnen sie als Sekte, obwohl sie kein Stück an eine wirklichkeitsfremde, totalitäre Gemeinschaft erinnern, deren Anführer den Gläubigen das Gehirn waschen und die Bankkonten abräumen. Den Schülern des Lehrers nimmt niemand das Geld von den in den Städten verkauften Wohnungen ab. Sie verwenden es, um sich am neuen Ort einzurichten. Steuern zahlen sie nur auf die in der Gemeinschaft erzielten Einkünfte. Eingetrieben wird die Steuer unter anderem von Grischa Guljajew, dem »Älteren der männlichen Arbeit«, also so etwas wie einem Vorsteher im Dorf Guljajewka, das von 18 Männern bewohnt wird. Es ist reiner Zufall, dass er so heißt wie sein Dorf. Er ist 45 Jahre alt, von denen er zwanzig im Knast verbracht hat, meist in Hochsicherheitslagern. Wenn er sich nicht um die Verwaltung kümmert, flickt er Schuhe und näht Arbeitsstiefel.

Er macht sich große Sorgen um mich.

»Falls du über mich, über die Gemeinschaft, über den Lehrer etwas Schlechtes schreibst«, erklärt er mir, »dann wird das nichts in unserem Leben verändern, aber das Unrecht, das du begehst, wird zu dir zurückkehren. Du fügst nur dir selbst Leid zu, weil sich die Energie von uns allen, unserer ganzen Gemeinschaft, gegen dich wenden wird. Falls du lügst, betrügst. Du wirfst einen kleinen Stein, und es kommen Tausende, Millionen Steine zurück, so viele wie Menschen, die deinen Artikel lesen werden. Und sie werden mit Lichtgeschwindigkeit fliegen, wie Geschosse, wie heiße Eisentropfen, und unter denen wirst du nicht mehr hervorkriechen. Sie begraben dich.«

»Grischa … hab Erbarmen. Ich wollte mit dir über Frauen sprechen.«

»Aah, na dann mal los.«

IX. Du sollst nicht begehren deines Nächsten Weib

»Seit sechs Jahre lebst du in der Gemeinschaft«, sage ich, »und immer in Häusern für alleinstehende Männer oder bei Familien anderer Gläubiger. Du siehst, wie sie sich lieben, kuscheln, zu Bett gehen, aber du bist immer noch allein. Und davor die zwanzig Jahre Knast. Du kannst mir nicht erzählen, dass du nicht an Frauen denkst.«

»Natürlich tue ich das«, gesteht Grischa. »Aber wenn ich keine habe, dann bedeutet das, dass ich keine verdient habe. Sobald ich meinen Weg gefunden haben werde, ohne jedes Teufelszeug, ohne jemals wieder vom Weg abzukommen, dann wird mir der Vater bestimmt eine Frau schicken.«

Ich verstehe nicht, warum er damit ein Problem hat, weil er ein außerordentlich gut aussehender, stattlicher, starker und männlicher Typ ist. Ein richtiger slawischer Macho. Zuvor hat er in Gorod gelebt, aber die Gemeinschaft hat ihn aus der Stadt gejagt wegen seiner »falschen Einstellung zu Frauen«.

»Die Verbitterung hat sich in mir angestaut«, berichtet er, »bis ich innerlich kochte. Ich war wütend, stritt mich, habe alle provoziert… Es gab da ein Mädchen, aber daraus wurde nichts. Wir haben an Tänzen teilgenommen. Paar- und Kreistanz. Aber wenn du nichts damit anfangen kannst, dann gehst du an die Decke! Du explodierst! Weil man mit so was in sich drin nicht leben kann! Und ich habe mit Pferden gearbeitet. Die spüren das und haben auch ihre Launen, und das hat mich noch wütender gemacht. Wenn mich eins getreten hat, habe ich ihm eins mit der Stange ... Und so ging das immer weiter. Ich habe die Pferde so kirre gemacht, dass selbst die anderen nicht mehr mit ihnen zurechtkamen. Ich habe sie alle verdorben.«

»Haben sie dich wegen der Pferde oder wegen der Frauen fortgejagt?«

»Wegen all dem habe ich dauernd Stunk gemacht, es ist sogar zur Prügelei gekommen, und dort, in Gorod, herrscht eine sehr strenge Disziplin, man darf noch nicht mal die Stimme erheben, weil es ein Ort der Geistesbildung ist. Dabei will ich doch nur eine Frau.«

X. Noch alles, was dein Nächster hat

1961 verkündete Nikita Chruschtschow auf dem XXII. Parteitag der Kommunistischen Partei der Sowjetunion, dass bis zum Jahr 1980 in der UdSSR der wahre Kommunismus geschaffen wird. Heute wissen wir, dass aus diesen Plänen nichts wurde, dass es ebenjenes Jahr war, in dem in einer polnischen Werft die Demontage des Systems begann.

Wissarion versucht jedoch, eine kleine Utopie aufzubauen, und in Gorod, seiner Hauptstadt, wählt er sich dafür Menschen aus, wie Noah sich Tiere aussuchte für die Arche. Am liebsten nimmt er Paare, aber nicht nach Rassen und Gattungen, sondern nach Geschicklichkeit, Talent, Kunstfertigkeit und Beruf. Es gibt einen Schmied, Zimmermann, Böttcher und Schneider, jeder hat mindestens eine Frau und Kinder, denen er den Beruf beibringt. Es gibt einen Arzt, Elektriker, Imker und Forstwirt – einen Kenner der Taiga –, viele Künstler, die über allerlei Spezialwissen verfügen, und die unterschiedlichsten Menschen- und Persönlichkeitstypen. Alles in allem ist die Weisheit und Lebenserfahrung aller Völker und Generationen des ehemaligen sowjetischen Imperiums zusammengekommen.

Vielleicht sind gerade deshalb alle Geheimdienste der Welt so interessiert daran, wie dieses mutige Experiment ausgeht.

Es ist nicht gelungen, jedem nach seinen Bedürfnissen zu geben. Noch vor fünf Jahren bekamen alle Gläubigen so viel Lebensmittel, wie sie wollten, und wenn sie für etwas Geld benötigten, gab die Gemeinschaft es ihnen. Für die Arbeit in Firmen, Ateliers und Werkstätten der Gemeinschaft bekamen sie kein Geld, genauso wenig wie für all das, was sie für andere Gläubige taten. Wenn sie mit ihrer Arbeit oder durch den Verkauf von etwas außerhalb der Gemeinschaft Geld verdienten, warfen sie es in die gemeinsame Kasse.

Das Finanzsystem, das derzeit auf dem »Berg« herrscht, nennen Wissarions Anhänger »nicht ganz monetär«. Jeder Bewohner erhält, unabhängig von seinem Alter und dem, womit er sich beschäftigt, jeden Monat von der Gemeinschaft 250 Rubel (12,50 Euro). Nur Wolodja, ihr Arzt, bekommt genau wie Oleg, der den Weltanschauungsunterricht gibt, 2000 (100 Euro) anstelle von 1000 (er hat eine Frau und zwei Kinder), weil er so viel Arbeit hat, dass er sich nicht um den Garten kümmern kann.

Von den 42 Familien, die 1997 in der Gegend von Gorod damit begannen, die »Taiga zu bezwingen«, haben bis heute nur zehn durchgehalten. Die Mehrheit der aktuell dort lebenden Gläubigen ist in späteren Jahren dazugestoßen.

»Was ist an eurer Utopie das Schwierigste?«, frage ich Grischa, der es acht Monate in der Stadt ausgehalten hat.

»Am schwierigsten ist es, umsonst zu arbeiten. Das führt zu Neid und Eifersucht. Schlechte Energie staut sich auf. Ich bin einfach nicht damit zurechtgekommen. Innerlich habe ich geheult vor Verzweiflung, es hat mich geschüttelt, als hätte ich Krämpfe. Ein richtiger physischer Schmerz, Erschöpfung, Enttäuschung, dass ich kein Glas Honig bekam, ich aber so hart beim Holzeinschlag gearbeitet hatte, oder dass ich etwas bekam, aber genauso viel wie die, die weniger hart gearbeitet haben.«

»Grischa, was machst du dann in dieser Gemeinschaft?«

»Ich erschaffe eine bessere Welt. Weil die andere zu gar nichts taugt.«

In einem Spezialkühlraum liegen die Körper der Verstorbenen. Das sind sozusagen »lebende Leichname«, denn ein künstlicher Blutkreislauf erhält die Körperzellen am Leben. Der Arzt ist jederzeit in der Lage, diesem menschlichen »Ersatzteillager« ein beliebiges Organ zu entnehmen, um es einem bedürftigen Patienten zu transplantieren.

Reportage aus dem 21. Jahrhundert, 1957

Im Süden läuten die Glocken, alle unterbrechen die Arbeit und beten.

DAS SCHWARZE QUADRAT

Gespräch mit Diakon Andrei Kurajew, einem russisch-orthodoxen Philosophen und religiösen Kommentator

Was ist mit den Russen los? Woher kommt diese religiöse Vielfalt? Alle, selbst die wunderlichsten Kirchen auf der Welt fahren hier seit den Neunzigerjahren eine unglaubliche Ernte ein. Dazu kommen Dutzende eigene Sekten.

In Ägypten pflegte man zu sagen, dass es am Nil genüge, einen Eisenstab in die Erde zu stecken, und einen Monat später wachse ein Traktor daraus. So fruchtbar sei der Boden. In Russland ist die geistige Erde sehr ertragreich. Selbst rein säkulare geistige Strömungen entwickeln sich hier übermäßig. Nun, zum Beispiel der Marxismus. Er wurde zum Bolschewismus. Es gibt viele solche Phänomene bei uns. Deshalb sind die Russen so sensibel, so anfällig für religiöse Kuriositäten, deshalb die Vielzahl der Sekten. Das ist ein positives Phänomen, denn es bedeutet, dass es in den Herzen der Menschen ein geistiges Bedürfnis gibt, das sie nach etwas suchen lässt, wobei sie sich natürlich irren, vom Weg abkommen.

Der sowjetische Repressionsapparat funktionierte wie ein Bulldozer. Er vernichtete alles, was an der Oberfläche wuchs, das ganze religiöse und philosophische Denken, aber er konnte nicht die Wurzel erreichen, dieses grundlegendste menschliche Bedürfnis – das religiöse Bedürfnis.

Warum gehen die Menschen nicht in die orthodoxe Kirche, die es auf russischem Boden schon seit über tausend Jahren gibt?

Aus der instinktiven Furcht, das sei die Reinkarnation der Kommunistischen Partei, weil sie eine so große, zentralisierte und geheimnisvolle Institution ist. Das spüren die Menschen. Die Kommunisten haben ihnen Glauben und Vertrauen ausgetrieben. Es ist so weit gekommen, dass wir umso mehr Ängste und Misstrauen wecken, je aktiver wir Geistlichen zu den Menschen auf die Straße gehen oder an ihre Türen klopfen. Die Orthodoxie ist in Russland zu einer »Sekte« der Intelligenzija geworden. In den Kirchen gibt es leider keine Arbeiter. Es sind natürlich die traditionellen alten Mütterchen da, aber von ihnen abgesehen, gibt es nur die Intelligenzija, die Studenten.

Woher diese Schwäche?

Weil zu Sowjetzeiten niemand die Kirche im Kampf gegen den Kommunismus unterstützt hat.

Den ihr verloren habt.

Stimmt. Die Katholiken in der Tschechoslowakei wurden von Rom unterstützt, die Protestanten in der DDR von ihren Glaubensbrüdern aus dem Westen, selbst die sowjetischen Muslime bekamen Hilfe von der Arabischen Halbinsel, aber die russisch-orthodoxe Kirche war allein. Keine finanzielle, theologische, organisatorische, pädagogische Hilfe. Jetzt bauen wir unser intellektuelles Netz wieder auf. Mit größter Mühe, denn das, was uns in sowjetischer Zeit in orthodoxen Seminaren beigebracht wurde, war auf dem Niveau des Religionsunterrichts in den vorrevolutionären Grundschulen. Ernsthaft. Ich bin Professor an der Moskauer Geistlichen Akademie, aber ich muss ehrlicherweise gestehen, dass ich vor der Revolution mit meinen Qualifikationen den Studenten nicht einmal Gesangsunterricht hätte geben können.

Haben Sie Wissarions Letztes Testament gelesen?

Ich habe es versucht, aber das kann man nicht lesen. Das ist ein furchtbares Gestammel. Wissarion beschreibt darin auch ein

Treffen mit mir. Er war in Moskau und lud mich zu einem Gespräch ein. Er gibt sich große Mühe, dass sich in seiner Biografie Episoden aus dem Leben Christi wiederholen. Jesus traf sich mit den Pharisäern, also tut auch er es. So wurde ich zum Pharisäer. Drei Stunden lang habe ich mich mit ihm unterhalten, aber eins habe ich bis zum Schluss nicht begriffen. Ob er an das glaubt, was er sagt.

Meiner Meinung nach ist das keine Frage des Glaubens, sondern das seit Jahrtausenden auf der Welt bekannte Phänomen, dass die Nachfrage ein Angebot schafft. Auch in der Sphäre des Geistes. Seine Anhänger sind Menschen, die in ihrem Leben schrecklich traumatisiert wurden, Menschen aus zerrütteten Familien, mit emotionalen Erlebnissen oder solche, die Jahrzehnte in einer absurden Welt lebten, das heißt in den sowjetischen, später russischen bewaffneten Einheiten. Hauptsächlich Milizionäre und Militärs. Ich denke, das sind Menschen, die die schreckliche geistige Leere, die anstelle des Marxismus entstanden ist, sehr schlecht ertragen haben, also hat sich ein Mensch gefunden, der diese Leere gefüllt hat. Sie brauchten einen Propheten, da hat er sich gemeldet, und sie haben ihn angenommen.

Und in Wissarions unverständlichen Worten erkennt jeder seine eigenen Gedanken. So befriedigen die Menschen ihre Bedürfnisse. Das ist wie das Schwarze Quadrat von Malewitsch. Jeder versteht es auf seine Weise.

Wir denken an die Zukunft, die licht sein wird und schön. Das wird ein glückliches, ein interessantes Leben sein. Und wir sehen es schon vor uns, wie es sein wird, wenn das erhabene Gebäude des Kommunismus erst lebendige Wirklichkeit geworden ist!

Reportage aus dem 21. Jahrhundert, 1957

Anisja Otsur in der Schamanen-Ambulanz in Kysyl

DER ZOPF DES SCHUTZENGELS

Zum Schluss nahm sie so viel Milch in den Mund, wie sie nur konnte. Die störende Schüssel drückte sie mir in die Hand, und sie holte weit mit dem Kopf aus, nahm fast schon Anlauf und spuckte mir alles direkt ins Gesicht.

Sofort fühlte ich mich besser. Und als ich mir die Augen trocken gewischt hatte, erblickte ich die sehr reale Rechnung samt ausgewiesener Mehrwertsteuer über 800 Rubel (40 Euro) für das »Reinigungsritual«.

Als ich in der Redaktion die Dienstreise abgerechnet habe, habe ich sie als »Ausgabe zum Schutz der Gesundheit« angegeben.

Die Preisliste

Es sind 500 Rubel mehr, als wir vereinbart hatten. Für den Full Service, weil sie nicht nur mich und den ganzen Raum ringsum von den schlimmen Ereignissen, schlechten Taten, bösen Geistern und Erinnerungen, der ganzen negativen Energie gereinigt hat, sondern sich bei der Gelegenheit mit meinen Vorfahren in Verbindung gesetzt und sie gebeten hat, sie mögen mich auf der weiten Reise vor Übel bewahren.

Viel billiger wären »Sitzungen«. Dafür nehmen sie, was man geben möchte, also mindestens 100 Rubel (5 Euro), weil es nur ein wenige Minuten dauerndes Wahrsagen aus sprechenden Steinchen ist, die verraten, welche Krankheit ich habe und was mich in den nächsten Tagen, Monaten, Jahren erwartet.

Das Reinigungsritual eines Pkw für 300 Rubel oder eines Lkw für 600 bewirkt, dass einem das Auto viele Jahre lang ohne Panne und Unfall dient. Das gleiche Ritual in der Wohnung kostet schon 500 Rubel. Die Reinigung einer Herde von Ziegen, Schafen, Pferden, Yaks oder von allerlei Kleinvieh gar 3000, und die einer Schule, eines Krankenhauses, Büros, Restaurants oder jeder beliebigen Firma 5500. Als die Schamanin, die mich mit der Milch bespuckt hat, ins Arbeitsministerium der Republik eingeladen wurde, rundete sie auf 6000 auf.

Die restlichen Posten auf der Preisliste der Schamanengesellschaft »Dungur« sind die Weihe von Quellen und Bäumen für 1500 Rubel, die Familienrituale des Feuer- oder Wasserfütterns für 2500, Beerdigungszeremonien zu Hause oder auf dem Friedhof am siebten und 49 Tag nach der Beerdigung sowie ein Jahr nach dem Tod für 2000. Auf alle Preise werden 1000 Rubel aufgeschlagen, wenn man die Stadt verlassen muss. Für das »Auslöschen einer Hysterie«, das »Erlösen von Angst«, die »Garantie für Erfolge in Arbeit, Liebe, Ausbildung oder Familienleben« sowie die »Hilfe bei der Berufswahl, aber auch der Wahl des Lebenspartners« war kein Preis angegeben. Er hängt davon ab, wie kompliziert der Fall ist. Ähnlich ist es mit dem Heilen von Seelenkrankheiten, dem Schutz vor Zauberei und dem Aufheben von Flüchen.

Es ist nicht schwierig, die Preise in Euro umzurechnen: Man muss sie durch zwei Teilen und eine Null streichen.

Das Krankenhaus

Ich traf sie im Kinderkrankenhaus von Kysyl in der Republik Tuwa im sibirischen Teil Russlands. Auf meinem Weg mit dem Uasik von Moskau nach Wladiwostok musste ich einen Umweg von fast 1000 Kilometern nach Süden machen, um das zu sehen.

In einem weiß gefliesten Saal, zwischen Streckverbänden für gebrochene Beine und Tropfständern wuselt eine jaulende alte Frau mit einem indianischen Federbusch und einem bis zum Boden reichenden Chalat herum, von dem Hunderte bunte Schnürchen, Läppchen, Glöckchen, Plättchen, Spiegelchen, Steine, aber auch Häute, Flügel, Reißzähne, Tatzen und Knochen verschiedener Tiere herabhängen. Es ist die Schamanin Anisja Otsur. Mit einem aus dem Schienbeinknochen eines Schafes gefertigten Blasinstrument erzeugt sie das schrecklichste Geräusch der Welt. Auch wegen dieses fürchterlichen Heulens bezeichnen Orthodoxe und Zeugen Jehovas aus Kysyl die Schamanen als Diener des Teufels.

Mit dem qualmenden Zweig eines Nadelgewächses beräuchert die Frau das Bett eines erschrockenen neunjährigen Jungen, der eine Sauerstoffmaske auf dem Gesicht trägt. Mit dem Flügel eines Raben fächert sie den Rauch auf die weiße Bettwäsche, auf die verheulten Eltern, die Krankenschwestern und den Arzt, die neben dem Kranken stehen. Der Rauch des *autysch* genannten Strauchs aus dem Hochgebirge reinigt und beruhigt, er vertreibt böse Kräfte. Die Mutter des Jungen hält die *eren*, eine der Schamanin sehr ähnlich sehende, hässliche Puppe mit schwarzem Gesicht. Die Alte ruft mithilfe der *dungur*, also der Schamanentrommel aus Ziegenleder, einen Geist in die *eren*, er soll den an Magenkrebs sterbenden Jungen retten.

Sie schlägt also wie besessen und singt lange, fürchterlich und wie in Trance, und alle Kinder im Saal beginnen verzweifelt zu weinen. Am Schluss säubert sie den Jungen mit dem Stock, mit dem sie auf die Trommel geklopft hat, wie mit einer Kleiderbürste, und auf die Wände, die Fenster und den Boden spritzt sie Wodka und aus einer Schlauchverpackung Milch wie aus einer Zitze.

Tuwa ist vielleicht das gottverlassenste Fleckchen auf der Welt, ganz sicher aber auf dem asiatischen Kontinent, dessen geografischer Mittelpunkt sich am Ufer des Jenissei befindet, kaum eine Viertelstunde zu Fuß von dem Kinderkrankenhaus. Es gibt hier keine Straße. Die, auf der man hierhergelangen kann, endet hier. Tuwa hat keine Eisenbahn, noch nicht einmal Nachbarn. Es ist umgeben von mit Taiga bewachsenen, menschenleeren Bergen. Auf der einen Seite das Sajangebirge, auf der anderen der Altai, und im Süden die wilden mongolischen Steppen. Erste Christen gelangten im 19. Jahrhundert nach Tuwa, aber das erste Haus wurde im darauffolgenden Jahrhundert errichtet. Und es gibt hier absolut gar nichts. Keine Denkmäler, prachtvollen Bauten, keine Industrie, und 90 Prozent des Staatsetats der Republik sind Zuweisungen aus Moskau. Es ist so ein Kaff, dass nicht mal einer der weltweiten Fritten- und Hamburgerverkäufer hier seine Filiale eröffnet hat.

Die Tuwiner sind das einzige Volk Sibiriens, das in seiner Region eine nationale Mehrheit darstellt. Und zwar eindeutig, denn auf 314 000 Einwohner kommen nur 30 000 Russen.

Vor langer, langer Zeit

Das erste Mal wurde Kuular Chandyschap Medi-Kysy 1929 eingesperrt. Die Menschen nannten sie Ulu-Cham, was Große Schamanin bedeutet. Sie war damals 44 Jahre alt. Den vorherigen Großen Schamanen hatten die Bolschewiki gleich nach der Oktoberrevolution erschossen.

Es war die erste Aktion des Sicherheitsdienstes gegen Schamanen. Sie trieben die Menschen auf die Plätze und verbrannten Trommeln, *ereny* und rituelle Trachten. Alle schamanischen Praktiken wurden für gesetzeswidrig erklärt. Ulu-Cham wurde mit ihrer ganzen Familie aus dem Dorf vertrieben und für zehn Jahre Hunderte Kilometer weiter in den Süden deportiert, an die mongolische Grenze.

Ein paar Jahre später wurde sie wieder verhaftet und zu fünf Jahren Gefängnis verurteilt, einzig aus dem Grund, weil sie die Mutter eines Konterrevolutionärs war. Ihr Sohn war ein tuwinischer Staatsbeamter. Zur Zeit der stalinistischen Großen Säuberung befand man, er sei ein japanischer Spion, ein Volksfeind, und erschoss ihn.

Sie verbüßte die gesamte Strafe, aber 1947 wurde sie das dritte Mal verhaftet. Entgegen dem Verbot hatte sie noch immer Kinder in ihrem Heimatdorf geheilt. Dies wurde als Angriff auf die sowjetische Medizin aufgefasst, und das Urteil lautete 25 Jahre Lager. Sie war 62 Jahre alt.

Mongusch

Man kann ihn jeden Tag im Nationalmuseum von Tuwa treffen, das an sonnigen Tagen von 10.00 bis 18.00 Uhr, und an bewölkten von 11.00 bis 19.00 Uhr geöffnet hat.

An der mit einem Pfahl versperrten Tür des Arbeitsraums hängt ein Schild: »Verehrter Mongusch Borachowitsch Kenin-Lopsan, Doktor der historischen Wissenschaften, Hauptspezialist der Ethnografie, lebende Schatzkammer des Schamanismus, Jahrhundertmensch der Republik Tuwa, Nationalschriftsteller, Gründer und Ehrenpräsident der Tuwinischen Schamanengesellschaft ›Dungur‹.«

Darunter ein zweites, noch größeres Schild: »Eintritt zum Präsidenten ... (alle Titel wiederholen sich in umgekehrter Reihenfolge) 10 Rubel.«

Das sind 50 Cent. Und der Pfahl ist höchstens einen Meter lang, armdick, knorrig, schief und mit blassen Farben angemalt. Er lehnt an der Tür, aber man hatte mir gesagt, dass der verehrte Mongusch Borachowitsch da sei ... Na, nichts wie rein, denke ich mir und strecke die Hand aus.

»Halt!«, schreit ein Greis mit langen grauen Haaren. »Das ist ein heiliger Pfahl!«

Später erfuhr ich, dass er von einem kultischen Baum der Schamanen stammt und dass ihn Mongusch Borachowitsch seit 55 Jahren anstelle eines Schlüssels für sein Arbeitszimmer verwendet. Es ist ein Wächter, den sich kein tuwinischer Dieb trauen würde anzufassen.

Zuallererst musste ich ihm mein Geburtsdatum nennen. Es zeigte sich, dass ich im Jahr des Hahns zur Welt gekommen bin. Herr Borachowitsch nahm seine sprechenden Steinchen, legte sie zu Häufchen, nickte und sagte:

»Man muss wissen, wann ein Mensch, ein Pferd, ein Kalb, ein Kamel geboren wurde, um zu wissen, was er oder es wert ist. Ich bin am 10. April 1925 geboren. Das ist das Jahr der Kuh.«

Er ist der Neffe der Großen Schamanin. Der einzige Nachkomme eines mächtigen Schamanengeschlechts, denn Ulu-Chams Kinder wurden ausnahmslos von den Kommunisten ermordet.

Er erlaubte mir nicht, eine einzige Frage zu stellen. Immer wenn ich es versuchte, schrie er mich an, ich würde wie ein Erstklässler fragen, ich hätte seine Bücher nicht gelesen, hätte die Visitenkarte mit der linken Hand von ihm entgegennehmen wollen und würde den Osten nicht verstehen, und zu allem Übel würde ich auch noch zu laut sprechen, aber er sei ein Mensch, der »mit Empfindungen arbeite«, zudem ein dahinscheidender Mensch.

Trotzdem gab er mir einen Kamm, befahl, ich solle mich kämmen und ein Foto von mir machen, und dann musste ich mich in sein Gästebuch eintragen. Er sagte, ich solle ihn loben und artig für alles danken. Als ich mit dem Schreiben fertig war, schlief er, den Kopf auf dem Schreibtisch.

Die Ambulanz

Die Schamanengesellschaft »Dungur« hat ihren Sitz in einem kleinen Holzhaus in der Rabotscha-Straße 255 in Kysyl. Sie betreibt eine Schamanenambulanz mit Preisliste, Rechnungen, 24-Stunden-Dienst und Hausbesuchen. Die Gesellschaft hat eine Sekretärin, eine Buchhalterin, zahlt Steuern, Renten- und Krankenversicherungsbeiträge für die Schamanen.

Die Chefin der Ambulanz ist Nadeschda Sam, eine 54-jährige emeritierte Geografielehrerin. Sie beschäftigt zehn der 300 offiziell tätigen tuwinischen Schamanen (die im Besitz einer Zulassung von einem der drei Verbände sind). Zu ihrer Arbeit in der Hauptstadt kommen manche aus sehr abgeschiedenen Bergdörfern, denn nur in der Stadt kann man anständig verdienen.

Nadeschda lacht laut auf, als ich ihr erzähle, wie mich der verehrte Mongusch Borachowitsch empfangen hat. In ganz Tuwa gibt es niemanden, der ihn anders nennt.

»Du hättest ein Geschenk für ihn mitbringen sollen«, sagt sie. »Am besten eine riesige Packung Pralinen.«

»Warum lassen euch die Ärzte in die Krankenhäuser?«

»Weil es vorkommt, dass wir Wunder bewirken, sie aber nicht. Niemand kann so wie ich eine Blutung stillen. Und wenn jemand mit Hämophilie blutet, rufen die Ärzte von selbst bei mir an.«

»Wie machst du das?«

»Ich überrede sie. Ich bete.«

Nadeschda bläst in ihre geballte Faust, flüstert, murmelt etwas hinein und schlägt mit Wucht auf eine Stelle, an der ich auf dem Oberschenkel scheinbar eine Wunde habe.

»Schamanismus ist der Glaube an die Kraft der Natur und die Geister der Vorfahren«, sagt sie. »Nicht ich heile, sondern eine unbekannte Kraft, die ich um Hilfe bitte. Und wenn die Blutung nicht aufhört, halte ich ein Ritual ab und weihe das Wasser, aber das lebendige, im Fluss, an dem ich ein Feuer entzünde. Ich werfe verschiedenes Essen und Trinken in die Flammen und füttere so durch den Rauch den Geist des Flusses. Die ganze Zeit bete ich mit Worten und der Trommel. Dann schöpfe ich etwas Wasser und bringe es zum Krankenhaus. Das ist kein gewöhnliches Wasser mehr, sondern geweihtes. Der Kranke trinkt es und wäscht sich damit. So entsteht ein harmonischer, gleichmäßiger, vereinter Rhythmus von Wasser, Feuer und Mensch. Ein vollkommener Rhythmus.«

»Warum ähnelt ihr den indianischen Schamanen in Amerika so sehr?«, frage ich Nadeschda. Die gleichen Federbüsche, Trommeln, Rhythmen, Melodien und Gesangsformen. Und ähnliche Riten.«

»Sie ähneln uns. Schließlich stammen sie von hier. Vor rund 12 000 Jahren sind sie in Zentralsibirien aufgebrochen, haben zu Fuß die Beringstraße überquert und beide Amerikas besiedelt.

Der Trip

Schamanin Anisja Otsur, die, die ich im Kinderkrankenhaus getroffen habe, will mir nicht weissagen. Sie kommt sehr schlecht mit der russischen Sprache zurecht und sagt, zum Weissagen brauche man viele »komplizierte« Wörter, und die gebe es in dieser Sprache nicht einmal.

Das bedauere ich sehr, denn Anisja kann aus dem Schulterblatt eines Widders die Zukunft lesen, sie wirft es ins Feuer und beobachtet dann, wie es brennt. Sie ist eine sehr einfache, über siebzig Jahre alte Frau vom Dorf, die nach Rauch und Tieren riecht und die selbst im Winter ein sonnengegerbtes Gesicht hat. Anisja klappert wie ein Gerippe, denn ihre rituelle Tracht ist behängt mit strahlend weißen Knochen von Ziegen und Schafen. Sie stammt aus dem Dorf Iskra, auf Tuwinisch heißt es Cubon-Saschenalak, in dem es bis heute die Hirten-Sowchose Iskra (russisch für

»Funke«) gibt. Seit mehr als einem halben Jahrhundert, seit sie ihre schamanische Kraft entdeckt hat, befahlen ihr die kommunistischen Leiter der Sowchose angesichts von Tierseuchen, Naturkatastrophen, ja sogar finanziellem Ruin und Mangel an Treibstoff für die Maschinen immer wieder, heimlich die erforderlichen Rituale abzuhalten.

Die Frau entzündet einen Zweig des *autysch*, am Feuer reinigt und wärmt sie ihre Hände, dann bläst sie die Flammen aus, und die Pflanze beginnt so stark zu qualmen wie eine Nebelkerze. Sie beräuchert mich sehr sorgfältig, sogar die Füße, im Schritt und unter den Achseln. Sie beräuchert einen Hocker, ein Stück der Zimmerdecke und den Boden, auf den sie den Schemel stellt. Sie bedeutet mir, Platz zu nehmen.

Jede Menge eigenartige Tätigkeiten führt sie aus. Gießt Milch und Wodka in verschiedene kleine Gefäße, streichelt eine getrocknete Schlange, die an einem Hirschgeweih hängt, klappert mit ihrem magischen Schmuck und bearbeitet mich die ganze Zeit mit einem komischen hölzernen Zepter, an dem ein riesiges Wirrwarr von schamanischem Krimskrams befestigt ist: Knochen, Reißzähne, Krallen, Federn, Bänder, Läppchen, Metallplättchen und Holzstückchen. Das ist der *aberjok*, Anisjas stärkster persönlicher Beschützer, so etwas wie ein schamanischer Vitaminkomplex, ein Talisman-Mix, bei dem jeder einzelne vor etwas anderem schützt.

»Tut dir das Herz weh?«, fragt sie mich.

»Nein.«

»Aber es wird. Du solltest nicht trinken. Denk daran. Du hast eine enorme Willenskraft. Und Phantasie. Und es liegt ein weiter Weg vor dir. Aber er ist frei. Gib acht auf das große Eisen. Es ist sehr gefährlich für dich.«

»Ich bin mit dem Auto hier. Und ich muss hinter den Baikal. Nach Wladiwostok.«

»Es muss in die Reifenwerkstatt und kontrolliert werden. Die Räder. Ich sehe Räder. Ich werde die Geister des Ortes rufen, an dem ich geboren bin, damit du nicht den Kopf verlierst.«

Sie befiehlt mir, Milch und Wodka aus mehreren Gefäßen zu trinken. Ich muss die Augen schließen, also schalte ich das Diktiergerät ein, damit mir wenigstens die Geräusche von dem, was sie tut, erhalten bleiben. Die Luft wird dick vor Rauch, und sie beginnt, auf die Trommel zu schlagen. Mit jedem Schlag stärker, schneller, rhythmisch, als wollte sie mit dieser Musik jemanden verjagen, bezwingen. Oder töten. Sie jault wehmütig, immer wilder, berauschend, mit kehliger Stimme. Nur wenige Tuwiner beherrschen es, ihre Stimmbänder in so unheimliche Schwingungen zu versetzen, dass sie gleichzeitig mehrere Töne unterschiedlicher Höhe aus ihrer Kehle hervorbringen und Vibrationen erzeugen können, die den Rhythmus des Herzschlags ändern.

Nach drei, vier Minuten verstummt sie und spuckt mich mit Milch an.

Als ich vor einer Woche die Kassetten angehört habe, zeigte sich, dass es nicht drei, vier Minuten waren. Das Band war bis zum Ende durchgelaufen, also war mindestens eine Stunde vergangen, und sie trommelte und sang immer noch. Aber wohin hatte mich der Trip geführt? War ich im Sitzen eingeschlafen? War ich ein Weilchen tot?

Vor langer Zeit

Ich kaufte die größte Pralinenschachtel, die ich in Kysyl auftreiben konnte, und ging noch einmal zum verehrten Mongusch Borachowitsch.

Das letzte Mal hatte er seine Tante, die Große Schamanin Ulu-Cham, 1947 gesehen, bevor er zum Studium nach Leningrad fuhr. Sie weissagte ihm und erklärte, er solle auf keinen Fall früher als in sechs Jahren in seine Heimat zurückkehren. Kurz darauf wurde sie das dritte Mal verhaftet.

In der NKWD-Niederlassung von Kysyl in der Komsomolskaja-Straße wurden ihr die Haare geschoren, und es wurde ein Foto von ihr gemacht. Ulu-Cham trug noch ihren Mantel, der bis unters Knie reichte und den die Tuwiner *del* nennen, aber kurz darauf wird sie ihn im Lager gegen eine Arbeitsjacke tauschen. Sie wurde zu 25 Jahren Lagerhaft verurteilt und aus Tuwa in den hohen Norden deportiert, in das Frauenlager Tscharnogorka in der Region Krasnojarsk.

Die sechs Jahre waren 1953 vergangen, nach Stalins Tod. Mongusch Borachowitsch kehrte nach Hause zurück, und auf dem Bahnhof in Abakan kam ein Mann auf ihn zu und bat um Geld, weil er nichts hatte, um nach Hause zu fahren. Er bekam es, und da sagte er, dass er wisse, wer Mongusch sei, weil er gerade aus dem Lager entlassen worden sei, wo er die Schamanin Ulu-Cham getroffen habe. Er erzählte, dass sie im Lager einen prophetischen Traum hatte.

»Die Sonne war von einem schwarzen Kreis umgeben«, erinnert sich der verehrte Mongusch an die Erzählung des Unbekannten. »Vom Himmel fiel silberner Regen, und es zog ein Orkan herauf. In der Erde öffnete sich ein Spalt, aus dem ein roter Fluss hervorquoll. Ulu-Cham berichtete allen Häftlingen von ihrem Traum und erklärte, dass etwas Ungewöhnliches im Land vor sich gehen würde. Am nächsten Tag starb Stalin. Meine Tante hatte diesem Menschen gesagt, dass er bald aus dem Lager entlassen würde.«

Die Schamanin hatte dem Unbekannten auch gesagt, dass der junge Mann, den er auf dem Weg um Hilfe bitten und der sie ihm gewähren würde, der letzte männliche Nachfahre in ihrer Familie sein würde. Er solle ihm von ihr Lebewohl sagen, denn sie würden sich nie wiedersehen.

Die Lager leerten sich. Das in Tscharnogorka, in dem Ulu-Cham die letzte Tuwinerin war, wurde von einem russischen General des NKWD geleitet. Dessen Tochter war schwer krank. Sie wurde sogar in Moskau behandelt, aber es gab keine Rettung für sie. Sie lag im Sterben, also bat der Leiter in größter Verzweiflung die alte Schamanin um Hilfe.

Ulu-Cham heilte das Mädchen. Aus Dankbarkeit sorgte der General für ihre Entlassung, setzte sie in sein eigenes Auto und begab sich mit ihr auf den Rückweg in ihre Heimat.

Für die letzte Übernachtung machten sie in Tuwa halt, an einer Furt bei Wanderhirten. Die Große Schamanin stand lange am Ufer und sang leise, dann zog sie ihre Schuhe aus, warf sie in den Fluss und sagte, dass es ihr nicht vorherbestimmt sei, nach Hause zurückzukehren und ihre Verwandten zu treffen. Sie legte sich ruhig in der Jurte der Hirten schlafen und starb in derselben Nacht.

»Am 20. Juni, im Jahr der Schlange«, sagt der verehrte Mongusch Borachowitsch Kenin-Lopsan düster.

Vor nicht langer Zeit

»Ich war vier Jahre alt, als alle erfuhren, dass ich Schamanin werde«, sagt Aitschurjek.

Das heißt, es muss 1962 gewesen sein.

»Ich war ein normales Kind, aber ich spielte nur mit den Stürmen. Sie sind sehr gut, sehr fröhlich. Ich war die ganze Zeit mit ihnen zusammen, sie haben mich geprägt. Die Männer aus meinem Dorf, Holzfäller, fuhren in die Taiga arbeiten, und die Stürme wussten immer, wohin sie fuhren, wie die Hunde jagten sie neben ihnen her und sagten mir alles. Und einmal sollten die Leute auf einem Traktor in den Wald fahren, nur saßen schon böse Winde darauf, und ich hatte eine Vision und lief, weinte, schrie, warf mich vor die Räder, damit sie nicht fuhren, weil sie nicht zurückkehren würden. ›Fahrt nicht mit diesen bösen Winden!‹, rief ich. Meine Mutter kam, holte mich. Schimpfte mich aus, dass man so nicht sprechen dürfe. Sie fuhren in die Taiga, der Traktor stürzte in eine Schlucht, und fünf Männer starben. Ich flog mit den Stürmen, aber die Menschen sahen sie nicht. Sie hatten mir alles in meiner Vision gesagt.«

»Und was geschah dann?«

»Sie brachten mich in eine psychiatrische Anstalt. Die Ärzte sagten, dass ich Epilepsie und Schizophrenie habe.«

»Ihr nennt sie die Schamanenkrankheit.«

»Ja. Fast dreißig Jahre lang habe ich abwechselnd in Kliniken oder allein in den Bergen gelebt, bei meinem Schamanenbaum. Die Ärzte erlaubten mir nicht, Kinder zu bekommen, weil sie wie ich sein würden, mit Epilepsie und der Schamanenkrankheit, aber es musste sein. Ich wurde schwanger, aber ich hielt die notwendigen Rituale ab, brachte Opfer dar und betete viel. Mein Sohn besucht jetzt die elfte Klasse an der besten Schule in Kysyl. Eine Mathe-Physik-Klasse. Er hat unsere Krankheit nicht. Und meine hat nach der Geburt auch aufgehört.«

»Wovor fürchtet sich ein Schamane?«, frage ich.

»Vor den Geistern und vor seiner Schamanenkrankheit. Erst wenn er sie überstanden hat, wird er ein starker Schamane. Nach der Krankheit, aber die Angst verschwindet nicht.«

»Wovor?«

»Vor den Visionen. Weil ich sehe, was den Menschen bevorsteht, aber auch, was sie Schlimmes erlebt und auf der Seele haben. Das ist, wie wenn man sich ständig fürchterliche Filme ansieht. Davon kann man verrückt werden. Und wenn man vier, fünf Jahre alt ist? Und du den Krieg siehst, die Angst, Lager, den Tod, Bilder, die du nicht verstehst. Die Seele nimmt davor Reißaus, und man sperrt dich ins Irrenhaus.«

Die Himmel

Aitschurjek ist die bedeutendste Schamanin in Tuwa, sie ist Chefin der Religiösen Gemeinschaft »Tos-Deer«, was Neun Himmel bedeutet. Sie behandelt die Menschen mit Kräutern, Wurzeln und schamanischer, der sogenannten wilden Massage. Niemand hat ihr das beigebracht. Es ist ihr angeboren. Aber mit innerer Medizin, gewöhnlichen Krankheiten und Infektionen befasst sie sich nicht. Aus ganz Russland werden ausschließlich schwere Fälle zu ihr gebracht. Schwer aggressive Wahnsinnige, Gelähmte, Komapatienten und psychisch Kranke. Sie fährt mit ihnen zu mächtigen Orten, zu ihrem Schamanenbaum, zur Urgalak-Höhle, zur Arschan-Quelle, an den heiligen Salzsee.

»Sie benötigen Kraft, weil die Stadt ein sehr schwieriger Ort ist. Ich erzähle ihnen von den Geistern, den Stürmen, und wir suchen nach Kraft. Schon der Ort allein spendet Kraft und heilt.«

»Ich weiß, dass du auch Krebs auf diese Weise bekämpfst.«

»Der Kranke muss aufhören, Chemie zu nehmen, dadurch verliert er Kraft. Ich gebe viel Rauch, koche ihm ein Getränk aus Brennnesseln und Tannenrinde. Damit ihm die Haare nachwachsen und er wieder Kraft gewinnt.«

»Und ich konnte dich eine Woche lang nicht treffen, weil du dir eine blöde Grippe eingefangen hattest.«

Aitschurjek gibt mir ein Amulett – drei in ein Stück Stoff geknotete Steine an einer bunten Schnur. Sie sagt, dass die Steine von drei sehr starken Orten stammen und mich vor dem großen Eisen, Flüchen und Hexerei beschützen sollen, selbst der von bösen Schamanen und Zigeunern.

»Und es stört überhaupt nicht, dass du ein Metallplättchen mit deinem Gott am Hals trägst«, sagt sie mit einem Blick auf meinen Anhänger mit der Muttergottes. »Niemand kann einen schamanischen Talisman behindern.«

Ich bekam auch ein kleines *eren*, eine hübsche kleine Holzpuppe mit einem Steinchen darin, die Aitschurjek selbst gemacht hat. Man muss damit rasseln, wenn es ganz schlimm ist.

Zu Hause nennen wir sie »kleine Schamanin«. Es hat sich gezeigt, dass sie die einzige Medizin ist, wenn Oleśka, meine Tochter, schreckliche Kopfschmerzen hat. Ganz im Ernst.

Vor Kurzem

»Warum lasst ihr die Schamanen ins Krankenhaus?«, frage ich Doktor Olag Danowitsch, den Anästhesisten in der tuwinischen Kinderklinik.

»Weil sie die Seele heilen und wir nur den Körper. Sie dürfen beten, räuchern, trommeln, singen, aber wir achten darauf, dass sie keine Arzneimittel geben. Ich weiß hundertprozentig: Wenn der Zustand kritisch ist, zum Beispiel ein Chirurg gebraucht wird, dann wird keine Volksmedizin helfen. Es kommt vor, dass sie bei chronischen und langwierigen Krankheiten erfolgreich sind, manchmal selbst bei onkologischen, aber am nützlichsten sind sie in Situationen, wenn ein Psychotherapeut gebraucht wird. Oft sehe ich bei uns im Krankenhaus eine lange Schlange von Patienten und weiß, dass die Hälfte zum Psychiater geschickt werden müsste, aber es gibt keinen in Tuwa. Psychotherapeuten übrigens auch nicht, da sollen sie doch lieber zum Schamanen gehen, zum buddhistischen Lama oder einem Mütterchen, das sie mit Kräutern behandelt.«

»Ihr habt auch einen Magister der Kosmoenergetischen Therapie in der Stadt und einen Kirgisen, der mit dem Koran heilt.«

»Das ist auch in Ordnung. Viele körperlich gesunde Menschen haben psychische Probleme und eine eingebildete Krankheit«, sagt Doktor Danowitsch. »Dann beginnt der Körper kaputt zu gehen. Solche Krankheiten kann ein Schamane heilen.«

»Aber die Mutter, die die Schamanin zu dem Jungen mit Magenkrebs auf Ihrer Abteilung geholt hat, glaubte, dass diese tut, was ihr nicht geschafft habt.«

»Wir wissen doch beide, dass das Kind nicht mehr gesund wird. Aber vielleicht wird es den Eltern leichter ums Herz? So eine Art tuwinische Psychotherapie. Aber es ist möglich, dass sich auch der Zustand des Kindes verbessert, wenn es den Eltern besser geht.«

»Der Glaube heilt sie, nicht der Schamane.«

»Das läuft aufs Gleiche hinaus.«

Die Trance

In der Städtischen Religionsorganisation »Tengeri«, was »Paradies« bedeutet, werden Feierlichkeiten abgehalten, die mit Neujahr zu tun haben. Ein gutes Dutzend Schamanen und Schamaninnen sitzen zusammen, sie singen nicht richtig oder rezitieren, sondern schreien monoton im Chor mit heiseren, unangenehm anzuhörenden Stimmen. In dem kleinen Raum drängen sich in einem unsäglichen Gewühl noch mehrere Dutzend Gläubige. Auf Tischchen vor den Schamanen legen sie Geschenke nieder. Zigaretten, Wodka und Milch in Tetrapaks, Kekse auf Tellern, nach Gewicht verkaufte Butter in Plastiktüten, Honig, Fett und Kondensmilch in Einmachgläsern.

Plötzlich verstummen alle, und man hört nur einen Schamanen, dann gehen sie wieder zum gemeinsamen Gesang über. Dieses Mal ist er sehr schön, melancholisch, himmlisch und unergründlich, er hält sich nur mit Mühe zwischen den Wänden, beinahe sprengt er die Hütte, hebt das Dach empor und fliegt davon.

Einer der Schamanen stürzt zu Boden. Die anderen heben ihn auf und stellen ihn auf die Füße. Sein Gesicht ist von einer Gardine aus Dutzenden Zöpfchen verdeckt, also kann ich nur einen kurzen Blick erhaschen auf einen verzerrten, mit Schaum bedeckten Mund, von dem reichlich dickflüssiger Speichel über das Kinn läuft. Sie geben ihm Wodka. Der Schamane trinkt und spuckt aus, er beginnt sich zu schütteln, durch den Raum zu bewegen, er brüllt, ist ärgerlich und wütend wie ein launenhaftes Kind oder ein kindischer Greis. Aber er ist nicht alt, auch wenn seine Beine und sein Rücken gekrümmt sind, seine Hände zittern und seine Stimme knarrt.

Der Schamane ist in Trance, also spricht durch ihn der *angun*, der Geist, den er gerufen hat. Es ist der Geist seines Vorfahren, eines sehr alten Schamanen, der vor fast 200 Jahren gestorben ist. Die Menschen fallen auf die Knie und nähern sich dem *angun* in dieser Haltung. Jeder stellt seine Fragen, nach den Kindern, Geld, der Zukunft, Gesundheit. Der Geist weiß alles.

Ich ging auch zu ihm, aber mit der Fotokamera, und fast hätte ich sie zusammen mit meinen Zähnen verloren, weil sich der *angun* vor mir erschreckte und mir mit einem langen Drachenkopf-Stab einen gewaltigen Stoß versetzte. Bestimmt hat er gedacht, dass ich mit einem Gewehr auf ihn ziele, erklärten mir die anderen Schamanen. Er hatte noch nie eine Kamera gesehen. Es hat wohl nicht viel gefehlt, und er hätte meine Seele entführt.

Ich zog mich zurück und las einen an der Wand ausgehängten kurzen Vortrag. Am spannendsten war der Abschnitt über die Schamanenkrankheit. Sie bricht aus, wenn die Geister dem Auserwählten zu verstehen geben, dass er Schamane werden soll, er sich aber widersetzt. Die Geister brechen ihn, sie lassen Unglück, Nöte und Krankheiten über ihn kommen. Meist psychische, unter anderem Alkoholismus. Der Mensch verliert Vermögen, Arbeit und Familie. Seine Verwandten sterben, und schließlich geht er selbst zugrunde.

Der Fluch

Wiktor Dorschewitsch Zydypow war dreißig Jahre alt, als er 1984 von Banditen überfallen und ihm mit einer Metallstange der Kopf eingeschlagen wurde. Er wurde zur Operation nach Moskau geflogen, aber sie misslang, und die Ärzte sagten, dass er nicht überleben werde.

»Ich habe nicht aufgegeben«, erzählt er. »In 15 Jahren bin ich auf der Suche nach den besten Kliniken und Ärzten durch die ganze Sowjetunion gekommen. Sie konnten mir nicht helfen. Es wurden die richtigen Untersuchungen gemacht, sogar neurologische und eine Computertomografie des Gehirns, aber ich konnte nicht stehen, ich bin immer wieder zusammengeklappt. Auf allen vieren bin ich gekrochen und nach zehn Metern vor Schmerz und Erschöpfung ohnmächtig geworden.«

Dann war er bei allen berühmten Mönchen, Lamas, Heilkundigen, Wundertätern, Schamanen und Energietherapeuten, von denen es in Russland nur so wimmelt. Er war sogar bei dem berühmten Wunderheiler Anatoli Kaschpirowski. Aber er kippte immer wieder um.

»Zu jener Zeit waren mein Vater, mein Onkel, mein leiblicher Bruder Sascha und mein Cousin an Krebs gestorben«, erzählt Wiktor. »Und Ljowka starb an Hirnhautentzündung, weil er sich eine Zecke eingefangen hatte. Wie um alles in der Welt konnte das sein? Es war im Februar, wo es keine Zecken gibt! Ljoscha und Mischka starben bei einem Unfall, und der Letzte, Serjoga, vom Blei. Ich hatte fünf Brüder, aber es sind nur Mädchen, ein paar Greise und ich übrig geblieben.«

»Was heißt, vom Blei?«

»Von einer Kugel.«

»Banditen?«, erkundige ich mich.

»Nein. Es war doch Krieg. Tschetschenien.«

1999 brachten sie Wiktor zu einem sehr mächtigen mongolischen Schamanen. Er rief den *angun*, der sagte, dass es die Schamanenkrankheit sei, ein Fluch von Wiktors Vorfahre. Der Geist hatte ihn auserwählt und wollte, dass er Schamane wurde.

»Aber warum hat er nicht Ljowka genommen?«, ruft Wiktor. »Der war Geisteswissenschaftler, hat Bücher und Gedichte geschrieben, er hätte sich besser für ein Leben mit den Geistern geeignet. Ich bin Maschinenbauingenieur, ein sachlicher Mensch, bis zu dem Unfall war ich kein einziges Mal in einer Kirche oder einem buddhistischen Dazan.«

»Man kann also sagen, dass dein Vorfahre deine Familie ausgelöscht hat?«

»Ja. Damit ich Schamane werde. Solche Menschen wie mich gibt es zu Tausenden. Die Hälfte von denen, die die psychiatrischen Kliniken bevölkern.«

Der Engel

Am Tag nach den Neujahrsfeierlichkeiten rief Wiktor den *angun*. Als der seinen Körper wieder verließ, erinnerte sich der Schamane wie gewöhnlich nicht daran, was mit ihm in dieser Zeit geschehen war. Er saß zutiefst erschöpft auf seinem alten Sessel, trank den abscheulichen mongolischen Tee mit Milch, Salz und Fett und befand sich noch ein paar Minuten mit einem Bein in der Geisterwelt. Er sah mehr, hörte und spürte mehr.

»Weißt du eigentlich«, wandte er sich mit schwacher Stimme an mich, »dass dein Schutzengel eine Frau ist?«

»Woher weißt du das?«

»Ich sehe sie. Sehr selten kümmert sich eine Frau um einen Mann. Es ist vermutlich jemand aus deiner Familie. Bestimmt deine Großmutter.«

»Welche?«

»Woher soll ich das wissen? Ich kenne doch deine Großmütter nicht.«

»Wie sieht sie aus?«, erkundige ich mich.

»Sie hat so einen ... Bei uns machen die Frauen das nicht. Geflochtene Haare.«

»Einen Zopf! Lang, dick! Oma Irena. Sie ist acht Jahre bevor ich auf die Welt gekommen bin, gestorben. Was tut sie jetzt?«

»Sie lächelt. Schließlich hört sie uns. Aber ich glaube, sie ist mit einer Wunde im Herzen gestorben. Interessant, warum hat sie dich wohl auserwählt?«

»Und, warum?«, frage ich den Schamanen.

»Woher soll ich das wissen?«

Das kosmische Fahrzeug wird den Raum um sich her beständig mit den Wellen eines Radargerätes abtasten. Wird in gefährlicher Nähe ein Meteor ermittelt, so wird ein mächtiger Energiestrom in die betreffende Richtung geschickt. Unter der Einwirkung des Energiestromes erhitzt sich der Meteorit und zerfällt in kleine Teile, die in einen gasförmigen Aggregatzustand übergehen.

Reportage aus dem 21. Jahrhundert, 1957

Mascha und Maksim in der Taiga. Das Weiße Fieber beginnt.

DAS WEISSE FIEBER

Eine Stimme fragt den Hirten, welchen Wunsch er habe.

Er möchte eine Kiste Wodka und bekommt sie. Dann eine zweite und noch eine, denn das ist sein dritter Wunsch.

»Du bist bestimmt das goldene Fischlein, oder?«, lallt der Hirte.

»Nein, Mensch. Ich bin das Weiße Fieber.«

Diesen Witz zu erzählen ist genauso eine Gemeinheit, so eine Niederträchtigkeit wie Witze über Öfen, Juden und Gaskammern.

Als *belaja gorjatschka*, als Weißes Fieber, wird in Russland das *Delirium tremens* bezeichnet, mit anderen Worten: der Säuferwahn.

Aber die Ewenken erzählen den Witz und platzen dabei vor Lachen.

Weil er von ihnen handelt. Und der Wodka ist ihr Zyklon B.

Nur wirkt er langsamer.

Aber nun geben Sie gut acht. In diesem Kapitel fällt 43 Mal das Wort »sterben«, »töten«, »Tod«. Elf Mal das Wort »Gewehr«, vierzehn Mal das Wort »Wodka« und nur ein Mal das Wort »Liebe«, zudem ist es eine unglückliche. Wenn Ihnen das nicht passt, lesen Sie nicht weiter.

Der Brief an Gott

Die Schamanin verwandelt sich vor aller Augen in eine hundertjährige Greisin. Ihr Rücken bekommt einen Buckel, ihre Beine krümmen sich, und ihre Worte knirschen wie ein Sargdeckel. Sie befiehlt Lena, alles aufzuschreiben, was sie von den Geistern möchte.

Also beginnt Lena: »Sehr geehrter Sowoki, die ersten Worte, die ich in meinem Brief an Dich richte, sind die höfliche Bitte, der Russe möge unser Land zurückgeben …«

Die Schamanin liest das und lacht sich scheckig. So kann man ein Gesuch an den Gouverneur beginnen, aber keinen Brief an Gott. Man muss ganz normal schreiben, wie an den eigenen Bruder.

»Aber ich kann das nicht«, sagt Lena, »mein ganzes Leben lang habe ich nur an Beamte geschrieben. Immer hieß es ›wir fordern‹, ›wir verlangen‹, ›unser Land‹, ›wir, das ewenkische Volk‹.«

Also diktiert sie, und die Schamanin schreibt es ganz normal auf.

»Zuerst, dass sie das Land zurückgeben, dann, dass mein Volk aufhört zu trinken und dass es ein Ziel gibt. Dass die Jugendlichen einen Schulabschluss machen und dass mein Dima freikommt und auch nicht mehr trinkt, und genauso mein Jura und Swetka, Mascha, Tinka, Borka, Tanja, Maksim, Danka …«

Es ist viel. Zwei Blätter, auf beiden Seiten eng beschrieben.

Dann sagt die Schamanin, dass Lena das alles in ihrer Sprache vorsingen soll, weil die Alte, die sie während der Zeremonie sein wird, kein Russisch versteht, und nur sie kann den Geistern die Bitten des Volkes übermitteln.

»Also habe ich es lautstark in die Taiga gesungen«, sagt Lena. »Und mein Volk war dabei. Die Hirten und Jäger.«

Erschrocken hören sie Lenas heiserem Geheul zu. »Belekeldu! Belekeldu! Rette uns, guter Sowoki, weil wir sterben!« Und ein Schauer lässt seine Krallen über ihre Rücken laufen, und die Angst packt sie, wie wenn sie einen Bären oder den Teufel selbst in der Taiga treffen.

Die Brigade

Lena Kolesowa ist eine kleine Frau mit kleinen, aber sehr rauen, groben Händen, sie trägt eine getönte Brille und hat blonde Rokokolocken. Sie ist vor fünfzig Jahren in der Taiga auf die Welt gekommen und im Zelt aufgewachsen, also ist ihr nie kalt. Den ganzen Winter läuft sie in einer Herbstjacke und *unty*, hohen Schuhen aus Rentierfell, herum. Ihre Knieprobleme hat sie bestimmt von dem in ihrem Volk seltenen Übergewicht. Die Ewenken sind sehr schlank, drahtig und klein. Sie haben eine dunkle Haut und dunkle Haare, kastanienbraune Augen, einen fettigen Teint. In den Gesichtern liegt etwas Tragisches. Besonders die Männer blicken finster. In den flachen Gesichtern ohne Bartwuchs wüten üppige Falten über den Augen und von Geburt an zusammengezogene Augenbrauen. Wenn man freundlich grüßt, bekommt man ganz sicher nicht mal ein Brummen zur Antwort.

Die Frauen, alte wie junge, bewegen sich, obwohl sie sehr schlank sind, schwerfällig und ungelenk, als würden sie eine schwere Last tragen. Ihre Brüste sind klein, die Taille wenig ausgeprägt, aber die schmalen, schräg stehenden Augen sehen zum Glück aus, als würden sie sich jeden Augenblick bei einem Lächeln zusammenziehen.

Lena ist Witwe, sie lebt mit ihrer Familie in dem Dorf Bamnak in der Oblast Amur im Osten Sibiriens. Sie ist die Anführerin der einheimischen Ewenken.

Im März 1985 kam in der Sowjetunion Michail Gorbatschow an die Macht. Die Perestroika begann, und Lena fand Arbeit als Zootechnikerin in der örtlichen Sowchose Udarnik. In ihrer Brigade, der Brigade Nummer eins, gab es 17 Hirten, darunter zwei Frauen, zwei 14-jährige Jungen und 3500 Rentiere.

Der Erste – Lunge

Im Dezember 1991 zerfiel die Sowjetunion, und in Brigade Nummer eins kam Sascha Jakowlew ums Leben. Das Eis brach, als sie die Herde über den Fluss trieben.

Sascha hatte die Flugschule in der Stadt besucht, dort geheiratet und ein Kind bekommen. Dann ließ er sich scheiden, kehrte in sein Heimatdorf zurück und begann, schrecklich viel zu trinken. Er war dreißig Jahre alt.

Es waren noch 16 Hirten in der Brigade.

Der Zweite – Kehle

Er war 51 Jahre alt. Am 27. März 1993 soff er sich zu Tode. Juri Trifanow war der Brigadeleiter und Lenas Onkel. Er machte Tamara zur Witwe. Die Ewenken lassen ihre Ehen selten eintragen. Sie werden sich mit einer Frau einig und ziehen mit ihr ins eigene Zelt oder Haus. So sieht ihre Hochzeit aus. Zu diesem Anlass richten sie nie eine Feier aus.

Juri hatte sein ganzes Leben in der Taiga verbracht. Er hatte nicht mal ein Haus im Dorf wie die anderen Hirten, aber als er gestorben war, zog Tamara für immer dorthin und trank so lange, bis sie gelähmt war. Sie konnte nicht mehr in den Laden gehen und kein Glas mehr zum Mund führen, also starb sie. Sie hinterließ drei Kinder, aber nicht von Juri, sondern von ihrem ersten Mann. Zwei von ihnen starben etwas später. Der dritte, der kleine Jura, ist eine Berühmtheit.

Er ist Hirte. Einmal lief er mitten im Winter ohne Jacke und Mütze aus dem Zelt. Er war absolut nüchtern, aber hatte ein gewaltiges, mehrtägiges Besäufnis hinter sich. Er rannte 48 Stunden lang ohne anzuhalten immer der Nase nach. Er hatte nur einen Laib Brot dabei, und nachts fiel die Temperatur auf minus 40 Grad. Ein russischer Jäger stieß in seinem Jagdrevier auf Juris Spuren. In der Überzeugung, es sei ein Wilderer, folgte er ihm mit seinem Raupenfahrzeug. Er fuhr im tiefen Schnee 120 Kilometer durch die Taiga, bis er ihn eingeholt hatte.

Juri wusste nicht, warum und wie lange er schon lief. Es schien ihm, dass er in Richtung seines Lagerplatzes unterwegs wäre, obwohl er sich die ganze Zeit davon entfernte. Der Jäger sah Juris riesige, erschrockene Augen, seine unnatürlich geweiteten Pupillen, also stellte er keine Fragen. Er erkannte sofort das Weiße Fieber.

Nach dem Tod des Brigadeleiters waren es nur noch 15 Hirten.

Der Dritte – Kopf

Der Tod der Hirten bereitete keine Probleme, weil nach dem Zerfall der UdSSR die finanziellen Zuwendungen für Kolchosen gestrichen wurden und die Herde zusehends zusammenschmolz. Die beiden anderen Herden waren schon längst geschlachtet worden. Die Sowchose Udarnik lag im Sterben.

Geschlachtet wurde im Winterlager. Im Jahr 1993 war es genauso. Am 29. November kamen die Hubschrauber, um das Fleisch zu holen, wie immer brachten sie bei dieser Gelegenheit den Hirten die Verpflegung. Wie immer war es hauptsächlich Wodka.

Die ausgehungerten Hirten tranken hemmungslos, und am Morgen fanden sie den toten Sergei Safronow am Zelt. Der Junge hatte sich volllaufen lassen, war gestürzt, hatte sich den Kopf aufgeschlagen und war erfroren. Er war der Jüngste in der Brigade, 21 Jahre alt. Der neue Brigadeleiter brachte ihn ins Dorf und war drei Tage lang mit dem Schlitten in der Taiga unterwegs. Die Ärztin in Bamnak entdeckte, dass Sergej nicht erfroren, sondern infolge »eines Schädel-Hirn-Traumas mit Schädelknochenfraktur und Verletzung des Hirnstamms« gestorben war, also von einem Schlag mit einem schweren Gegenstand auf den Kopf.

Es waren noch 14 in der Brigade.

Der Vierte – Brust

Der neue Brigadeleiter war Sergei Trifanow, der leibliche ältere Bruder von Lena, zugleich der Neffe des vorherigen Brigadeleiters. Die Familie des getöteten Jungen gab ihm die Schuld am Tod von Sergei. Der Hirte trank aus Verzweiflung bis Neujahr, wurde nüchtern und brach am 8. Januar 1994 in die Taiga auf. In den Krankenhausunterlagen wurde notiert: »Durchschusswunde am Brustkorb«. Er war 38 Jahre alt, als er sich mit dem Gewehr in die Brust schoss.

Seine Frau heiratete schnell wieder, aber sie trank sehr viel, also verprügelte ihr Mann sie erbarmungslos.

»Weil das ein Russe war«, sagt ihre Schwägerin Lena Kolesowa. Ein Jahr später starb sie von diesen Schlägen, aber es war Frühling, Eisschollen trieben auf dem Fluss, und sie konnte nicht zur Obduktion in die Stadt gebracht werden – so verlief sich das im Sande.

Lenas Bruder und seine Frau hinterließen zwei kleine Töchter, die von Freundinnen der Mutter zu sich genommen wurden.

Es waren noch 13.

Der Fünfte – Kopf

Die Hirten stellten eigene Ermittlungen an, und es kam heraus, dass Wolodja Jakowlew, der ältere Bruder von Sascha, dem, der drei Jahre zuvor ertrunken war, Sergei Safronow getötet hatte. Wolodja war ein alter Dorfgauner, der schon zehn Jahre für Mord gesessen hatte. Als ihm der Boden unter den Füßen zu heiß wurde, versteckte er sich in der Taiga.

Es kamen Milizionäre aus der Kleinstadt, aber sie hatten nicht die geringste Chance, einen echten Waldmenschen, einen Ureinwohner der Taiga aufzuspüren, also verkündeten sie, dass jeder, der ihn sieht, das Recht und die Pflicht hat, ihn wie einen tollwütigen Hund oder Wolf zu erschießen.

Die Oblast Amur ist so groß wie Polen. Sie ist fast überall von menschenleerer Taiga bewachsen, und das Gebiet der Sowchose Udarnik nimmt fast ein Zehntel der Provinz ein, 3,8 Millionen Hektar, also dauerte die Jagd auf Wolodja ein ganzes Jahr. Erst am 30. Dezember 1994 spürten ihn die Kollegen aus seiner Brigade auf und umzingelten ihn. Sie forderten ihn nicht einmal auf, sich zu ergeben. Er war fünfzig Jahre alt und lebte allein, ohne Familie.

So waren es noch zwölf.

Das Sterberegister

Ein betrunkener Ewenke, Burjate, Mongole, Tuwiner, Tschuktsche ist ein besonders unangenehmer Anblick. Zuerst muss man sagen, dass ihn eine Dosis umhaut, nach der ein Russe, Pole, ja sogar ein Deutscher seelenruhig Auto fährt – er aber wälzt sich auf der Straße. Die nordasiatischen Völker vertragen sehr wenig Alkohol. Doch der Unterschied ist nicht nur quantitativ. Die Russen sagen, dass sich die Ewenken »unangemessen« verhalten, wenn sie Wodka getrunken haben. Das ist eine sehr treffende Beschreibung. Alles, was sie tun, ist wirklichkeitsfremd. Sie ziehen sich bei Frost aus, springen von der Brücke in einen zugefrorenen Fluss, setzen sich auf eine viel befahrene Straße ... Gewöhnlich ernst und in sich gekehrt, werden sie sehr laut, lachen falsch, als würden sie sich zur Freude zwingen. Gewöhnlich sind sie zurückhaltend, ja sogar reserviert, unfähig, Gefühle zu zeigen, und ertragen die slawischen Liebenswürdigkeiten und das russische Geknutsche nicht, aber wenn sie Wodka getrunken haben, werden sie widerwärtig anschmiegsam, um eine Sekunde später grundlos das Messer zu zücken, das sie traditionell immer dabeihaben.

Wenn mich in Bamnak auf der Straße ein betrunkener Ewenke anspricht, will er immer etwas absolut Idiotisches. Dass ich ihn nach Amerika mitnehme, zum Zug nach Moskau bringe (in dem Dorf fahren keine Züge) oder ihm 10 000 Rubel gebe (500 Euro). Welcher Säufer auf der Welt verlangt so eine Summe? Als ich versuche herauszufinden, wie er darauf kommt, kann er es mir nicht erklären und möchte sich prügeln.

Die Russen nennen alle nicht slawischen Einwohner Sibiriens verächtlich *tjurki* (Turkvölker). Sie denken sich unzählige Witze über sie aus, so wie wir Polen über die Einwohner von Wąchock und die Deutschen über die Ostfriesen. Warum möchte kein Pilot über Tschukotka fliegen? Weil die Einheimischen so gerne während der Fahrt ein- und aussteigen. Wie die meisten Witze entstehen auch diese aus alltäglichen Beobachtungen – in diesem Fall von Betrunkenen.

In Bamnak gibt es ein kleines Krankenhaus mit wenigen Betten und einer Ärztin im Ruhestand. Sie ist Kinderärztin, die Geburten begleitet, Zähne zieht, ungewollte Schwangerschaften abtreibt, die Ursache aller Todesfälle im Dorf und der Umgebung feststellt. Sie trägt jeden Toten in das Sterberegister ein, das seit 1964 geführt wird.

»Selbst wenn der Körper nicht gefunden wird«, sagt Doktor Natalja Borisowa, »so wie bei Sascha Jakowlew, der unters Eis gespült wurde.«

In dem Dorf leben 487 Personen (das heißt, so viele sind gemeldet, denn viele Hirten und Jäger sind hier nur wenige Tage im Jahr). 208 davon sind Ewenken. Jedes Jahr kommen weniger Kinder zur Welt. 2007 waren es vier, dieses Jahr fünf.

Ich blättere das Sterberegister durch. Es sind durchschnittlich zehn, fünfzehn Einträge pro Jahr. Zum Beispiel 1992, als die Sowjetunion zusammenbrach, nahm Doktor Borisowa zehn Einträge vor. Drei Russen starben eines natürlichen Todes, sieben Ewenken kamen auf tragische Weise ums Leben. Zwei hatten eine Alkoholvergiftung, einer stürzte betrunken aus dem Boot, ein 27-jähriges

Mädchen starb, weil es »zahlreiche Frakturen des Beckenknochens und Verletzungen der inneren Organe« hatte, aber die Ärztin erinnert sich nicht mehr, was geschehen war. Es sieht wie ein Autounfall aus, aber schließlich gibt es hier keine Straßen. Die 56-jährige Lidija erfror mitten im Dorf, der 45-jährige Oleg erhängte sich, und der dreißigjährige Aleksander starb durch eine Kugel: »Schusswunde im Kopf mit Verlagerung des Schädelknochens.«

»Sie schießen immer unters Kinn«, flüstert Schwester Jelena, eine reife, schöne Ewenkin, traurig. »Nur so geht es mit einem Gewehr. Mein Vater hat sich so erschossen. Und mein Bruder. Sie fahren in die Taiga, der Wodka geht zur Neige, sie werden nüchtern, aber genau dann beginnen die Halluzinationen, das Weiße Fieber.«

»Haben sie früher weniger getrunken?«, frage ich.

»Überhaupt nicht. Aber es gab keinen Grund, sich so umzubringen. Die Armut ist jetzt größer, also wird massenhaft Selbstgebrannter hergestellt und getrunken.«

»Ich bin heute aus der Taiga zurückgekehrt, wo ich mit technischem Spiritus bewirtet wurde.«

»Und den würzen sie noch, damit er stärker ist, zum Beispiel mit Demerol, mit Beruhigungstabletten. Das führt zu sehr vielen Vergiftungen. Sie erfrieren, verbrennen in den Zelten, zücken das Messer …«

»Die Russen trinken auch viel.«

»Klar, nur trinken sie ein Glas und können noch normal gehen, aber die Ewenken kippen gleich um.«

»Und dann noch dieser Hass zwischen Russen und Ewenken«, fügt Doktor Borisowa hinzu. »Vielleicht ist es wegen der Armut? Wegen der Hoffnungslosigkeit, Gesetzlosigkeit, Arbeitslosigkeit? Bei uns können sich die Jugendlichen nicht einmal arbeitslos melden, weil man in die Stadt gehen, jeden Monat dort erscheinen muss, und das ist eine lange Reise, die zwei Tage dauert.«

»Wie viele Patienten habt ihr jetzt im Krankenhaus?«, frage ich zum Abschluss.

»Einen. Lenotschka Kolesowa, die dreijährige Enkelin von Lena, bei der du wohnst. Ihre Mutter trinkt seit ein paar Tagen wie von Sinnen, da haben wir die Kleine in Obhut genommen. Das machen wir immer so, wenn die Eltern zu saufen beginnen. Tagsüber sind sie im Kindergarten, nachts bei uns. Das ist unsere Notunterkunft im Dorf.«

Doktor Borisowa hängt einen Moment ihren Gedanken nach.

»Anfangs habe ich Menschen in das Sterberegister eingetragen, die siebzig, achtzig Jahre alt waren. Jetzt gibt es solche nicht mehr. Ein Fünfzigjähriger ist ein Greis, eine Laune der Natur. Fünfzigjährige Frauen haben Altersdemenz. Hier wird man vierzig Jahre alt.«

Der Sechste – Brust

Er schoss sich mit dem Gewehr in die Brust. Es war am 21. März 1996. Sein Name war Pawel Jakowlew, er war Witwer und hatte keine Kinder. Mit Wolodja und Sascha, die zuvor gestorben waren, war er nicht verwandt. Fast alle hiesigen Ewenken tragen einen von fünf russischen Namen, die ihnen in den Dreißigerjahren zugewiesen worden sind.

Pawel war 66 Jahre alt und der älteste Hirte in der Brigade.

Wenige Wochen zuvor hatte er sich entsetzlich mit kochendem Wasser verbrüht, aber er ließ sich nicht behandeln, also entzündete sich die Wunde. Er kam aus der Taiga ins Dorf, aber erschien nicht mal im Krankenhaus. Wie ein armer Schlucker wohnte er in Schuppen und Speichern. Er hatte kein Haus.

Es waren noch elf Hirten in Brigade Nummer eins.

Der Siebte – Brust

Zehn Tage später, um vier Uhr morgens, gab Sascha Markow einen Schuss auf sich ab. Seine Frau lief los und holte Lena Kolesowa, weil sie es aus der Taiga gewohnt war, dass für das Heilen von Menschen und Rentieren die Zootechnikerin zuständig ist.

Sascha hatte eine kleine Wunde in der Brust, die nicht blutete. Er saß auf dem Boden. Die Hirten können keine Einrichtungsgegenstände leiden. Wenn sie in die Wohnung kommen, hängen sie die Jacke nicht an den Kleiderhaken, sondern werfen sie auf den Boden, und wenn sie sich an einen Tisch setzen müssen, hocken sie sich auf den Stuhl, die Knie unterm Kinn, wie am Ofen im Zelt.

Lena ließ den verletzten Sascha ins Krankenhaus bringen, aber Doktor Natalja Borisowa konnte die komplizierte Operation nicht durchführen. Der Hirte starb im Auto auf dem Weg in die Kleinstadt.

So waren es noch zehn Hirten in der Brigade.

Der Achte – Kehle

Eigentlich die Achte. Denn es ist Lena Safronowa, Saschas Frau. Einen Monat später, im Mai 1996, trank sie sich zu Tode. Sie hatten keine gemeinsamen Kinder. Lena hatte schon vor der Heirat welche, die zwölfjährige Mascha und die vierzehnjährige Tanja. Sie zogen zur Tante, dann kamen sie ins Kinderheim. Beide trinken sehr viel. Im vergangenen Jahr kamen Tanjas zwei kleinen Söhne per Gerichtsbeschluss ins Kinderheim.

»Einmal sind wir zu ihr gekommen«, erzählt Doktor Borisowa, die Mitglied im Sozialrat des Dorfes ist, »und sie gab dem viermonatigen Säugling eine Flasche mit Wasser, in dem sie Klöße gekocht hatte.«

Es waren noch neun Hirten.

Der Neunte – Haut

Am 19. Juni 1996 verbrannte er bei lebendigem Leib in seinem Zelt. Aber er war mächtig betrunken, weil er seinen 35. Geburtstag feierte. Sein Name war Gena Jakowlew, er war der leibliche Bruder von Pawel, der sich drei Monate zuvor erschossen hatte. So wie dieser hatte er keine Frau und Kinder, also feierte er den Geburtstag nur mit einem Kollegen, einem Hirten, und als dieser nach Hause gegangen war, fingen die Rentierfelle auf dem Boden Feuer.

So waren es noch acht Hirten in Brigade Nummer eins.

Der Zehnte – Kehle

Sascha Lichatschow war 28 Jahre alt. Auch er lebte mutterseelenallein in der Taiga. Er starb an übermäßigem Alkoholkonsum in seinem Zelt gegen Mitte dieses in der Geschichte der Brigade schrecklichsten Jahres.

Es waren noch sieben.

Tante Walja

»Sie hat uns alle in Angst und Schrecken versetzt«, sagt Lena Kolesowa. »Sie war ein richtiges Scheusal. Die schlimmste Erzieherin in der Internatsschule für Ewenken. Wir fürchteten uns vor ihr wie vor dem bösen Geist aus der Taiga. Ich war acht Jahre alt, als mich meine Eltern nach Bamnak brachten und zu Tante Walja gaben. Zwei Monate lang habe ich geweint. Ich konnte kein einziges Wort Russisch, aber unsere Sprache durften wir nicht sprechen.«

In den ersten Tagen trugen die Kinder die Kleidung, in der sie aus der Taiga gekommen waren. An den Füßen hatten sie *unty* aus Rentierfell, die gewaltig haarten.

»Tante Walja mochte es, einen kleinen Knirps am Genick zu packen und mit seinem Kopf den Boden zu fegen. Sie hasste die Ewenken. Dann haben sie uns alles weggenommen. Die Taiga-Jacken, die *unty*, die Spielsachen, Andenken – und haben uns wattierte Jacken, Filzstiefel, Schulmaterialien und Bücher gegeben. So war es jedes Jahr. Als ich in der vierten Klasse war, bin ich im Winter aus dem Internat abgehauen und in das leer stehende Haus meiner Eltern gezogen, die in der Taiga waren. Die vom Internat kamen und haben mich zurückgeholt, aber ich bin wieder weggelaufen, da haben sie die Tür und die Fenster zugenagelt. Ich bin noch einmal geflohen, habe die Bretter runtergerissen, aber sie haben mich wieder geholt. Und so ging das hundertmal. Es war schon so weit, dass mich Tante Walja nachts ans Bett gebunden hat, also bin ich am Tag aus der Schule davongelaufen. Sie haben uns mit Gewalt entwurzelt, und jetzt wundern sie sich, dass wir unsere Kultur verloren, unsere Sprache vergessen haben.«

»Nicht einmal Leder könnt ihr gerben.«

»Weil sie uns in die Sowchose getrieben und uns alles abgewöhnt haben, uns alles gegeben haben. Kleidung, Häuser, Essen, und das Holz haben sie gesägt und gehackt ins Haus geliefert, man musste es nur noch in den Ofen schieben.«

In Sibirien leben 45 kleine, autochthone Völker, die großen wie die Burjaten, Tuwiner oder Jakuten nicht mitgerechnet, die eine halbe Million Menschen zählen. Insgesamt sind es nur zwei Millionen, und mit Ausnahme der Republik Tuwa leben sie überall als nationale Minderheit.

Es gibt 35 500 Ewenken, aber gerade mal 15 Prozent von ihnen spricht die eigene Sprache. Sie sind eins der größeren Völker, denn es gibt zum Beispiel nur noch 237 Enzen, zwölf Aljutoren, acht Kereken, von den 346 Oroken sprechen nur drei die eigene Sprache, und von den 276 Tasen kein Einziger.

Selbst Lenas Kinder sprechen nur Russisch.

»Warum haben Sie den kleinen Ewenken nicht erlaubt, in ihrer Sprache zu sprechen?«, frage ich Walentyna Saitak, also Tante Walja, die, auch nachdem sie in Rente gegangen ist, noch in Bamnak lebt.

»Ich habe bloß nicht erlaubt, dass sie im Speisesaal an getrennten Tischen saßen. Ich habe immer abwechselnd einen Ewenken und einen Russen nebeneinander gesetzt. Pro Tisch sechs Kinder.«

»Damit sie nicht ihre Sprache sprechen konnten?«, rate ich.

»Unsere Kinder, die russischen, konnten deren Sprache nicht sprechen. Aber wissen Sie, wie glücklich diese kleinen Ewenken waren, wenn sie Filzstiefel bekamen und in der gleichen Kleidung herumlaufen konnten wie die anderen Kinder?«

»Warum bringen die Ewenken sich so oft um?«, frage ich die alte sowjetische Pädagogin.

»Der Wodka! Und sie zücken sofort die Messer. Sogar die Frauen. Bei denen gilt nicht als echte Ewenkin, wer niemanden getötet hat. Am besten einen Russen. Wenn sie Blut trinkt, ist sie eine von ihnen. Das hat mir eine Ewenkin selbst gesagt, meine Aushilfe im Internat. Die Fenster in den Häusern schlagen sie ein, zerbrechen, zerstören alles, dann gehen sie zur Sowchose oder dem Selsowjet, damit ihnen das repariert wird. Oder es besäuft sich so einer, setzt sich mitten auf die Straße und sitzt da. Und die Autos müssen drum herumfahren. Und ein Dummer hat sich betrunken und sich genauso auf die Gleise gesetzt. Er dachte, dass der Zug auch um ihn rumfährt. Ein Junge aus Bamnak. Er war einen ganzen Tag zur Magistrale unterwegs, um sich auf die Gleise zu setzen.«

»Was ist mit ihm?«

»Die Beine hat es ihm abgerissen«, lacht Tante Walja.

Der Elfte – Brust

Zu Beginn des Jahres 1997 hatte Sascha Romanow aus Bamnak seine zwölfjährige Haftstrafe wegen Mordes abgesessen und wurde aus dem Gefängnis entlassen. Er fuhr sofort in die Taiga, seine Kollegen besuchen, und dann erschoss er sie im Zelt mit dem Gewehr, das er ihnen klauen wollte. Er wurde sehr schnell gefasst. Man verurteilte ihn zum Tode, aber das Urteil wurde nicht vollstreckt, weil seit wenigen Monaten in Russland die Todesstrafe ausgesetzt war. Unter den drei Ermordeten war Sergei Romanow aus der Brigade Nummer eins. Er war 26 Jahre alt, alleinstehend.

Das Opfer und der Mörder waren nicht verwandt.

So waren es noch sechs Hirten in der Brigade.

Da ließ der Gouverneur der Oblast Amur Lena Kolesowa, die Anführerin der Bamnaker Ewenken, zu sich kommen.

»Und er sagte mir«, erzählt Lena, »dass ich, wenn ich denn so eine ewenkische Patriotin sei, doch die ganze Sowchose mit zwei Farmen, dem Jagdkreis und der Herde Rentiere, von denen nur noch 700 übrig geblieben waren, in Pacht nehmen sollte. Ich wollte diesen maroden, verschuldeten Betrieb nicht, wo die Direktoren und Buchhalter sich alles, was sich verkaufen ließ, unter den Nagel gerissen hatten. Aber ich stimmte zu, damit mein Volk nicht die Arbeit verliert.«

Zuallererst stellte sie in der dezimierten Brigade Nummer eins vier junge Hirten ein.

Es waren wieder zehn.

Der Zwölfte – Kehle

Aber nur für wenige Tage. Denn schon am 18. Februar kam Klim Romanow ins Dorf. Auch er ist eine Berühmtheit. Einmal war er mitten in der Nacht aus dem Zelt in die Taiga gerannt. Er hatte ein gewaltiges Besäufnis hinter sich, wurde aber schon nüchtern. Er zog keine Schuhe an, deshalb jagten ihm seine zwei jugendlichen Söhne nach. Sie konnten ihn nicht finden, weil sich Klim auf einer Insel im Fluss versteckte. Die Jungen beschlossen, bei Tage wiederzukommen, aber am Morgen kam die Flut und überschwemmte die ganze Insel. Drei Tage lang konnte man nicht auf die Insel gelangen, und als das Wasser zurückging, machten sich die Jungen auf den Weg, um den Leichnam des Vaters zu suchen. Aber Klim hatte überlebt. Drei Tage lang hatte er bei Frost auf einem Baum gesessen, sein Proviant bestand nur aus einer Flasche Wodka, und dann hatte er noch seinen geliebten Hund im Arm.

Er ist auch deshalb legendär, weil er kein Glück mit den Frauen hatte, das heißt, eigentlich brachte er ihnen Pech. Die erste war Schenja, die ihren unehelichen Sohn Witja mit in die Ehe brachte und ihrem Mann dann Arkadi gebar. Kurz darauf ertappte Klim seine Frau mit einem fremden Mann im Bett, genau genommen auf einem Stapel Rentierfelle.

Also erschoss er sie, saß eine fünfjährige Haftstrafe ab und heiratete nach seiner Entlassung aus dem Gefängnis die 15 Jahre jüngere Anna. Sie lebten glücklich, aber nicht besonders lange. An ihrem Lagerplatz in der Taiga tauchte der Veterinär Andrei auf, ein junger Russe aus der Stadt. Der Baum, den er fällte, stürzte auf das Zelt und erschlug Anna.

Klims dritte Frau hieß Lidija. Am 18. Februar 1997 richtete sie ihrem Mann eine rauschende Geburtstagsfeier aus, aber der Jubilar konnte nicht aufhören zu trinken, und am 23. Februar, dem Tag des Vaterlandsverteidigers, der in Russland als Männertag begangen wird, notierte Natalja Borisowa im Sterberegister des örtlichen Krankenhauses neben seinem Namen: »Alkoholvergiftung«.

Es ist ein sehr eigenartiges Fest, das genauso begangen wird wie der 8. März, an dem in Russland der Frauentag gefeiert wird, und das heißt, als Volksbesäufnis. Selbstverständlich nur von den Männern.

Kurz darauf starb Klims dritte Frau.

Es waren nur noch neun Hirten in Brigade Nummer eins.

Der Dreizehnte – Hals
Aber nur einen Tag lang, denn am 24. Februar erhängte sich, als er vom Tod seines geliebten Adoptivvaters erfuhr, der zwanzigjährige Witja Romanow in der Taiga an einem Baum.

Da waren es noch acht.

Der Vierzehnte – Kopf
Arkadi Romanow, der mit Spitznamen Arkaschka genannt wurde, weil er so jung und klein war, verlor seine Mutter, seinen Vater und schließlich seinen Adoptivbruder. Witja und er waren neu in der Brigade, sie wohnten in einem Zelt.

Arkaschka war 18 Jahre alt und schrecklich einsam. Am 24. Juli 1998 schoss er sich mit einem Gewehr in den Kopf – demselben, mit dem sein Vater vor vielen Jahren seine Mutter erschossen hatte.

Es blieben sieben übrig.

Das Loch im Kopf

»Schrecklich«, entfährt es mir, weil ich nicht noch eine Geschichte ertrage, in der der Tod die Hauptrolle spielt.

»Wenn es doch aber so schrecklich ist!«, klagt Lena Kolesowa. »Es ist zum Verrücktwerden, aber wir müssen hier leben! Und das ist nur eine Brigade, dabei gab es drei davon! Und in jeder dasselbe! Vor ein paar Monaten hat ein neunjähriger Junge Selbstmord begangen! Weil sein Rentier gestorben war. Und wie viele Kinder leben ohne Eltern. Bei mir auch. Deshalb bin ich so verzweifelt, weil das Unvermeidliche näher rückt, und hier ist nichts erledigt.«

»Lena, du bist erst fünfzig Jahre alt.«

»Aber ich spüre, dass meine Gesundheit schlechter wird. Ich fürchte mich.«

Weil Alina erst zwölf Jahre alt ist und Saschka fünfzehn, außerdem treibt sie sich mit einem russischen Jungen rum. Weil Wowka und Rostik den ganzen Tag am Ofen hocken, Zigaretten rauchen und in den Aschekasten pusten. Dann sitzen sie die ganze Nacht vor der Glotze, schlafen bis zum Mittag, und wenn kein Brennholz mehr da ist, zerbrechen sie sich den Kopf, woher sie 2000 Rubel (100 Euro) nehmen sollen, denn so viel kostet ein Laster voll Holz, obwohl die Frühlingsflut direkt hinter ihrem Zaun Tausende herrliche, wuchtige Stämme ans Ufer geworfen hat. Man muss sie nur zersägen und hacken.

Da kaufen sie lieber von einem Kumpel einen alten Hund, den sie dann bei den koreanischen Holzfällern (für diese ist das ein Leckerbissen) gegen fertiges Brennholz eintauschen. Man muss lediglich einen Lkw leihen und 50 Kilometer in die Taiga fahren. Sie rechnen lange und kommen zu dem Ergebnis, dass es sich nicht lohnt. Es kostet etwas weniger, aber sie verlieren einen ganzen Tag.

Die Jungs sind Halbbrüder. Der eine ist 26, der andere 24 Jahre alt. Sie sind seit zwanzig Jahren bei Lena, die Mädchen seit elf. Alle sind sie uneheliche Kinder von Lenas drei Schwestern, die tranken, den Nachwuchs verließen und auf der Suche nach Männern in die Welt aufbrachen. Saschkas Mutter lebt nicht mehr. Sie betrank sich und schlief im Winter auf der Straße ein. Es gab noch ein Mädchen im Haus, aber Lena hat sie schon unter die Haube gebracht.

»Und ihre Väter?«, frage ich.

»Sie haben keine Väter«, sagt sie ungehalten. »Übrigens haben bei den Ewenken nicht viele welche. Die werden nicht so alt. Und die Mutter von Alina war meine geliebte Schwester Lilja. Sie war fünf Jahre alt, und ich achtzehn, als unsere Mutter starb. Ich habe sie schlecht erzogen, es hätte Prügel setzen müssen, man hätte auf sie aufpassen müssen, dass sie sich nicht herumtreibt, aber ich ging schon arbeiten und hatte zwei eigene Söhne. Jetzt rufen sie mich aus dem Krankenhaus an, ich solle noch Lenotschka nehmen, die Tochter meines Sohnes Slawa, weil ihre Mutter wieder säuft. Ich schaffe es doch nicht, sie großzuziehen! Ich bin schon zu alt, und Saschka ist noch zu jung.«

»Was passiert mit ihr?«

»Sie kommt in die Stadt ins Kinderheim.«

Es sei denn, Rimma Salnikowa nimmt sie, die Wäscherin aus dem Krankenhaus, Slawas erste Frau, mit dem sie einen neunjährigen Sohn hat, Wiktor.

»Willst du ihr Kind aufziehen?«, frage ich sie. »Schließlich hat sie dir den Mann weggenommen!«

»Das macht nichts«, flüstert Rimma. »Ich kann keine eigenen Kinder mehr bekommen, und so wären es Bruder und Schwester. Sie hätten denselben Vater. Ich war drei Jahre mit Slawa zusammen und habe ihn verlassen. Er fuhr in die Taiga, verschwand für drei, vier Monate, dann kam er zurück und trank pausenlos. Er hat damit angefangen, als er 14 war.«

»Hat er bei euch zu Hause getrunken?«

»Was denkst du denn? Er ist irgendwohin gegangen. Und dann hat er bei seiner Mutter geschlafen. Er kam zurück, wenn er nüchtern war. Wenn das Schlimmste begann. Das Weiße Fieber. Es kommt später, nach dem Besäufnis. Er sieht etwas, hört etwas … Einmal hat ihm der Kopf schrecklich wehgetan. Und etwas hat ihm ins Ohr geflüstert: ›Nimm die Waffe und mach dir ein Loch in den Kopf, dann fliegt der Schmerz hinaus.‹ Ich habe im letzten Moment nach dem Gewehr gegriffen. Oder eine Stimme hat Slawa gesagt: ›Geh aus dem Haus und lauf, lauf, lauf …‹ Da ist er losgerannt und hat auf Tiere geschossen, die nicht da waren. Er hat Teufel gesehen. Er hat seinen Vater gesehen, der schon lange tot war.«

»Kann man denn mit so einem reden?«

»Kann man. Er ist nüchtern, scheinbar ein normaler Mensch, aber er hat seltsame, leblose Augen. Einen stumpfen Blick. Solche riesigen, geweiteten Pupillen, selbst wenn er im Hellen ist, im Schnee. Einmal weckt er mich mitten in der Nacht, setzt sich neben den Ofen und bittet mich, dass ich mich mit ihm unterhalte, damit er nicht die Gnome hört, diese kleinen bösen Männlein, die ihm schreckliche Dinge sagen. Später, als es vorbei war, hat er darüber gelacht, aber ich weiß, dass er eine Heidenangst hatte. Ich auch.«

»Und als du ihn mit eurem Sohn verlassen hast«, frage ich, »ist er dir nachgelaufen, hat er dich angefleht, damit du zurückkehrst?«

»O nein! Er hat uns geliebt, aber so was gibt es bei ihnen nicht. Das sind *tajoschniki*, Menschen der Taiga. Sie sind schrecklich stolz. Ich habe gesagt: ›Der Wodka oder ich‹, und er hat sich für den Wodka entschieden.«

»Und Sweta.«

»Ein Mädchen aus dem Kinderheim«, sagt sie hochmütig. »Aber eine Ewenkin, denn ich gehörte nie dazu. Weil ich Russin bin! Mein Sohn fragt mich, was er sein soll, wenn er groß ist. Ewenke oder Russe? Und ich weiß, dass es seine einzige Chance ist, von hier fortzugehen. Es gibt hier nichts Gutes. Aber er träumt schon davon, in die Taiga zu fahren. Oft jagen zu gehen. Wie der Vater! Was zum Teufel zieht sie dorthin?«

Der Fünfzehnte – Kopf

Ende des Jahres 2004 war die Sowchose Udarnik endgültig am Ende. Die Ländereien der ehemaligen Landwirtschaft verpachtet der Staat an einen russischen Oligarchen aus der Provinzhauptstadt. Seither muss jeder gejagte Elch, jedes Rentier und jeder Zobel bei ihm bezahlt werden. Lena Kolesowa sagt, dass die Russen so das Land der Ewenken gestohlen haben.

Die letzten 276 Rentiere der Sowchose teilte Lena zwischen den Hirten der Brigade Nummer eins auf. Einer der sieben Verbliebenen war ihr Sohn Slawa.

Noch im alten Jahr ist er mit Sweta in die Taiga gefahren. Sie tranken von Silvester an, bis die Vorräte zu Ende gingen. Sie kam am 4. Januar wieder zu sich. Slawa lag neben ihr. Die Kugel hatte ihm das ganze Gesicht zerfetzt. Er hatte ein Gewehr für Großwild benutzt.

Noch einen Monat lang lag Sweta mit ihm im Zelt auf dem Lager aus Fellen. Sie aß nicht und heizte nicht einmal den Ofen an, weil sich herausstellte, dass sie einen Schuss ins Bein abbekommen hatte und sich nicht bewegen konnte.

»Ich habe keine Ahnung, was passiert ist«, sagt Sweta Kirowa. »Ich war fürchterlich betrunken.«

»Wusste Slawa, dass du in der sechsten Woche schwanger warst?«

»Er wusste es und hat sich sehr gefreut. Er hat das Leben geliebt. Er war so sanft und ruhig. Er hat nie geschrien, nicht geflucht, aber er hat sehr wegen seines Bruders gelitten. Weil der so ein Rowdy ist. Genau an demselben Tag, als Slawa Selbstmord begangen hat, hat der Bruder im Dorf ein russisches Mädchen erschossen. Was in der Taiga passiert, das ist unerklärlich.«

Sweta wurde von Slawas Onkel gerettet, der zu Besuch kam.

Sie ist 26 Jahre alt und eine richtige Schönheit. Ein exotisches Wunder, dem der Wodka zugesetzt hat. Sie hat einen sinnlichen Mund, hohe Wangenknochen und ist außergewöhnlich groß für eine Ewenkin. Aber am ungewöhnlichsten sind ihre langen, schönen Hände mit den zarten, empfindlichen Fingern, von denen man nicht den Blick wenden kann, denn wie kommt die Frau eines Hirten zu solchen Fingern?

»Sie wollen dir deine Tochter wegnehmen«, sage ich.

»Ich habe noch eine letzte Chance bekommen.«

»Lena sagt, dass die Kleine dem Vater ähnelt.«

»Aber wenn sie anfängt, sich rumzutreiben und Wodka zu trinken, dann bringe ich sie eigenhändig um.«

Es waren noch sechs Hirten aus der ehemaligen Brigade Nummer eins.

Der Sechzehnte und die Siebzehnte

Es sind Wladimir Romanow und seine Frau Lidija Tymofijewa, die Eltern von jenem Sascha, der Sergei aus der Brigade erschossen hatte und dafür zum Tode verurteilt worden war.

Mitte des Jahres 2005 kehrten sie aus dem Dorf zu ihrem Lager in der Taiga zurück. Sie hielten, um eine Rast zu machen. Ein Jahr später wurden sie gefunden. Ihre Körper waren von den Bären zerrissen, den Rest hatten die Fliegen erledigt, also konnte die Todesursache nicht festgestellt werden. Die Skelette ihrer Rentiere waren an Bäumen angebunden.

Die Leute vermuten, dass sich Lidija und Wladimir erschossen haben.

Beide waren über sechzig Jahre alt.

Es waren noch vier Hirten.

Der Achtzehnte – Brust

Eine ewenkische Schnapsbude im Gesindehaus einer Sowchose unterscheidet sich dadurch von anderen Spelunken auf der Welt, dass zwischen Lumpen, Flaschen, Krümeln, Papieren und dreckigen Tellern mit Kippen überall Fischköpfe herumliegen.

Es ist kalt, es stinkt, und man ekelt sich davor, sich zu setzen.

Drei besoffene Frauen und der vierjährige Wladik in Filzstiefeln. Raissa ist die Cousine, Wika die Schwester und Tina die Verlobte von Oleg Sacharow aus der Brigade Nummer eins.

Als vor vielen Jahren Tinas Mann in der Taiga von einem Baum erschlagen wurde, den er selbst fällte, zog sie gemeinsam mit ihrem Sohn Wladik in Olegs Zelt. Als er um ihre Hand bat, floh sie ins Dorf.

Ende Dezember 2005 verließ der Hirte sein Zelt und schoss sich mit einer *melkaschka* in die linke Brust. Eine *melkaschka* ist ein Kleinkalibergewehr für die Jagd auf Pelztiere. Oleg war 42 Jahre alt.

»Ich bin doch nicht vor ihm davongelaufen«, lallt Tina, »sondern hatte mich mit dem Hintern auf den Ofen gesetzt und musste zum Arzt.«

Sie ist 34, sieht aber doppelt so alt aus. Ein Jahr lang arbeitete sie in der örtlichen Bäckerei, aber wenn sie zu saufen begann, gab es kein Brot im Dorf, also schmiss man sie raus.

Es waren noch drei.

Valentinstag

Ein trauriger Morgen. Es ist der 14. Februar, Valentinstag. Beim Frühstück bekommt Lena die Nachricht, dass Wanja Satylkin, der in Sankt Petersburg Pädagogik studiert hat, nicht mehr lebt. Er hat sich im Studentenwohnheim erhängt. Angeblich wegen einer unglücklichen Liebe. Er war zwanzig Jahre alt.

Die Ewenken vertragen weite Reisen fern der Heimat sehr schlecht. Besonders schlecht kommen sie in Städten zurecht. Wenn sie zum Studium fortgehen, beenden sie es meist nicht, beginnen zu trinken und kehren ohne Abschluss zurück.

Ich sitze also mit Lena in der Küche bei Salat aus rohem Fisch, und wir beweinen Wanja ruhig und ohne Tränen (denn hier vergeht kein Monat ohne eine solche Nachricht).

Tanja und Mascha schauen vorbei, die Töchter von Lena Safronowa aus Brigade Nummer eins, die sich vor zwölf Jahren zu Tode gesoffen hat. Sie sind mit der Familie ins Dorf gekommen, um Proviant zu holen und haben sich – wie es unter den *tajoschniki* üblich ist – alle gewaltig volllaufen lassen, und Maschas Kinder kamen ins Krankenhaus. Mascha fleht, man möge sie zu ihrem Lager in der Taiga zurückbringen, weil aus der Stadt die Miliz mit der Kommission gekommen sei, um ihr die Tochter und den Sohn wegzunehmen und sie ins Kinderheim zu stecken. Vor einem Jahr hatte dieselbe Kommission Tanjas beide Kinder mitgenommen.

Wenige Minuten später ist Lenas Uasik abfahrbereit. Am Steuer sitzt Rostik, ihr Adoptivsohn, daneben ich mit dem fünfjährigen Igor und der dreijährigen Katja auf dem Schoß. Hinten Tanja mit ihrem Borka, Mascha mit Danka und sein Bruder Maksim mit ramponiertem Gesicht. Alle sind besoffen oder im Übergangsstadium zum Kater.

»Warum zum Teufel seid ihr zu so vielen Proviant holen gekommen?«, frage ich Mascha, als wir außerhalb des Dorfes auf den gefrorenen Fluss fahren.

»Um uns zu erholen. Wodka zu trinken. Acht Monate lang sind wir nicht im Dorf gewesen. Aber wir fahren schnell zurück, weil wir hier alle umkommen. Weil wir hier pausenlos trinken.«

Den ganzen Tag fahren wir auf dem Flussbett, aber wir machen jede Stunde halt, weil die Hirten trinken müssen. In einer großen Plastikflasche haben sie auf 30 Prozent verdünnten technischen Spiritus. Sie essen nicht. Gierig schütten sie den Alkohol in sich hinein, als würden sie sich fürchten, nüchtern zu werden, die Sauforgie zu unterbrechen, doch am schlimmsten sehen Mascha und Borka aus, die schon nichts mehr trinken. Sie haben einen erschrockenen, abwesenden, irren Blick. Sie blinzeln nicht einmal.

Ihr Lagerplatz ist auch so eine Schnapsbude, nur eine nomadische, eine fahrende. Überall liegen dreckige Töpfe, abgeknabberte Knochen, Geweihe, Klauen, steinhart gefrorene Hundehaufen und Menschenscheiße herum. Von den Bäumen glotzen die eisigen Augen der getöteten Rentiere. Denn das Gehirn, die Nüstern und Augen sind die größten Leckerbissen, also hängen die Hirten die gehörnten Köpfe an den Bäumen auf, damit die Hunde sich nicht darüber hermachen.

Vor Anbruch der Nacht sitzen wir alle im Zelt von Mascha und Danka. Das Mädchen ist 24 Jahre alt und hat schon den dritten Mann. Der vorherige, Dima Jakowlew, der Vater von Igor und Katja, war Hirte in Brigade Nummer eins. Seit es die Sowchose nicht mehr gab, führte er einen Privatkrieg mit dem mächtigen Goldsucherkartell Wostok.

»Die Rentiere kalben immer am selben Ort«, erzählt Mascha. »Es ist sinnlos, ihnen zu sagen, dass sie woandershin sollen. Sie gehen immer dorthin, wo sie selbst geboren worden sind und schon immer gekalbt haben. Das kann man ihnen nicht abgewöhnen. Vor hundert Jahren oder auch mehr haben sie sich den Fluss Jalda ausgesucht, und die haben dort begonnen, Gold zu schürfen.«

»Und der Iwan ermordet alles, um sich mit Fleisch vollzufressen«, mischt sich ihr Mann ein. »Die tun so, als würden sie die wilden Rentiere nicht von unseren unterscheiden können, obwohl alle Haustiere Bänder umgebunden und Pflöcke am Hals haben, damit sie nicht weit davonlaufen.«

»Also ging mein Dima zu ihnen«, fährt Mascha fort, »und erklärte es ihnen, bat sie sogar, dass sie nicht unsere Muttertiere töten, weil sie nur dort kalben können, aber die lachten, und ihr Anführer, so ein massiger, widerlicher russischer Typ, sagte, dass wir ihnen nichts verbieten können, weil das Land den Russen gehört, und nicht uns. Im zweiten Jahr dieses Kriegs haben wir die Herde 150 Kilometer in die Berge getrieben, aber trotzdem sind sieben Muttertiere abgehauen, um an der Jalda zu kalben. Sie haben alle abgeschlachtet. Dima ist verrückt geworden. Er hat sich das Gewehr geschnappt und ist zu ihrem Lager gelaufen. Dem Anführer hat er die Fresse poliert, und dann hat er geschossen, aber nur um sie einzuschüchtern.«

Nach dieser Schießerei versteckte sich Dima in der Taiga. Die Miliz jagte ihn sogar mit Hubschraubern, aber sie hatten keine Chance, denn einen Menschen der Taiga kann nur ein anderer Mensch der Taiga aufspüren, aber niemand stellte sich als Führer zur Verfügung. Die Miliz gab bekannt, dass Dima ein gefährlicher Mörder sei. 15 Jahre zuvor hatte er seine erste Frau erschossen.

Der Neunzehnte – Brust
Eines Nachts gegen Ende des Jahres 2006 verließ Dima das Zelt und schoss sich in die Brust.

»Er sagte, er müsse mal«, erinnert sich Mascha. »Er hatte keine Kraft mehr zum Kämpfen.«

Er hinterließ seine Frau und zwei kleine Kinder. Er war 36 Jahre alt.

Zwei.

Der Zwanzigste – Kehle
Zu jener Zeit kehrte Wassili Jakowlew aus dem Dorf zu seinem Lager in der Taiga zurück. Er hatte ordentlich getrunken, also schleppte er sich mit letzter Kraft dorthin und starb. Er war 55 Jahre alt.

Einer.

Der Einundzwanzigste – Haut
Gegen Ende des Jahres 2007 kehrte Igor Lichatschow, das letzte lebende Mitglied der Hirtenbrigade, über den See aus der Kleinstadt zurück. Auf halbem Weg lag eine tote Krähe auf dem Eis. Wie war sie hierhergekommen? War sie geflogen und abgestürzt? War sie im Flug gestorben? »Weiße Fläche, schwarze Krähe – der Tod, der weilt in unsrer Nähe.« Nervös trat er bei Lena Kolesowa ein, um ihr davon zu erzählen. Bei der Gelegenheit lieh er sich vier Kanister Benzin.

Am nächsten Tag fuhr er mit einem Kollegen, seinem Bruder Wolodja und dessen Sohn Dmitri in die Taiga. Sie waren betrunken. Sie rauchten. Sie schafften es nicht einmal, die Tür zu öffnen, als das Auto kurz hinter dem Dorf explodierte. Aus der Kleinstadt kamen Milizionäre, aber die waren so betrunken, dass sie nichts untersuchen konnten.

Im Sterberegister notierte Doktor Borisowa: »Unglücklicher Unfall, Ursache ungeklärt.«

Auf dem Leichenschmaus nach dem Begräbnis trank sich der dritte der Lichatschow-Brüder zu Tode.

Igor war 36 Jahre alt.

Er war alleinstehend.

Und so war nach 16 Jahren von der Hirtenbrigade Nummer eins der Sowchose Udarnik niemand mehr am Leben.

Die Generalprobe

Es war eine eisige, unruhige Nacht mit bellenden Hunden, die den Fremden rochen, Albträumen der Kinder und dem betrunkenen Techtelmechtel von Mascha und Danka. Am Morgen spaltete der Hausherr mit der Axt den Kopf eines Rentiers, weil gebratenes Hirn die beste Medizin gegen das Weiße Fieber ist.

»Wie schießt man sich mit einem Gewehr in die Brust?«, frage ich unvermittelt beim Essen. »Dafür muss man doch fürchterlich lange Arme haben.«

Danka legt den Löffel hin. Wortlos nimmt er das Gewehr und geht aus dem Zelt. Er spannt den Hahn, nimmt den Lauf, drückt ihn an die Brust, hakt den Abzug am Ast einer Lärche ein und zieht... Knall! Ich spüre... ich spüre, wie mir der Schweiß über den Rücken läuft, obwohl es minus 30 Grad sind. Es war nicht geladen.

Null Emotion, als würde er das jeden Tag üben.

Sie haben diesen Tod gezähmt wie einen Hund oder ein Rentier. Sie wohnen in einem Zelt, trinken, schlafen und essen gemeinsam. Sie gehen sogar gemeinsam scheißen.

Man kann sich leicht vorstellen, welchen Wohlstand sämtliche Länder unserer Erde erreichen werden, wenn die ganze Arbeitskraft der Menschen nicht mehr im Wettrüsten vergeudet, sondern ausschließlich auf die Lösung friedlicher Aufgaben gerichtet wird. Solche Wachstumsstimulatoren ermöglichen zwei Kartoffelernten im Jahr, lassen Kohlköpfe zu einem Durchmesser von über einem Meter anwachsen und verleihen der ausgewachsenen Mohrrübe eine Länge von rund einem Meter.

Reportage aus dem 21. Jahrhundert, 1957

Ljubow Passar. Hypnosezimmer in ihrer Praxis

DIE SCHAMANIN DER SÄUFER

Ein Gespräch mit Doktor Ljubow Passar, einer udeheischen Narkologin und Psychiaterin aus Ostsibirien

Womit befasst sich ein Narkologe?
Mit Suchttherapie. Ich bin auf Alkoholismus spezialisiert und habe 1757 Patienten. Meine Praxis gehört zur psychiatrischen Klinik der Stadt Chabarowsk.

Aber das ist eine gewöhnliche Erdgeschosswohnung in einem scheußlichen, heruntergekommenen Wohnblock in der Siedlung Nekrasowka.
Seit 22 Jahren an demselben Ort.

Und hat man je bei dir renoviert?
Aber meine Patienten fühlen sich wohl bei mir! Sie schämen sich nicht, hierherzukommen, so wie in der Psychiatrie. Seit 16 Jahren praktiziere ich auch außer Haus. Ich reise in den ganzen Fernen Osten Russlands, in die Dörfer der Ureinwohner, der sibirischen Aborigines.

Und?
Ich sehe, wie sie umkommen, aussterben. Sie werden ausgerottet. Physisch vernichtet. Ganze Völker saufen sich zu Tode und verschwinden von der Welt.

Du bist auch eine Aborigine.
Ja, eine Udehin.

Das ist ein sehr kleines Volk. In meinem Verzeichnis der autochthonen Völker Sibiriens steht, dass es nur noch 1657 Udehen gibt. Das ist das ganze Volk! Weniger als Patienten in deiner Praxis.

Es gibt kleinere Völker. Und alle sehen mich als eine der Ihren an. Die Ewenken, Ewenen, Ultschen, Nanai, Uhede. Die Arbeit mit ihnen gehört nicht zu meinen Pflichten. Ich fahre zu ihnen, weil es mir das Herz bricht, wenn ich sehe, was mit meinem Volk geschieht, weil sie mich um Hilfe anflehen. Die Russen trinken natürlich auch schrecklich viel, aber die Ureinwohner... Es ist schrecklich. Das ist ein Holocaust. Dazu kommt, dass die jüngste Generation stirbt, von der man meinen könnte, dass sie die besten Aussichten hat. Es sind vor allem die Männer. Sie sterben auf schreckliche Weise. Sie betrinken sich und erschießen oder erhängen sich, legen sich auf die Gleise. Wir haben es mit einer Epidemie von Selbstmorden zu tun. Und von Morden. Sie fallen im Winter aus dem Boot, werden vom Auto überfahren, verbrennen, erfrieren oder trinken sich ganz einfach zu Tode.

Der Tod hat immer mit Wodka zu tun.

Ja. Es ist kein Geheimnis mehr, dass die im Norden lebenden autochthonen Völker eine genetische Prädisposition für Alkoholismus haben. Dagegen kann man nichts tun. Seit Tausenden Jahren leben wir in Gebieten, in denen aufgrund der harten Bedingungen wenig wächst. Wir ernähren uns von Fleisch, Milchprodukten und Fisch, also hat sich bei uns im Verlauf der Evolution ein Eiweiß-Fett-Stoffwechsel entwickelt. Wie alle Indoeuropäer hast du einen Eiweiß-Kohlenhydrat-Stoffwechsel, weil sich deine Vorfahren seit Hunderten, Tausenden Jahren überwiegend von pflanzlicher Nahrung ernährt haben.

Und was hat das mit dem Wodka zu tun?

Jeder Alkohol wird aus Getreide, Kartoffeln oder Früchten gewonnen. Um ihn zu verarbeiten, im Körper zu verwerten, wird ein bestimmtes Enzym benötigt, das in deinem Organismus im Überfluss vorkommt, in meinem aber nur sehr wenig, weil ich einen anderen Stoffwechsel habe. So ist nun mal die Physiologie.

Was passiert, wenn du einen trinkst?

Mein Organismus metabolisiert Alkohol nicht wie jedes andere Gift, er kämpft fast nicht dagegen an, also macht der Wodka, was er will. Vor allem im Nervensystem, im Gehirn. Der Mensch wird sehr aggressiv, emotional, expressiv. Aber vor Kurzem hatte ich ein freudiges Erlebnis. Ich war in dem Dorf Ajamo, in dem ich vor acht Jahren das erste Mal gewesen bin. Ich hatte dort dreißig Patienten. Von denen trinken bis heute sieben Menschen keinen Alkohol.

Das ist ein hervorragendes Resultat. Eine Erfolgsquote von fast 25 Prozent.

Das Wichtigste ist, dass einige kinderreiche Mütter dabei waren. In der Zwischenzeit ist es ihnen gelungen, ihre Kinder großzuziehen, und früher sind die durchs Dorf gestreunt wie herrenlose Hunde. Ihr Essen haben sie auf dem Müll gefunden. Solche sehr einfachen Menschen aus der Kolchose zu behandeln, ist eine äußerst undankbare Aufgabe. Subtile Psychotherapien kommen nicht infrage, ganz zu schweigen von Gruppentherapien. Ich aktiviere bei dem Kranken einfach den grundlegendsten von allen Instinkten – den Selbsterhaltungstrieb. Das tue ich mit einer chemischen Substanz, mit Esperal als Depotimplantat. Der Patient weiß, dass er damit nicht trinken kann. Ich erzeuge einen chemischen Ekel vor Alkohol. Das kann ich auch mit Hypnose erreichen, und das nennt sich *kodirowanie*.

Du »kodierst« also einen Ekel. Davon habe ich gehört. Das ist die größte Errungenschaft der sowjetischen Psychiatrie. Ihr redet dem Patienten ein, dass ihm, wenn er etwas trinkt, die Eier abfallen.

Annähernd so funktioniert das. Den Kolchosbauern, Hirten, Jägern setze ich meist Chemie für ein halbes, für ein Jahr ein, und dann trinken sie nicht. Danach kommen sie wieder, also setze ich ihnen wieder Esperal ein. So sieht das Leben aus. Zyklisch wie in der Natur. Nach dem Winter kommt der Frühling, und nach dem Frühling der Sommer. Oft richten sie es so ein, dass sie nur im

Winter trinken, wenn sie keine Arbeit haben. Ich habe Stammpatienten, die zwei, drei Jahre lang nicht trinken und Geld sparen, weil sie wissen, dass sie schließlich auf Sauftour gehen und in einem sehr schlimmen Zustand in meiner Praxis landen. Sie sparen auf eine gute Behandlung. Sie planen die Sauforgie richtig. In Russland ist nur die Entgiftung umsonst, auf Verlangen wird jeder behandelt. Eine Suchttherapie hingegen ist kostenpflichtig. Umso mehr, weil ich sie bioenergetisch unterstütze.

Hast du solche Kraft?

Ja, die habe ich. Ich reinige die energetischen Felder des Patienten. Selbstverständlich habe ich das nicht an der Medizinischen Hochschule gelernt. Erst vor zwanzig Jahren habe ich die Kraft in mir gespürt. Und ich bin fünfzig.

Das trifft sich hervorragend, denn du bist genauso alt wie ich und das Buch Reportage aus dem 21. Jahrhundert, *auf dessen Spuren ich reise. Den Autoren zufolge sollten im 21. Jahrhundert alle Krankheiten, auch Krebs, Geisteskrankheiten und Erkrankungen des Herzens und des Gefäßsystems, verschwunden sein, genau wie die Tuberkulose ausgerottet sein sollte.*

Diese Lügner! Die Tuberkulose war damals nicht ausgerottet, und heute ist sie es erst recht nicht. Die Tb-Kliniken platzen aus allen Nähten, die Psychiatrien auch. Nichts ist geschehen. Russland nimmt mit der Anzahl an Morden und Selbstmorden weltweit den ersten Platz ein. Jedes Jahr saufen sich 40 000 Menschen zu Tode. Im Durchschnitt trinkt jeder Bürger 17 Liter reinen Spiritus pro Jahr.

Die Polen mehr als neun Liter. Aber bei den Russen kommen auf jede Flasche legalen Alkohol zusätzlich vier Falschen Selbstgebrannter, der in der Statistik nicht berücksichtigt wurde. Und was ist das für ein Foto? Das bist du, ich erkenne dich. Und das Foto hier?

Das bin auch ich, nur als Kind.

Verflixt! Überall so ein Licht, als wäre das ein Heiligenschein über deinem Kopf. Wie bei dem Heiligen auf einer Ikone.

Das ist die Aura. Ein sichtbares, sehr starkes Energiefeld, das man auf traditionellen Fotofilmen sehen kann, auf digitalen Fotos aber nicht mehr. Über diesem Mann ist das auch. Er ist ein sehr mächtiger Schamane aus meinem Heimatdorf Krasny Jar, das mitten in der Taiga am Pazifik liegt. Alles begann, als ich mich mit Hypnose befasst habe. Ich habe bemerkt, dass der Arzt, der den Patienten in Trance versetzt, auch den Bewusstseinszustand ändert. Ich sehe um jeden Menschen eine Aura, die ...

Warte einen Moment, sonst wird der Absatz zu lang. Sprich weiter.

Bei dem einen ist diese Aura schmal, bei dem anderen stark, dunkel oder bunt, meist ist es ein grünliches, schimmerndes und transparentes Licht. Ich habe es ausprobiert, und beim ersten Mal habe ich meinem Vater den Blutdruck von 160 auf 130 gesenkt. Ich habe nur die Hände aufgelegt. Und ich habe ihm die Nieren vom Sand gereinigt. Auf einmal bekam ich von meinen Patienten herrliche Signale. Sie kamen in einem schrecklichen Zustand zu mir, wir redeten miteinander, und sie sagten, dass es ihnen schon besser gehe. Keine Spritzen, Tabletten, aber die Heilung begann. Ich habe in meinem Stammbaum gestöbert. Ich konnte ihn bis zur sechsten Generation zurückverfolgen. In jeder Generation gab es mindestens einen mächtigen Schamanen.

Und was ist das hier?

Das sieht aus wie ein Amulett. Sofort als du hereingekommen bist, habe ich gesehen, das heißt gespürt, dass du um den Hals ein mächtiges ... Als ob du ein Stückchen von der Sonne abgebrochen hättest.

Du hättest fragen können.

O nein! Das tut man nicht. Wir fragen nicht nach solchen Dingen. Darf ich es anfassen? Es ist heiß!

Übertreib mal nicht. Das sind Steinchen in einem Stück Stoff. Und sie sind überhaupt nicht heiß.

Du dummer Christ! Weil es deine sind! Du hast sie bekommen, also beschützen sie dich. Woher hast du sie?

Ich habe sie von einer sehr mächtigen Schamanin in den Bergen in Tuwa bekommen, in Südsibirien. Sie sollten mich vor dem »großen Eisen« beschützen. So hat sie es gesagt. Und zwei Tage später hatte ich auf dem Weg einen schweren Unfall. Ein toller Schutz. Ich bin gerade mal so mit dem Leben davongekommen.

Was bist du für ein dummer Christ! Wenn du sie nicht um den Hals getragen hättest, hätten wir nie miteinander gesprochen. Glaubst du mir nicht? Dann wirf sie weg!

Kommt nicht infrage.

Siehst du? Du hast Angst!

Du gemeine Hexe. Erzähl lieber von deinen schamanischen Vorfahren.

Bis heute führen sie mich und retten mir das Leben. Vor ein paar Jahren sind bei einem Brand die zwei Kinder von meinem Freund Dankan aus Krasny Jar verbrannt ... Aber das ist eine lange Geschichte. Möchtest du sie hören? Also, Dankan hat körperlich nichts gefehlt, aber er war dabei zu sterben. Er wurde im Krankenhaus wiederbelebt und dort in ein pharmakologisches Koma versetzt, um den Kopf abzuschalten, aber er erlosch trotzdem zusehends. Sein Vater kam zu mir und flehte mich an, ich solle ihn retten. Ich holte ihn aus dem Krankenhaus und brachte ihn in unser Heimatdorf in die Taiga. Dem alten Schamanen gefiel es überhaupt nicht, dass ich Dankan half. Trotzdem habe ich ihn irgendwie wieder auf die Beine bekommen. Ein paar Monate später beginne ich selbst zu sterben. In meiner Lunge entdecken sie schreckliche Würmer, die heranwachsen und in großen, mit Flüssigkeit gefüllten Knoten leben.

Ekelhaft. Wie kamen sie dorthin?

Angeblich von den Tieren. Das waren mörderische, tödliche Würmer. Sie haben die Operation vorbereitet, aber auf dem CT-Bild sah ich, dass diese schrecklichen Knoten recht nah an der Luftröhre lagen. Wenn sie nur dorthin gelangen würden, dann könnte ich sie heraushusten, habe ich mir gedacht. Und es hat geklappt. Mit nichts anderem als den Gedanken. In der Nacht vor der Operation habe ich mehrere Liter Flüssigkeit mit diesen Würmern ausgehustet. Später haben mir die Menschen gesagt, dass es eine Strafe unseres Schamanen aus Krasny Jar war. Die können das. Ich hatte die Geister unserer Vorfahren betrogen, ich war dorthin gegangen, wohin ich nicht hätte gehen sollen.

Ljubow, um Gottes willen! Wie kann ein Arzt ernsthaft solche Geschichten erzählen?

Gleich darauf ist unser alter Schamane gestorben. Das ist meine Schuld. Ich hätte Dankan nicht heilen dürfen. Er sollte sterben, weil es ihm so bestimmt war. Deshalb sollte später derjenige sterben, der ihn gerettet hatte, aber ich habe mich dagegen gewehrt. Da hat der alte Schamane Dankans Tod auf sich genommen.

Glaubst du daran?

Ich weiß das. In der Welt herrscht ein Gleichgewicht. Wenn etwas irgendwo hinzukommt, muss es anderswo fortgehen. In unserer Welt, in Krasny Jar, ist derjenige, der gehen sollte, nicht gegangen, also ist ein anderer fortgegangen. Unser Schamane.

In Tuwa habe ich eine Schamanin in eine Kinderklinik begleitet. Die Mutter eines Kindes hatte sie um Hilfe gebeten, weil die Ärzte ratlos waren. Sie haben uns unter der Bedingung hineingelassen, dass wir keine schamanischen Medikamente verabreichen. Ein weißer, steriler Saal, Krankenschwestern, Ärzte, Infusionen, und inmitten von all dem eine schmuddelige Alte mit einem Federbusch auf dem Kopf, behängt mit bunten Bändern, Vogelschwingen, Tier- und Schlangenhäuten. Sie beräuchert das Bett, jault im Rhythmus der Trommel und bespritzt alles mit Milch. Die Kinder haben vor Angst geheult.

Die sibirischen Völker können nicht ohne Schamanen leben. Zum Pfarrer kann man ausgebildet werden, als Schamane wird man geboren.

Die Ärzte dort sagten mir, dass sie diese Rituale als Psychotherapie auffassen, hauptsächlich für die Familie. Aber wir wollten über Wodka und den Alkoholismus der Ureinwohner sprechen. Sie haben eine Prädisposition, das wissen wir nun, aber deswegen müssen sie sich noch lange nicht besaufen.

Aber sie besaufen sich, weil sie unter chronischem, lang anhaltendem Stress leben. Das ist nicht nur in Russland so, sondern auch in Kanada und den Vereinigten Staaten mit den Eskimos und Indianern. Die Völker, die kamen und sich bei den Ureinwohnern angesiedelt haben, sind ihnen zahlenmäßig überlegen und auch in jeder anderen Hinsicht. Wir sind hier zu Hause, aber es ist nicht unser Zuhause. Das ist eine schreckliche Situation. Wir würden uns gerne befreien, protestieren, aufbegehren, die Fäuste erheben, aber wir wissen nicht, wofür wir konkret kämpfen sollen.

Also sagen sie sich, lass uns erst mal einen kippen.

Genau! Und sofort ist alles prima. Also ist das Phänomen, dass sich ganze Völker zu Tode saufen, kein medizinisches, genetisches, biologisches Problem, sondern ein gesellschaftliches. Das ist eine Sozialkrankheit. Schuld daran ist die Situation, in die die Ureinwohner ohne eigenes Zutun geraten sind. Um die obligatorische Schule zu besuchen, lernen Kinder, die aus der Taiga kommen, auf einem Stuhl zu sitzen, in einem Bett zu schlafen, Treppen zu steigen, mit Löffel und Gabel von einem Teller zu essen, und nebenbei lernen sie lesen und schreiben, zudem in einer fremden Sprache. Das ist eine schreckliche Qual. Sie kommen nicht zurecht und sind von Anfang an schlechter. Dabei seid ihr in unser Land gekommen, wo wir Tausende Jahre in Ruhe gelebt haben, ohne dass wir Wodka kannten. Also los, kippen wir einen. Es wird sofort besser, man wird stolz, stark, großartig, unbesiegbar.

Nur wenn jemand diese Meinung nicht teilt, dann greift ihr gleich zu den Messern und Gewehren, die alle haben, schließlich sind wir in der Taiga. Merkwürdig, dass ihr euch nur gegenseitig ermordet. Auf Russen schießt ihr nicht.

Schließlich trinken wir mit unseresgleichen und nicht mit Russen. Merkwürdig ist, dass auch unsere Frauen sehr aggressiv werden, aber ich gebe zu, dass ich keine Ahnung habe, warum das geschieht. Bei den Russen gehen nur die Männer aufeinander los, wenn sie besoffen sind. Ich weiß auch nicht, wie es kommt, dass nicht so viele Frauen umkommen, obwohl sie nach meiner Beobachtung noch mehr trinken als die Männer. Unsere Frauen werden auch schneller und leichter alkoholsüchtig als die Männer, aber sie morden nicht und entschließen sich selten zum Selbstmord.

Aber für die Männer ...

Ist das eine einfache, leichte und schnelle Entscheidung.

In dem ewenkischen Dorf, in dem ich lange war, hat ein neunjähriger Junge Selbstmord begangen. Er hat die Rentiere gehütet, und eins ist umgekommen.

Das ist ein gänzlich unerforschtes Phänomen, ein großes Problem für die Wissenschaft. Wir wissen, dass es umso mehr Selbstmorde in der autochthonen Bevölkerung gibt, je weiter wir in den Norden kommen, aber wir wissen nicht, warum das so ist. Vielleicht, weil es dort wenig Licht gibt, nur haben die Russen auch nicht mehr. Eins ist sicher – fast immer haben die Selbstmorde irgendetwas mit Alkohol zu tun.

Aus dem Dorf, von dem ich gesprochen habe, schicken sie jedes Jahr einen jungen Ewenken zum Studium in die Stadt. Nur einer Person ist es gelungen, den Abschluss zu machen. Sie halten es nicht aus und kehren zurück oder beginnen zu trinken. Und während ich dort war, hat sich der zwanzigjährige Wanja im Studentenwohnheim in Sankt Petersburg erhängt. Angeblich war er unglücklich verliebt.

Wir können ganz einfach nicht in Städten leben. Im geschlossenen Raum, ohne Eltern, ohne die Taiga, ohne das traditionelle Essen. Ich weiß das, weil ich aus Krasny Jar komme. Seit dreißig Jahren lebe ich in Chabarowsk, das eine halbe Million Einwohner hat, aber Moskau ist für mich unerträglich. Jeder Mensch hat aus energetischer Sicht einen Raum, den er zum Leben braucht. Man sollte ihn weder radikal verkleinern noch vergrößern. Bei Menschen aus der Taiga ist dieses Raumbedürfnis immens.

Das kommt mir komisch vor, weil sich die russischen Kinder aus demselben Dorf irgendwie in den Städten zurechtfinden.

Das ist das nächste Rätsel. Ich habe im hohen Norden unter den Ureinwohnern eine Untersuchung mit Alkoholikern durchgeführt. Im Fragebogen gab es den Punkt »Bereitschaft zum Selbstmord«. 90 Prozent der Teilnehmenden zog diese Entscheidung in betrunkenem Zustand in Betracht, aber auch wenn sie nüchtern waren. 20 Prozent der befragten Alkoholiker hat schon Selbstmordversuche begangen, davon war fast die Hälfte vollkommen nüchtern. Diese Versuche sind ein Verzweiflungsschrei, ein Hilferuf.

Und wie viel Prozent von deinen russischen Patienten denken an Selbstmord?

Ich habe es nicht ganz genau ausgerechnet, aber etwa 20 Prozent. In Russland gibt es eine bedeutende und tief verwurzelte Trinkkultur. Dieses Unglück hat zur Zeit Peters des Großen begonnen, der dazu ermunterte, Kneipen zu eröffnen und so viel zu trinken, wie nur möglich. Er hat damit Unmengen an Steuern eingenommen.

Und gestern war in Russland der Tag des Vaterlandsverteidigers, das heißt des Soldaten; ein Tag, der im ganzen Land sehr feierlich als Männertag begangen wird. Jeder Bürger männlichen Geschlechts muss sich an diesem Tag unbedingt volllaufen lassen. Es ist interessant, dass der Frauentag exakt genauso gefeiert wird – alle Männer besaufen sich … Lachst du über mich?

Darüber, wie du das beschrieben hast. Aber du hast recht. Weißt du, dass mir die Ungerechtigkeit, wie diese Feste gefeiert werden, noch nicht aufgefallen ist?

Wenn die Frauen das nicht sehen, bedeutet es, dass sie sich daran gewöhnt haben. Sich damit abgefunden haben.

Es ist nicht schwer, sich daran zu gewöhnen, weil du in Russland keine Familie findest, in der es dieses Problem nicht geben würde. Mein Mann trinkt nicht, wir haben glücklich unsere zwei Töchter großgezogen, aber ich habe sehr viel durchgemacht. Ich habe mich sogar deshalb entschieden, Narkologin zu werden. Mein Vater hat getrunken. Er war Direktor einer Sportschule, ein gebildeter, erfolgreicher Mensch, den alle mochten und schätzten. Aber bei uns ist jeder Sportwettkampf ein Bankett. Die Trainingslager sind Bankette, die Siege sind Bankette, die Niederlagen sind Bankette, Büffetts, Gelage ...

Und so wurde er süchtig.

Aber bei uns steht Alkohol nicht der beruflichen Karriere im Weg. Es gibt eine gewaltige Toleranz gegenüber Säufern. Alkoholismus schadet nicht dem Ansehen des Menschen, aber im persönlichen Leben ist so jemand ein Fluch. Meine Kindheit war die Hölle. Wenn mein Vater sich betrunken hat, war er schrecklich aggressiv. Zum Glück ist er vor sechs Jahren gestorben.

Erfolgreiche Menschen sind nicht oft Trinker. Wer Probleme hat, der trinkt.

Aber er war Udehe. Diese verdammten genetischen Prädispositionen! Ich sehe, dass mein jüngerer Bruder genau dasselbe Problem hat. Er ist Gerichtsmediziner, ein hervorragender Experte. Seine Position, eine großartige Familie, Geld, alles wie es sein soll, aber er trinkt. Ich beginne an genetische Prädispositionen für Alkoholismus zu glauben. Nein, ich bin tief davon überzeugt.

Unabhängig von den ebenfalls genetischen Prädispositionen der verschiedenen Ethnien.

Ja. Das eine überschneidet sich mit dem anderen. Dazu kommt das kulturelle russische Ritual, bei jedem Anlass zu trinken, also wird der Mensch geboren und hat keine Chance. Mein Bruder und ich haben uns geschworen, dass wir uns eher die Kehle durchschneiden, als unseren Kindern ein solches Leben zu bereiten. Dann vergehen die Jahre, sie stellen dem Jungen einen Wodka hin, und er trinkt wie sein Vater. Alles beginnt von vorne. Ich könnte heulen, wenn ich seine Kinder sehe. Werden sie auch saufen? Wie kann man diesen Alkoholiker-Kreislauf von Generation zu Generationen unterbrechen?

Meiner Meinung nach gibt es Hoffnung. Als ich vor ein paar Tagen sehr deprimiert aus dem versoffenen Dorf von meinen Ewenken gekommen bin und dich nach etwas gefragt habe, was Hoffnung macht, dass ihr nicht aussterbt, hast du mich zu Dankan geschickt. Deinem nanaischen Freund aus Krasny Jar, den du vor dem Tod bewahrt hast, nachdem seine Kinder verbrannt waren.

Stimmt. Er arbeitet, gibt anderen Arbeit, verdient hervorragend, also ist er zufrieden. Warum soll er trinken?

Er wohnt nicht mehr in Krasny Jar. In dem Dorf, in das er gezogen ist, beschäftigt er alle Einwohner in seinen Firmen. Nicht nur die Nanai, auch die Russen.

Dort trinken die Menschen natürlich auch, aber sie saufen nicht. Sie rotten sich nicht aus, weil sie einen richtigen, großartigen Anführer haben, der sein Imperium nur deshalb errichtet hat, damit sein Volk Arbeit hat. Er hat die Bedingungen dafür geschaffen, dass sie wie Menschen leben.

Er hat mir gesagt, dass jemand, der keine Arbeit und kein Geld hat, aber irgendwo 100 Rubel auftreibt, klaut, erbettelt oder leiht, sich natürlich eine Flasche Wodka kauft. Aber wenn er nach einem Monat schwerer, ehrlicher Arbeit 20 000 oder 30 000 Rubel (1000 oder 1500 Euro) bekommt, und das ist in Sibirien sehr viel Geld, dann geht er das doch nicht versaufen. Er trinkt ein Bier, und dann wird er sein Leben in die Hand nehmen.

Aber es gibt Völker, die das nicht mehr erleben werden. Sie warten vergebens auf einen solchen Anführer, und sie haben die quantitative Schwelle überschritten, jenseits von der es einfach keine biologische Möglichkeit zur Regeneration der Population gibt.

Welche Zahl ist das?

Etwa 250 Personen.

In meiner Liste der kleinen, autochthonen Völker Russlands, von denen es 45 gibt, sind mit weniger als 250 Personen verzeichnet: die Aljutoren, es sind noch zwanzig, die Kereken, es sind nur acht, und die Enzen, von denen es 237 gibt. Die Tasen befinden sich an der Grenze zum Aussterben, weil sie nur noch 276 Personen sind. Alles in allem leben mit den großen Völkern wie den Jakuten, den Burjaten, den Chakassen und den Tuwinern zwei Millionen Ureinwohner in Sibirien, und mit Ausnahme der Republik Tuwa sind sie überall eine nationale Minderheit.

Vor ein paar Jahren kamen ausländische Ärzte aus der ganzen Welt zu mir. Ich bin mit ihnen an all diese Orte gefahren. Sie haben überall von der Gemeinschaft der Anonymen Alkoholiker erzählt. Jetzt wissen wir, dass diese Methode in Russland nicht funktioniert, denn wenn es in Chabarowsk, das eine halbe Million Einwohner zählt, nur mit großer Mühe gelang, eine einzige Gruppe zu gründen, der dreißig Personen angehören, dann bedeutet das, dass der Ansatz nicht zu unserer Mentalität passt. Es ist eine Methode für Menschen, die wenigstens ein klein bisschen aufgeschlossen sind und die zur Selbstanalyse bereit sind.

Das klingt nicht sehr schmeichelhaft.

Solche, denen bewusst ist, dass sie krank sind, dass sie Alkoholiker sind, ihr Trinken nicht beherrschen können und Hilfe brauchen. Es muss außerdem eine Gruppe von Menschen sein, die halbwegs intellektuell dazu in der Lage ist. Rentierhirten, Traktoristen, Holzfäller oder Goldsucher kann man nicht zu Meetings und zur Gruppentherapie schicken ... Weder Russen noch Ureinwohner. Einen Alkoholiker kann man behandeln, wenn er selbst es möchte, wenn er an sich arbeitet, aber eine Behandlung in der Gruppe, in der Gemeinschaft funktioniert bei uns nicht. Lieber säuft er sich zu Tode, als dass er anderen von seinen Halluzinationen, Würmern, Maden, Teufeln, Larven und Gnomen erzählt ...

Na endlich! Du sprichst vom Weißen Fieber.

Der Fachbegriff heißt *Delirium tremens*, es ist eine der am meisten verbreiteten Alkoholpsychosen. Sie tritt zwei, drei Tage nach einer Phase der Trunksucht ein. Sie beginnt mit Schlaflosigkeit, Unruhe, und dann kommen die Halluzinationen. Bei den einen sind sie visuell, bei den anderen auditiv. Sie sehen seltsame, sehr lebhafte Gestalten, Ungeheuer, Tiere. Sie hören Stimmen, die sie beleidigen, ihnen drohen, sie beschimpfen, ihnen etwas vorwerfen oder befehlen, etwas zu tun, zum Beispiel Selbstmord zu begehen oder die Axt zu nehmen und sich die Hand abzuhacken.

Meine Ewenken haben mir von Stimmen erzählt, die ihnen befohlen haben, sich Löcher in den Kopf zu machen, damit der schreckliche Schmerz, der mit den Halluzinationen einhergeht, hinausfliegen kann. Also haben sie das Gewehr genommen und sich in den Kopf geschossen. Mir scheint, diese Stimmen sind ihre eigenen Schuldgefühle, weil sie ihnen immer sagen, wie schlecht, hoffnungslos, dumm, dreckig und wertlos sie sind. Und dann sagt sich der Mensch, der, daran sei erinnert, schon vollkommen nüchtern ist: »Wenn ich solcher Dreck bin, dann hänge ich mich auf.«

Und die Gespenster, die erscheinen, kommen ganz oft schon seit Jahren zu diesem Menschen, es sind immer dieselben, privaten, bekannten, er kennt sie und wartet nach jedem Besäufnis mit Angst auf sie. Nicht selten sind das vor langer Zeit verstorbene Menschen, denen der Alkoholiker etwas Böses getan hat, und nun kehren sie zurück, um ihn zu quälen, sich an ihm zu rächen. Oder es erscheint ein erzürnter Gott. Generell siehst du im Weißen Fieber das, wovor du dich fürchtest, dich ekelst, alles, was du widerlich findest.

Das Gehirn zerrt das Schwärzeste deiner Seele und deines Geistes an die Oberfläche. Und das alles ist schon nach einem Rausch, einem Besäufnis von wenigen Tagen möglich?

Ja. Und es kann von mehreren Stunden bis zu einem Monat dauern. Aber du müsstest erst einmal Alkoholiker werden. In nur drei Jahren ist das möglich. Ich kenne 14-jährige süchtige Jungen. Sehr viel hängt von der Qualität des Alkohols ab.

Ich habe mit den Rentierhirten gepanschten technischen Spiritus getrunken.

Ja, das ist ein mörderisches Gesöff. Selbstgebrannter auch, aber gewöhnlich trinken sie Maische und nehmen so die bei der Gärung entstehenden giftigen Stoffe zu sich, die bei der Destillation entzogen werden sollten.

Bekommt jeder Alkoholiker das Weiße Fieber?

Nicht jeder. Das hängt von der Stärke des Hirntraumas, eventuellen Krankheiten und psychischen Traumata ab. Man weiß zum Beispiel, dass ein Ausbruch des Weißen Fiebers sehr viel wahrscheinlicher ist, wenn ein Alkoholiker kranke Nieren oder eine kranke Leber hat. Ganz zu schweigen davon, dass jemand, der immer Selbstgebrannten, Maische oder eigene Mischungen trinkt, so gut wie sicher das Weiße Fieber bekommt.

Im Dorf meiner Ewenken trinken fast alle Erwachsenen, und die meisten von ihnen haben das Weiße Fieber.

Das ist unmöglich. Von meinen 1757 Patienten haben 78 Alkoholpsychosen. Fast 4,5 Prozent. Und das stimmt mit den wissenschaftlichen Zahlen überein.

Vielleicht ist es bei den Ewenken, bei den Ureinwohnern, anders?

Eine solche Statistik gibt es nicht.

Und wenn ein Alkoholiker Selbstmord begeht, tut er das, wenn er das Weiße Fieber hat?

Meist ja. Aber er kann auch einen kurzen, ungewöhnlich brutalen, heftigen Aggressionsschub haben, nach dem er sofort in einen bleiernen Schlaf fällt. Er erinnert sich später an überhaupt nichts mehr.

Sweta, ein ewenkisches Mädchen, hat mir erzählt, dass sie mehrere Tage nach einem gewaltigen Silvesterbesäufnis, das sie mit ihrem Mann in einem Zelt in der Taiga hatte, erwacht ist, und neben ihr lag ihr Slawa mit einem Loch im Kopf, das von einer Kugel stammte. Sie war nicht betrunken, aber sie erinnert sich an nichts. Und sie muss lange geschlafen haben, weil ihr Mann ganz kalt war.

Er kann Selbstmord begangen haben.

Das ist möglich, weil er es schon einmal versucht hatte, aber warum ist sie nicht vom Schuss aufgewacht?

Das weiß ich nicht. In einer bestimmten Phase des Weißen Fiebers kann es sein, dass man Angst bekommt. Eine gewaltige, panische, irrationale Angst. Eine unerklärliche Angst. Der Alkoholiker weiß nicht, wovor er sich fürchtet. Vielleicht vor dem Tod, aber aus welcher Richtung wird er kommen? Er weiß es nicht. Die Angst nimmt zu und verwandelt sich in Panik, in der die Menschen gänzlich die Kontrolle über sich verlieren, und wenn sie eine Waffe haben, beginnen sie, blindlings in alle Richtungen zu schießen, meist dorthin, von wo die bösen Stimmen kommen. Kranke verstecken sich, laufen davon oder greifen Personen an, denen sie begegnen, weil sie sie für ihre Verfolger halten.

Man hat mir von Juri erzählt, der im Winter, bei minus 40 Grad, zwei Tage lang ohne Kleidung durch die Taiga gerannt ist. Er hat 120 Kilometer zurückgelegt.

Er ist nicht gerannt, sondern geflohen. Ich wette, dass er nicht wusste, vor was und wohin. Ich hatte mal einen Patienten, der zwei Tage lang nicht das Klo verließ. Er sagte, dass er eine Schlange im Bauch habe, und wollte sie unbedingt loswerden. Er presste sich wie besessen die Fäuste auf den Bauch, bohrte mit den Fingern im Bauchnabel ... Ein anderer kam zu mir, weil sein Mund voller Würmer war. Er holte sie heraus, zog sie mit der Hand heraus und legte sie auf den Schreibtisch, spuckte sie auf den Boden, trat darauf, aber die Würmer wurden mehr und mehr, sie strömten nur so aus ...

Danke, Ljuba! Ich glaube, das reicht.

Ich bin auch müde. Wie wär's? Ich lade dich auf ein Abendbrot ein.

Na, ich weiß nicht, ob ich hungrig bin. Aber vielleicht trinken wir was? Ich habe einen vorzüglichen dagestanischen Kognak.

Und ich einen armenischen. Einen zwanzig Jahre alten!

Unter den Tragflächen des Flugzeugs dehnt sich die viele Tausend Hektar große Fläche eines reifenden Weizenfeldes. In der Mitte befindet sich ein rechtwinklig angelegter bunter Teppich: die in Blumengärten buchstäblich ertrinkende Sowchosesiedlung. Eine Oase inmitten einer Halbwüste. Wie kommt es, dass hier, wo einstmals nur eine spärliche Vegetation auf dem kümmerlichen Boden wuchs, jetzt Weizen steht und Apfelbäume und Eichen ihre Äste hoch in die Luft recken?

Reportage aus dem 21. Jahrhundert, 1957

Ein Stand an der Straße, irgendwo am Amur im Fernen Osten

296 STUNDEN

Anderthalb Stunden lang kämpfe ich blutüberströmt an der Straße mit dem Frost, dem Schnee und dem Schneegestöber. Niemand hält an.

Nur der im Lieferwagen, der gesehen hat, wie sich mein Auto auf der Straße überschlug. Ich kam ins Rutschen, als ich ansetzte, ihn an einem steilen Hang zu überholen. Ich stehe etwa 15 Meter von der Straße entfernt auf den Rädern im tiefen Schnee. Nach ein paar Minuten klettere ich aus der Hinterklappe meines Uasiks.

»Lebst du?«, ruft er von Weitem.

»Ich lebe!«

»Dann mach's gut!«

»Du!«, schreie ich entsetzt. »Warte! Hilf mir, mich freizuschaufeln!«

»Gleich! Ich schalte nur den Motor aus«, sagt er, springt in die Fahrerkabine und fährt davon.

Warum hat er dann angehalten? Um nachzusehen, ob ich lebe? Warum? Wäre ich nicht mehr am Leben gewesen, hätte ich seine Hilfe nicht gebraucht.

Ich stecke bis zur Hüfte im Schnee. Ich hole die Schaufel heraus und räume ihn so weit weg, dass ich die Tür öffnen kann. Dann ziehe ich mich an, schalte das Licht aus und stille mit Schnee die Blutung. Ich habe nur eine aufgeplatzte Lippe, aber ich blute, als wäre ich auf eine Mine getreten. Vermutlich war das der große Holzklotz, den ich seit der ersten Reifenpanne zwischen Tscheljabinsk und Kurgan dabeihabe, denn der lag nach dem Überschlag auf meinen Knien.

Ich schaufle das Auto frei und grabe eine Durchfahrt zur Straße. Die Fahrertür lässt sich nicht schließen, also klopfe ich mit dem Hammer etwas das Dach gerade, das nach innen eingedrückt ist. Ich arbeite anderthalb Stunden in der Dunkelheit. Alle paar Minuten fällt das Licht eines vorbeifahrenden Autos auf mich, aber niemand hält an. Noch vor meiner Abfahrt aus Moskau hatten mich meine russischen Bekannten gewarnt, dass nachts niemand anhält, selbst wenn ich Brillanten auf die Straße schütten würde. Aus Angst vor *reket*, sagten sie, also vor einem Raubüberfall.

Die Autoren der *Reportage aus dem 21. Jahrhundert* schrieben, dass die Straßen der Zukunft eine absolute Verkehrssicherheit garantieren würden. Sie würden nie rutschig sein, selbstständig den Schnee beseitigen und von selbst trocknen. Kein Wort vom weißen Asphalt, dem festgefahrenen Schnee, hart und glatt wie Eis, der im Winter den russischen Autofahrern die größten Sorgen macht, besonders in Sibirien. Er war es, auf dem ich kurz vor Kansk einen Purzelbaum geschlagen habe.

Die Straßen im 21. Jahrhundert sollten das Fahrzeug selbstständig lenken und sogar mit Energie versorgen, denn wir sollten ausschließlich in aus Kunststoff gefertigten Elektroautos fahren, statt in einem riesigen Eisen der Firma UAS, das unter den hiesigen Bedingungen mehr als 18 Liter Benzin auf 100 Kilometer frisst. Unter dem Straßenbelag sollten Kabel mit Hochfrequenzstrom verlegt sein. Die Energie des sich um das Kabel bildenden elektromagnetischen Feldes sollte von in das Fahrgestell eingebauten Antennen aufgenommen und anschließend in Strom umgewandelt werden, um die Motoren jener Autos der Zukunft anzutreiben.

Von den 13 000 Kilometern, die ich von Moskau nach Wladiwostok gefahren bin, hatten 3000 gar keinen Belag. Und an die Angst vor bösen Menschen auf der Straße glaube ich nicht. Sie ist das Symptom einer ganz anderen gesellschaftlichen Krankheit, von der die Russen befallen sind: der Gleichgültigkeit. Einer schrecklichen, kalten Gleichgültigkeit, die in ihrer starken Ausprägung in eine tiefe, irrationale und spontane Verachtung übergeht.

Jeden Abend auf meiner einsamen Reise führe ich Bordtagebuch.

25. November 2007. Sonntag

Auf der Straße zwischen Tscheljabinsk und Kurgan.

Unterwegs von Ufa – Ural, die Grenze Asiens, und mit einem Mal ein radikaler Wetterumschwung. Die Temperatur fällt um mehr als zehn Grad. Zählerstand: morgens 31 648, abends 32 337. Ich bin 689 Kilometer gefahren, durchschnittliche Tagesgeschwindigkeit: 49 km/h.

Ich habe den Wecker auf sieben Uhr gestellt, aber die Uhr nicht auf die lokale Zeit umgestellt, also wache ich um neun Uhr auf. Ein schrecklicher Zeitverlust. Wie demütigend das ist. In Russland lassen sie dich nicht auschecken, bevor sie nicht das Hotelzimmer gesehen haben, in dem du geschlafen hast. Du stehst blöde an der Rezeption herum, und sie kontrollieren, ob du nicht das Waschbecken geklaut hast.

Ich fahre von 10.30 bis 0.30 Uhr des nächsten Tages. Unterwegs ein schnelles Mittagessen und 40 Minuten zum Plaudern und Fotografieren am Tor nach Asien. Mitten in der Nacht habe ich einen Platten. Das erste Mal. Der Reifen ist hin. Ich muss lange mit dem Platten gefahren sein, aber die Straße ist so saumäßig, dass ich nichts gespürt habe. Es müssen zwei neue Reifen gekauft, und wenn ich schon mal in der Stadt bin, das Kupplungslager gemacht werden. Daran komme ich nicht vorbei, es jault höllisch, und ich habe Angst, dass ich auf freiem Feld stehen bleibe.

Ich hole den Wagenheber hervor, stelle ihn unter die Hinterachse, kurble und ... er reicht nicht hinauf! Es ist nicht der richtige

Wagenheber für dieses Auto. Ich kriege es nicht angehoben! Was tun? Niemand hält hier an, niemand hilft. Ich werde auf der Straße übernachten müssen, und es sind minus 20 Grad. Früher oder später muss ich, das weiß ich, aber ich bin noch nicht bereit dafür. Die nächsten Menschen sind in Kurgan, 80 Kilometer östlich – mit dem Platten komme ich dort nicht hin. Verdammter Wagenheber! Da fällt mir eine Geschichte von russischen Matrosen ein, deren Schiff im Nordpolarmeer untergegangen ist. Die Besatzung rettete sich auf eine Schaluppe. Sie hatten einen ordentlichen Vorrat an Wasser und Lebensmitteln in Konservendosen, aber sie sind alle verhungert, weil zuvor jemand den Büchsenöffner vom Rettungsboot hatte mitgehen lassen. Sie hatten nichts, womit sie die massiven sowjetischen Dosen öffnen konnten.
Mir fehlt der bescheuerte Wagenheber.

Kolja

Ich nahm jeden im Auto mit, der mir über den Weg lief, aber dafür musste er mir seine Geschichte erzählen und ein Foto von sich machen lassen.

Kolja Nikolajewitsch Pefimenka aus der Nabereschna-Straße 8 im Gutshof Budagowo – so stellte er sich mir vor – sammle ich irgendwo zwischen Krasnojarsk und Irkutsk von der Straße auf. Seine Mutter hat ihn aus dem Haus geworfen, weil er sie um 200 Rubel (10 Euro) für Schulbücher gebeten hat. Er besucht die fünfte Klasse der Grundschule. Zu Beginn des Schuljahres hat ihm die Lehrerin die Bücher unter der Bedingung gegeben, dass er bis Dezember das Geld bringt. Er brachte es nicht, also hat sie sie ihm wieder weggenommen.

Koljas Mutter ist Säuferin. Sie ist 47 Jahre alt und arbeitet nicht. Bis zu diesem Tag haben sie immer zusammengewohnt. 200 Rubel sind sieben 0,5-Liter-Flaschen vom billigsten Fusel aus dem

Laden. Der Junge weiß nicht, wer sein Vater ist. Er möchte in den Gutshof Buluschko, wo seine Großmutter wohnt, aber erst fahren wir zu seiner Schule. Ich habe gesagt, dass ich die Bücher bezahle, doch obwohl es erst 13.00 Uhr ist, ist dort außer dem Hausmeister niemand. Kolja sagt, dass man das Geld nicht bei ihm lassen kann, weil er trinkt. Die Lehrerin wohnt nicht im Dorf, eine Kirche, und damit einen Geistlichen, haben sie nicht, der Vorsitzende des Selsowjet (des Dorfrats) ist auch Alkoholiker, im Laden hat Koljas Mutter massig Schulden, also ist es riskant, das Geld für die Schulbücher dort zu lassen.

Wir fahren zur Großmutter des Jungen, er zeigt mir Menschen, die im Straßengraben den trockenen Hanf von unter dem Schnee sammeln, und hält mir einen Vortrag über die Produktion von Haschisch. Er sagt, dass alle seine Schulfreunde Marihuana rauchen.

Wir trennen uns in der Bar »U Drusei« (»Bei Freunden«), wo er warten soll, bis seine Großmutter von der Arbeit kommt. Die Frau ist Trägerin in einer Mühle. Kolja und ich kennen uns seit ein paar Stunden, aber er nennt mich schon »Onkel«. Er blickt mich über den Teller hinweg mit großen runden Augen an, als ich durch die Tür der Bar verschwinde.

18. Dezember 2007. Dienstag

Motel »U Petra« (»Bei Peter«). Irgendwo in der Taiga bei der Stadt Alsamai, westlich von Irkutsk.

Ich komme aus Kansk und brauche von 13.00 bis 20.00 Uhr, aber wieder gab es eine Zeitumstellung, also war ich in Wirklichkeit sechs Stunden unterwegs. Ich bin 234 Kilometer gefahren. Durchschnittliche Geschwindigkeit: 39 km/h. Die normale Straße mit Straßenbelag ist zu Ende. Die ganze Zeit weißer Asphalt auf gefrorenem Matsch durch die Taiga. Alle paar Kilometer ein Auto im

Graben. Ich habe ständig den Vierradantrieb eingeschaltet, es dröhnt in meinem Uasik, als säße ich in einem Düsenflugzeug.

Nach dem gestrigen Überschlag habe ich den ganzen Vormittag in einer Werkstatt in Kansk vergeudet. Das Auto begann fürchterlich zu vibrieren, wenn ich 50 km/h erreichte. Es ließ sich nicht fahren. Sie stellten den Achssturz ein, aber es half nicht, also nahmen sie die Räder ab und kontrollierten sie. Die linke vordere Felge war verbogen. Schrottreif. Ich habe mehrere Stunden in der Stadt nach einer neuen gesucht, aber es ist eine ungewöhnliche Größe. Wenn sie zum Reifen passt, passt sie nicht zum Rad, und umgekehrt. Ein sehr lustiger Aserbaidschaner, der mit seinem 19 Jahre alten Schiguli in der Werkstatt war, half mir. Auf der Suche nach einer Felge bewegten wir uns in einem komischen Zickzack durch die Stadt, aber wie sich herausstellte, hauptsächlich deshalb, um keinem Milizionär zu begegnen. Mein Helfer ist illegaler Taxifahrer, das Licht mit der Aufschrift »Taxi« hat er sich in einem Geschäft für Autozubehör gekauft, und außerdem hat er seit einem Jahr keinen Führerschein mehr, weil ihm seiner wegen Alkohol am Steuer abgenommen wurde. Er wollte kein Geld von mir nehmen. Es ist der einzige nette Taxifahrer, den ich bisher getroffen habe. Die russischen Taxifahrer sind verdammt gierig und zeigen einem nicht mal den Weg, sondern wollen, dass man eine Fahrt bucht und ihnen nachfährt.

Wir fanden keine Felge, also blieb uns nichts anderes übrig, als die verbogene ans Hinterrad zu montieren. Es half. Der Uasik beginnt nur zu vibrieren, wenn er mit diesem Rad in ein Schlagloch gerät, und nur bei einer Geschwindigkeit von 60 km/h. Ich verstaute also alle schweren Gegenstände, die ich in der Fahrerkabine transportiert hatte, im Kofferraum. Vor allem den Holzklotz, der mir gegen die Zähne gekracht ist. Ich hatte ihn auf der Straße gefunden und mitgenommen, denn wenn ich meinen zu kleinen Wagenheber daraufstelle, gelingt es, das Auto anzuheben.

Der Frost

Nansen sagte, dass man sich nicht an den Frost gewöhnen könne, man könne ihn nur irgendwie überstehen, ihn überleben.

Ich bin mir nicht sicher, ob das die Wahrheit ist. In Sljudjanka am Baikal besuchte ich Nadja und Borys, alte Bekannte. Sie hatten gerade ein Kind bekommen. Als ich bei ihnen ankam, waren es unter minus 20 Grad, also heizten sie nicht den Ofen an, weil es so warm war, und Nadja stellte den Säugling im Kinderwagen auf den Hof, damit er an der frischen Luft war. Bei solchem Wetter fällt in Polen der Schulunterricht aus (in Jakutien bei minus 50 Grad), also bedeutet das, dass meine Sibirier sich doch an die Kälte gewöhnt haben.

Als ich bei Kurgan das erste Mal unter freiem Himmel übernachten musste, dachte ich, es sei Zeit zu sterben. Ich fror schrecklich, obwohl ich einen Monat vor meiner Reise nach Sibirien begonnen hatte, nur noch bei offenem Fenster und ausgeschalteter Heizung zu schlafen. So bereiten sich Polarforscher auf die Kälte vor.

In jener Nacht war der Frost wie Morphium, zuweilen versetzte er mich in einen angenehmen Zustand der Glückseligkeit. Mit Entsetzen wurde mir bewusst, dass ich mich kurz vor der Hypothermie befand, dass es jener Zustand ist, in dem die Fahrer ihre Autos in Brand stecken, wenn sie ihnen nachts auf der Straße in der sibirischen Wildnis kaputtgehen. Ich stand also auf, ließ den Motor warmlaufen, rannte um das Auto. Als ich drei Monate später, im März, in Wladiwostok angekommen war, lief ich barhäuptig, mit offener Jacke, ohne Handschuhe und wunderte mich, warum der Schnee nicht schmolz. Ich sah aufs Thermometer – es waren mehr als zehn Grad unter Null. Es scheint, dass sich auch ein Europäer an eine extrem kalte Umgebung anpassen kann und dass die Widerstandsfähigkeit gegen Frost entgegen der verbreiteten Meinung unter den Bewohnern des Nordens nicht genetisch vererbt wird.

Aber der Frost kann so unmenschlich, so bestialisch sein, dass dir allmählich Zweifel an der Klimaerwärmung kommen. Die Nasenhaare werden hart und stechen wie Nadeln. Metallgegenstände frieren an der Hand fest, wenn du unachtsam bist und sie ohne Handschuhe anfasst. Und die Wimpern gefrieren, sodass du nicht die Augen öffnen kannst, ohne mit dem Finger nachzuhelfen. Da ist es schon besser, wenn die Barthaare vereisen, weil man sie mit der Zunge voneinander lösen kann. Meine Beobachtungen haben ergeben, dass die Grenze, bei der alles Leben zum Erliegen kommt, bei minus 40 Grad erreicht ist. Die Mädchen spazieren dann nicht mehr eingehakt die Straße entlang, die Jungs stehen nicht mehr mit einem Bier vor dem Laden, die Sportler lassen das Training ausfallen, und die Autos fahren nicht mehr.

Die Stoßdämpfer gefrieren, die Aufhängung wird steif wie in einem Leiterwagen, und alle elektrischen Kabel werden brüchig wie trockene Stöckchen. Besser, man berührt sie nicht. Das größte Problem sind die Bremsen. Das Bremspedal wird schwergängig, es lässt sich nicht mehr durchtreten, weil die Bremsflüssigkeit in den Leitungen die Konsistenz von Zahnpasta annimmt. Das Auto bremst nicht mehr, und wenn du mit Gewalt versuchst, das Pedal durchzutreten, verklemmen sich die Bremsen und lösen sich nicht mehr. Das Einzige, was hilft, ist, das Auto vor der Abfahrt sehr stark aufzuwärmen und dann möglichst langsam zu fahren, denn je schneller man fährt, desto mehr kühlt das Fahrzeug aus. Und so wenig wie möglich die Bremsen benutzen. In Sibirien kann man das machen. Die Straßen sind in einem fürchterlichen Zustand, es gibt wenig Verkehr und keine Kreuzungen. Ich fuhr 300 Kilometer bis nach Schimanowsk (einen Fahrttag vor Chabarowsk), ohne ein einziges Mal zu bremsen. Der Bremsschlauch von meinem Uasik war geplatzt, vielleicht vom brutalen Treten auf das Bremspedal bei starkem Frost.

Ein Riesenproblem haben die Fahrer von Autos mit Dieselmotor. Im Winter verkaufen sie in Sibirien Dieselkraftstoff mit Garantie bis minus 60 Grad, aber diesen Garantien kann man kein bisschen trauen. Auf der Straße bei Tynda habe ich dabei geholfen, einen herrlichen Land Rover Defender einer Produktionsserie zu löschen, die auf arktische Bedingungen ausgelegt ist. Der Hersteller hatte sogar an doppelt verglaste Scheiben gedacht, aber es ist ihm nicht in den Sinn gekommen, dass ein Russe das Auto kauft und dass in dessen Heimatland der Diesel einfriert. Der Besitzer machte unter dem Geländewagen ein kleines Feuer, um die Treibstoffleitungen und den Tank aufzuwärmen. Es stellte sich heraus, dass der Tank aus Kunststoff war, und das Auto verbrannte.

7. Februar 2008. Mittwoch

Hotel »Turist« in Tschita.

Der nächste verlorene Tag. Diesmal in einem ehemaligen staatlichen Taxi-Stützpunkt. Nur hier können sie den Uasik reparieren. Die Gangschaltung – auf Russisch rasdatka – hatte sich aufgelöst. Gestern bin ich die letzten 200 Kilometer von Ulan-Ude im dritten Gang gefahren, weil sich der vierte nicht einlegen ließ.

In dieser Werkstatt hat man das altbekannte Problem, dass Werkzeug geklaut wird, innovativ gelöst. Es gibt einfach keins an den Arbeitsplätzen. Jeder Mechaniker beginnt den Tag damit, sein Namensschildchen gegen einen Kasten mit Schraubenschlüsseln zu tauschen, und trotzdem sorgt Schenja, der an meinem Auto zugange ist, schon nach einer Stunde für einen ziemlichen Wirbel, weil jemand den 14er und 18er aus seinem Satz stibitzt hat. Große Suchaktion. Es zeigt sich, dass er selbst beide Schraubenschlüssel in der Montagegrube liegen gelassen hat.

Nachdem die Gangschaltung ausgebaut ist, sehen wir, dass der Synchronisator sich in kleine Metallspäne aufgelöst hat, die die Zahnräder zerschrammt haben. Nebenbei bemerkt Schenja, dass am Motor und an beiden Achsen Öl austritt und die Kupplungsscheibe sehr dünn, abgenutzt ist. Mir platzt der Kragen, weil das schon die fünfte Werkstatt ist, in der mein Uasik repariert wird, und vor Kurzem haben sie in Kurgan das Kupplungslager gemacht. Hätten sie mir das dort gesagt, hätte ich bei der Gelegenheit auch die Scheibe austauschen lassen.

Das ärgert mich an den Russen am meisten – dieser Widerwille, etwas beizeiten zu tun, mehr zu tun, als absolut notwendig ist, dieses träge Warten auf die Katastrophe, bevor sie sich an die Arbeit machen. So haben sie in den Achtzigerjahren die »Komsomolez« verloren, das teuerste und großartigste Unterseeboot der ganzen Welt. Ein Apparat zum Messen des Sauerstoffgehalts im Wert von 50 Rubel war kaputtgegangen, und niemand hatte Lust, den Gasgehalt manuell zu messen, also brach ein Feuer aus, in dem fast die gesamte Besatzung umkam.

Schenja repariert die Schaltung und dichtet die Achsen ab. Für die Reparatur nimmt er 5000 Rubel (250 Euro). Er und sein Gehilfe arbeiten den ganzen Tag. Mit den Ersatzteilen hat mich die Reparatur 10 000 Rubel (500 Euro) gekostet. Nirgendwo in Polen hätte ich das Getriebe so billig und schnell machen lassen können.

Der schwierigste Streckenabschnitt liegt vor mir. Über 2000 Kilometer bis nach Chabarowsk.

Igor

Alle meine Passagiere, Männer, Frauen und sogar Kinder, die ich auf dem Weg mitgenommen habe, brachten die klirrende sibirische Kälte ins Fahrerhaus, die in der Wärme nach ein paar Minuten die Frische und Munterkeit der Taiga, die ungewöhnliche

Schönheit des kontinentalen Klimas verlor. Sie verwandelte sich in den gewöhnlichen, süßsauren, stickigen Geruch der Armut. Es war der Gestank ungewaschener Achselhöhlen, vollgepinkelter Unterhosen, von Magensaft, ekelhaftem Fraß und am alten Mantel abgewischten Händen. Der Gestank derer, die von allen verlassen, vergessen, ausgestoßen sind, kurz – des Unglücks. Für viele ist es das erste Symptom der Obdachlosigkeit. Es ist überall das Gleiche. In Barcelona, Warschau, Moskau, Peking … Du bemühst dich, sie nicht zu berühren und möglichst flach durch den Mund zu atmen, wie auf einem ekelhaften Klo, damit deine Lungenbläschen so wenig Luft wie möglich einsaugen, die von ihnen benutzt wurde.

Bei Igor war ich selbst schuld. Sofort nachdem er eingestiegen war, äußerte ich meine Verwunderung darüber, dass er so leicht gekleidet war, also knöpfte er seinen Fellmantel auf, um zu zeigen, dass er darunter nur ein Unterhemd und einen Trainingsanzug trug. Kaum zu glauben, dass er diesen Geruch in nur einer Woche angenommen hatte.

Eine Woche zuvor hatte er seine Mutter beerdigt. Er heißt Igor Smirnow und ist 22 Jahre alt. Er hat ein rotes, fast violettes und vom Frost geschwollenes Gesicht, von Sonne und Wind blutunterlaufene Augen, aufgesprungene Lippen.

Gleich nach dem Begräbnis schlug ihnen der Stiefvater, bei dem er zusammen mit der Mutter und seinem 18-jährigen Bruder Aleksei wohnte, die Wohnungstür vor der Nase zu, also konnten sie nicht einmal Wechselwäsche mitnehmen. So wie sie dort standen, machten sie sich auf den Weg zum Vater. Und das sind aus Tschita, wo sie ihre Mutter beerdigten, mehr als 1500 Kilometer nach Osten durch die grausame, eisige, wilde Taiga.

Mir ist unbehaglich zumute, wenn ich dort mit dem Auto entlangfahre, und sie haben sich zu Fuß auf den Weg gemacht, ohne Essen und Geld, weil sie alle Ersparnisse – 6000 Rubel (300 Euro) –

für die Beerdigung ausgegeben hatten. Vor zwei Tagen hielten sie einen Lkw an, er sollte Aleksei zum Vater bringen. Es war nur ein Platz frei.

Ich habe Igor 50 Kilometer vor Skoworodino aufgelesen, als er über 1000 Kilometer hinter sich hatte. Er isst das, was ihm die Fahrer geben, die ihn mitnehmen, oder in Bars an der Straße, wenn er für irgendeine Arbeit einen Teller Suppe bekommt. Er schläft in Reifenwerkstätten, und wenn er kein Nachtquartier findet, wandert er die ganze Nacht, damit ihm nicht die Beine erfrieren, damit *er* nicht erfriert.

»In der Nacht winke ich keinen Autos mehr«, sagt der Junge, »weil ich weiß, dass sie nicht anhalten.«

»Und wenn es einen *buran* geben würde?«, frage ich, und denke an einen schrecklichen Schneesturm.

»Dann würde ich in die Taiga fliehen.«

»Im Wald kommt man nicht voran. Und letzte Nacht waren es minus 34 Grad.«

»Irgendwie würde ich zurechtkommen«, sagt er unsicher.

Er würde nicht zurechtkommen. Seit zwei Tagen, seit er sich von seinem Bruder getrennt hat, hat er nichts gegessen und nicht geschlafen, weil er durch die abgelegenste Gegend wandert.

»Wer nimmt dich im Auto mit?«, frage ich.

»Einfache Leute. Vom Land, aus den Kolchosen. Normale russische Autos, Lkw. Und sie bringen mich von Dorf zu Dorf. Kurze Strecken.«

»Und euer Vater jagt euch nicht fort?«

»Nein. Er wartet auf uns. Wir haben angerufen. Er hat ein Häuschen, Arbeit im Wald, eine Frau, aber sie haben keine Kinder. Ich mache den Führerschein und werde Holz fahren«, sagt Igor und schläft ein.

Ich kam in Skoworodino an, wo ich Richtung Norden nach Tynda abbiegen musste, er aber musste weiter nach Osten. Ich hielt das Auto in der Sonne und ließ den Jungen noch ein Stündchen im Warmen schlafen. Im Schlaf zog er endlich die Hände aus den Taschen. Sie waren riesig, rot und aufgeplatzt. Er hatte keine Handschuhe.

18. Februar 2008. Montag

Hotel in Schimanowsk.

Ich bin um elf Uhr in Tynda aufgebrochen, bis 24.00 Uhr gefahren und habe 553 Kilometer hinter mich gebracht, Durchschnitt: 42,5 km/h. Ich sterbe vor Müdigkeit, weil die Straße heute keinen einzigen Zentimeter Asphalt hatte, und ich gut die Hälfte der Strecke ohne Bremse gefahren bin. Das Pedal ist im Boden verschwunden. Ich werde verrückt – morgen muss ich wieder eine Werkstatt suchen.

Heute bin ich spät aufgebrochen, weil ich am Morgen aus der Taiga von meinen geliebten Ewenken zurückgekehrt bin. Sie haben mir Proviant für den Weg mitgegeben – zwei riesige Stücke gekochtes Kotelett vom Rentier. Es schmeckt köstlich, wie Kalbfleisch. In dieser Woche bei ihnen bin ich ein richtiger Fleischfresser geworden. Fleisch ist bei ihnen einfacher zu bekommen als Brot.

Das Auto stand neun Tage lang auf einem Parkplatz in Tynda. Das Thermometer zeigt mir an, dass die nächtliche Tiefsttemperatur minus 42,5 Grad betragen hat. Die Batterie war in der Bude beim Wächter, aber der Uasik will trotzdem nicht anspringen. Ich erwärme mit dem Benzinbrenner die Ölwanne. Ich höre, wie das Öl darin siedet, und dann sehe ich, wie von unter der Motorhaube Flammen emporschlagen. Der Motor und all die Innereien sind höllisch ölverschmiert, sie haben einfach Feuer gefangen. Ich schnappe mir den Feuerlöscher, aber es kommt kein einziger Tropfen heraus. Er ist eingefroren! Mit der Schaufel werfe ich Schnee hinein – gelöscht. Wenn ich die elektrischen Leitungen verbrannt habe, werde ich trampen müssen. Ängstlich drehe ich den Zündschlüssel. Er läuft. Wieder etwas gelernt: über Nacht zusammen mit der Batterie auch den Feuerlöscher ins Warme mitnehmen.

Von Tynda aus nehme ich eine Abkürzung. Nicht die Straße, sondern die Eisüberfahrt. So nennen sich die Wege, die im Winter auf den gefrorenen Flüssen entlanggeführt werden. Auf der Tynda fahre ich ungefähr 15 Kilometer nach Süden. In der Stadt hatten Straßendienste auf dem Fluss mit Stangen zwei Fahrbahnen markiert und Verkehrsschilder aufgestellt: Höchstgeschwindigkeit 30 km/h, Maximalgewicht 25 Tonnen.

Mein Hotel in Schimanowsk ist eine scheußliche Bude mit zwei Gemeinschaftszimmern, es wird von Chinesen geführt, und Ausländer zahlen – Chinesen ausgenommen – das Doppelte. Das Klo ist draußen, und es sind unter minus 30 Grad, also pinkle ich in der Nacht in eine leere Cola-Flasche. Das kleine Hotel nimmt ein Viertel des Häuschens ein. Im zweiten Viertel ist eine Apotheke, und im dritten und vierten befindet sich ein kleines Krankenhaus. Über meiner Pritsche hängt ein Zettel: »In unserem Hotel ist es verboten, Asche in die Blumentöpfe zu werfen, die Fenster zu öffnen, auf den Tagesdecken zu liegen, explosionsgefährliche Stoffe zu besitzen, Elektroheizöfen zu benutzen und spiritushaltige Getränke zu konsumieren.«

Ljubow

Ljubow Wladimirowna Tschegrina aus dem Dorf Ilinka ist schrecklich dick. Sie ist 56 Jahre alt, aber sie sieht zwanzig Jahre älter aus. Ich fahre sie nur zehn Kilometer nach Nekrasowka, aber ihr Geruch hält sich noch zwei Tage im Auto.

Ljubow fährt in die Kleinstadt, um ihre 21-jährige Tochter Olja abzuholen. Das Mädchen fährt mehrmals in der Woche allein zur Kirche, um zu beten und zu essen.

»Und ich fahre ihr hinterher, weil ihr manchmal schlecht wird und sie stürzen kann«, sagt Oljas Mutter. »Sie läuft sehr schlecht und kann die linke Hand nicht benutzen. Sie wurde vom Auto gerammt, als sie neun war. Sie wurde am Kopf operiert, aber seit damals wächst sie nicht mehr. Und sie hat aufgehört, sich zu entwickeln, aber sie kann lesen. Und unterschreiben. Sie hat noch eine Operation vor sich, damit sie die linke Seite wieder bewegen kann.«

»Ich sehe, dass du, Ljubow, ein wenig beschwipst bist – das wundert mich, es ist erst zehn Uhr.«

»Mein Mann und ich haben nur heute ein klitzekleines bisschen getrunken, zum Feiertag des Vaterlandsverteidigers.«

»Der war gestern.«

»Gestern hatten wir kein Geld, aber heute konnten wir 50 Rubel (2,50 Euro) leihen, um etwas zu trinken, statt dem Feiertag gestern. Bald kommt meine Rente, dann gebe ich es zurück. Ich habe Invalidenrente Gruppe zwei, 4500 Rubel (225 Euro), so wie meine Olja. Ich habe meine Gesundheit verloren, weil ich in der Geflügelfabrik bei der Desinfektion gearbeitet habe. Ich habe die Tiere in der Flüssigkeit gegen Läuse gebadet.«

»Stört es deine Tochter nicht, dass ihr trinkt?«, frage ich.

»Nein. Weil sie bei der Oma lebt. Wir haben schlechte Nachbarn. Sie sind laut. Nachts ist Musik, Gebrüll, und sie hat sehr oft furchtbare Kopfschmerzen. Ihr großer Bruder und sie wohnen bei der Oma. Der Junge hat mal vor dem Laden ein Bier getrunken, da hat ihn der Hausmeister angegriffen, er hat ihn getreten, als er am Boden lag, mein Sohn kam sogar ins Krankenhaus zur Operation. Sie haben ihm Knochen aus dem Gehirn gezogen, jetzt hat er ein handgroßes Loch im Kopf. Sie sagten, sie können eine Platte einsetzen, aber man muss viele Tausend Rubel bezahlen. Er ist Totalinvalide, erst recht, weil er sich dieses Jahr die Finger erfroren hat. Drei Finger an einer Hand. Deshalb kann er nicht arbeiten. Drei Finger haben sie ihm abgeschnitten und noch zwei

Zehen. Er ist bei Frost eingeschlafen. Rente kriegt er nicht, weil er nur schwarz gearbeitet hat.«

»Wovon lebt er?«

»Er sammelt Flaschen und hilft im Lebensmittelkiosk aufräumen«, sagt die Frau. »Und die Oma hat eine Rente. Aber ihr Rücken macht nicht mehr mit.«

»Und ist bei deinem Sohn im Kopf drin alles in Ordnung?«

»Ja. Aber er trinkt kräftig. Mehr als wir. Weil wir nur ein klitzekleines bisschen.«

»Und bist du glücklich, Ljubow?«

»Wenn die Sonne scheint, mein Mann einen Baum fällt, es warm und das Fest gelungen ist, dann bin ich sehr glücklich. Das Fest, das bei uns von gestern auf heute verschoben wurde.«

19. Februar 2008. Dienstag

Blagoweschtschensk

Heute in fünf Stunden 276 Kilometer von Schimanowsk gemacht. Durchschnittliche Geschwindigkeit: 55 km/h. Ich fahre erst um 15.00 Uhr los, weil sich die Bremse verabschiedet hat und ich seit dem Morgen meine Zeit in Werkstätten vergeude.

Zuerst in einer ehemaligen staatlichen Autowerkstatt. Die Angestellten trudeln bis elf Uhr ein. Mein Mechaniker auch. Er beginnt mit einem Bier, und dann schraubt er das geplatzte Röhrchen mit der Bremsflüssigkeit raus. Oft behilft er sich mit den Zähnen, weil er an der rechten Hand nur einen Finger hat.

Der Werkstattchef, versoffen und unrasiert, mit kaukasischem Charme, in Cowboystiefeln mit Sporen, einem Puma-Trainingsanzug und Lederweste mit Pelzkragen, blickt das Röhrchen widerwillig an, rotzt auf den Boden, verreibt den Schnodder mit seinem Absatz und sagt, dass sie solche nicht haben. Es muss eins aus einem anderen Auto genommen werden.

Sie finden eins. Es ist einen halben Meter zu lang, aber sie machen daraus eine Spirale wie zur Destillation von Schnaps, und schon passt es.

Alle sind sehr sympathisch, selbstlos lassen sie ihre Arbeit liegen und kämpfen zwei Stunden lang mit meinen Bremsen. Alles für 600 Rubel (30 Euro), aber gut zehn Kilometer vor der Stadt röchelt das Auto und bleibt stehen. Am Abschleppseil kehre ich nach Schimanowsk zurück. Es zieht mich ein dreckiger Lieferwagen mit Bier, auf den der Fahrer mit dem Finger geschrieben hat: »Lieber 'ne Wampe vom Bier als ein Buckel vom Schuften.«

Jetzt bin ich in einer kleinen privaten Werkstatt in einer alten Scheune gelandet, wo Sascha Kropow das Sagen hat, der Enkel eines polnischen Partisanen, der nach dem Zweiten Weltkrieg nach Sibirien verbannt wurde. Saschas Großvater hieß eigentlich Kropowski, aber er hat seinen Namen russifiziert, weil es sich so leichter leben ließ.

Der Junge entdeckt, dass der Luftfilter verstopft ist. Natürlich wurde er bei der Durchsicht in Irkutsk nicht ausgetauscht. Sascha hat keinen passenden Filter, also schneidet er in den, der da ist, ein großes Loch. Das ist, wie wenn man einem Tuberkulosekranken ein Loch in die Brust schlägt, damit er leichter atmen kann. Das nächste russische Provisorium, aber der Uasik geht ab wie eine Rakete.

Das Paket

In Chabarowsk, vor der letzten Etappe der Reise, gebe ich ein Paket mit persönlichen Gegenständen auf, um nicht für Übergewicht zahlen zu müssen, wenn ich mit dem Flugzeug nach Hause zurückkehre.

Hübsch verpackt bringe ich es zur Post, aber die Beamtin befiehlt, es zu öffnen, weil es zu schwer ist (es darf nur 17 Kilo wiegen), und außerdem muss sie den Inhalt überprüfen.

Ich bin schrecklich verärgert, also zieht sich die Prozedur in die Länge, genau wie die Schlange der hinter mir stehenden Menschen. Schon allein die Position ist unerträglich, weil ich runtergebeugt mit der Beamtin durch ein klitzekleines Fenster in Hüfthöhe spreche. Manchmal, um meine Wirbelsäule zu entlasten, knie ich nieder, dann ist das Fensterchen auf Höhe des Gesichts.

Wütend reiße ich den Karton auf und reiche den Inhalt Stück für Stück hinein, damit die Beamtin jeden Gegenstand einzeln wiegen kann. Die Frau nimmt der Reihe nach Hemden, Pullover, Handschuhe, Kochgeschirr, einen Gleichrichter zum Aufladen von Batterien, Zedernzapfen, ein Handtuch für den Körper und eins für die Füße, Flipflops und legt sie einzeln auf die Waage. Ich schreibe das Gewicht mit einer Genauigkeit von drei Stellen hinter dem Komma ins Versandprotokoll, wobei ich den Wert von jedem Gegenstand angebe.

Dann sind die Skischuhe und die Schlittschuhe dran, in denen die Beamtin eine hineingestopfte dreckige Unterhose, Socken und eine lange Unterhose entdeckt. Die Menschen in der Schlange recken interessiert die Hälse, und in der Schalterhalle macht sich der Geruch einer Männerumkleide breit. Ich schreie die Frau an wie ein Irrer, aber sie zieht erbarmungslos alles mit den bloßen Händen heraus, schüttelt es, ob nicht vielleicht doch etwas ineinanderhängt, und legt angeekelt alles einzeln auf die Waage. Dann zwängt sie den Haufen dreckiger Sachen durch das Fensterchen auf meine Seite, erlaubt, sie zu verpacken und sieht in einem Buch nach, das groß ist wie ein Grabstein.

»Es ist nicht erlaubt, gebrauchte Kleidungsstücke nach Polen zu senden«, gibt sie sadistisch von sich.

»Das sind persönliche Kleidungsstücke und keine gebrauchten!«, versuche ich mich zu verteidigen.

Die Wachleute kommen angelaufen und wohl alle, die in dem Postamt arbeiten. Gemeinsam mit der Menschenmenge, die hinter mir in der Schlange steht, wird ein Referendum abgehalten, wer recht hat.

Ich gewinne. Und dann kommt es zur Katastrophe. Das Scheusal hinter dem Fensterchen wiegt das ganze Paket. Sein Gewicht stimmt nicht mit der Summe der einzelnen Gegenstände überein, die im Protokoll aufgeführt sind, und die ganze Prozedur muss von vorne beginnen. Manche Beamte haben sogar Mitleid mit mir, aber sie verstehen überhaupt nicht, warum ich schreie, rot, verschwitzt, verlegen und gedemütigt bin. Andere in der Schlange klagen auch über die Bürokratie und Beschwerlichkeit, aber sie nehmen alles ergeben hin.

Schließlich schneidet das Scheusal von einem Ballen ein Stück Leinen ab, näht es geschickt mit der Nähmaschine zusammen und verstaut darin mein Paket. Auf den Nähten bringt sie Dutzende Lackstempel an.

Das Versandprotokoll ist 13 Seiten lang. Den Wert der Gegenstände muss ich so kalkulieren, dass das Ganze 100 Dollar nicht übersteigt, denn sonst ist die Gebühr sechs Mal so hoch, und die Versandprozedur drei Mal so kompliziert.

Die Kosten für den Versand des 17 Kilo schweren Pakets mit einem Wert von 2000 Rubel (100 Euro) betrugen 1941 Rubel und 70 Kopeken (97 Euro und 9 Cent). Es dauerte zwei Stunden und 40 Minuten, das Paket aufzugeben.

25. Februar 2008. Montag

Wladiwostok. Zimmer Nummer 1144 im elften Stockwerk des Hotels »Wladiwostok«.

Um 19.00 Uhr bin ich am Ende der Halbinsel Schkota angelangt. Das ist der am weitesten ins Meer hineinragende Teil des Eurasischen Kontinents. Ich umrunde den Leuchtturm und fahre auf den an dieser Stelle gefrorenen Pazifischen Ozean hinaus. Ende der Reise.

Die letzten 424 Kilometer von Lessosawodsk habe ich in sieben Stunden und 45 Minuten zurückgelegt. Durchschnittliche Geschwindigkeit: 54,7 km/h.

Zählerstand: 42 926, also habe ich seit meiner Abfahrt aus Moskau 12 968 Kilometer mit einer Durchschnittsgeschwindigkeit von 43,8 km/h hinter mich gebracht. Ich habe 55 Tage dafür gebraucht, von denen ich 296 Stunden hinter dem Lenkrad gesessen habe, somit 25 zwölfstündige Arbeitstage eines Berufskraftfahrers. In dieser Zeit habe ich 2119 Liter Benzin, meist mit 92 Oktan, für 41 380 Rubel (2069 Euro) verbraucht, viermal einen Platten gehabt und musste das Auto elfmal in verschiedenen Werkstätten reparieren lassen, was mich insgesamt 27 000 Rubel (1350 Euro) gekostet hat. So hat das Auto letztlich 228 000 Rubel (11 400 Euro) gekostet. Das letzte Mal hat mein Uasik in Ussurijsk versagt, 100 Kilometer vor dem Ende der Reise. Zum Ende unserer innigen Bekanntschaft war der Vergaser verstopft.

Sascha

Sie fährt aus Artjom mit mir bis an die Grenze von Wladiwostok, wo an der Straße das Denkmal eines sowjetischen Matrosen steht.

»Weil ich da arbeite«, sagt das Mädchen. Und als sie sieht, dass ich dumm gucke, fügt sie hinzu: »Sexuelle Dienstleistungen. Mit Ihnen auch gerne, aber erst, wenn wir vor Ort sind, der Bezirk hier gehört zu einer anderen Gruppe. Hier darf ich nicht. Wie wär's? Blasen 400 Rubel (20 Euro), normal 600, und alles zusammen 700, aber für Sie mache ich's billiger fürs Mitnehmen. Ich habe Kondome.«

»Nein. Danke schön.«

»Und wo kommen Sie her? Aus Moskau?! So lange unterwegs und kein Bedürfnis?«

»Na ... schon, aber ... duzen wir uns. Ich bin Jacek. Warst du mal verliebt?«

»Ein Mal«, antwortet Sascha. »Vor zwei Jahren, aber ich bin ihm davongelaufen, weil er angefangen hat, schrecklich viel Drogen zu nehmen. Marihuana wächst bei uns wie Unkraut, und das Heroin bringen sie für 1500 Rubel (75 Euro) pro Gramm sogar aus Dagestan hierher.«

Sascha ist ein hübsches 22-jähriges Mädchen. Sie hat neun Jahre die Schule und einen Gastronomiekurs besucht. Sie lebt mit ihren Eltern und Großeltern zusammen. Schon seit anderthalb Jahren geht sie anschaffen, zwei-, dreimal in der Woche. Pro Tag verdient sie 4000, 5000 Rubel (200, 250 Euro), so viel wie ihre Mutter, die im Laden arbeitet, im Monat. Für jeden Arbeitstag zahlt sie irgendwelchen Gangstern 300 Rubel.

»Weil das ihre Straße ist«, erklärt sie. »Alles hier gehört ihnen. Sie haben 15 Mädchen auf dieser einen Straße, und ich bin die Erste, ganz vorne.«

»Das hast du mit Stolz gesagt. Magst du die Arbeit?«

»Sehr. Du trinkst, lässt es krachen, hast jede Menge, du weißt schon, und Geld. Aber manchmal ist es gefährlich. Am schlimmsten ist es mit betrunkenen Milizionären. Sie haben keine Angst zu fahren, wenn sie Wodka getrunken haben, selbst in Uniform. Sie haben sehr viel Geld, besonders die von der Verkehrsmiliz. Und sie sind schrecklich aggressiv, selbst wenn sie nüchtern sind. Sie mögen solche Mädchen wie mich nicht, und sie schlagen am meisten, wenn du mit etwas nicht einverstanden bist.«

»Haben sie dir die vier Vorderzähne ausgeschlagen?«

»Was denkst du denn?«, lacht das Mädchen. »Die sind von allein rausgefallen. Ich spare und lasse mir neue machen.«

»Bloß nicht aus Gold.«

»Weiße. Goldzähne bei jungen Leuten sind ein Zeichen dafür, dass man im Gefängnis gesessen hat. Manche Milizionäre sind schrecklich pervers. Ich hatte mal einen, der wollte, dass ich auf ihn draufpinkle.«

»Im Auto?«, frage ich verwundert.

»Ja. Oder im Hotel, so einem Stundenhotel. Aber ich kann alles. Sogar mit Schwulen. Manchmal halten sie an und wollen, dass man ihnen einen bläst, quatscht, gemeinsam Zeit verbringt, und sie sind nicht geizig. Bestimmt hätte er es lieber, wenn ihm ein Junge einen blasen würde, aber woher soll er den nehmen? Vor mir müssen sie sich zumindest für nichts schämen, müssen nichts verbergen. Ich hatte mal so einen Freund. Übrigens nur einen. Er bat mich, dass ich einen jungen Mann mit einem großen Penis für ihn finde. So haben wir uns kennengelernt. Er sagte, dass der Junge, wenn er sich schämt, einen Kumpel mitbringen soll. Beiden zahlt er jeweils 3000 Rubel (150 Euro), und mir gibt er auch so viel. Ich fand einen Willigen. Er ist nicht schwul, aber bei uns lehnt für 3000 keiner ab.«

»Und woher wusstest du, dass er einen großen Penis hat?«

»Weil das mein Exfreund war. Der, der angefangen hatte, Drogen zu nehmen. Aber später haben sie diesen Freund umgebracht. Einmal hat er am Strand einen Partner gefunden, sie gingen in den Wald, um sich zu lieben, und da waren junge Leute, die getrunken und sie zusammen gesehen haben. Der Partner meines Freundes lief davon, aber ihn haben sie geschnappt und sich die Zeit mit ihm vertrieben. Alle. Acht oder neun. Richtige Teufel. Und dann haben sie ihn so lange geschlagen, bis er tot war. In Russland werden Schwule furchtbar gehasst. Dabei sind bei uns sehr viele Männer ... du weißt schon. So komisch. Ja! Wenn eine Frau das machen würde! Mit der Hand oder dem Finger. Und dann diese Stelle massieren. Streicheln. Aber ich kann alles.«

»Sind das viele?«, frage ich.

»Vier von zehn ... Ja, kommt hin.«

»Und warum bist du so traurig, Sascha?«

»Das fragen mich alle. Ich habe so ein Gesicht.«
»Bist du glücklich?«
»Weiß ich nicht. Aber ich bin nicht traurig.«

Uasik

1. März 2008, Samstag. Morgen kehre ich nach Polen zurück, und heute verkaufe ich den Uasik. Das ist nicht leicht in dieser Stadt. Hier fahren alle, auch die Miliz, gebrauchte Autos aus Japan, die von russischen und pakistanischen Händlern zu Tausenden auf Schiffen herangeschafft werden. Ich dachte also, dass ich mein Auto mit dem Zug zurück nach Moskau schicke, was 59 000 Rubel kostet plus 3000 für die Versicherung (zusammen 3100 Euro) und mehr als einen Monat dauert. Grischa, der mir geholfen hat, den Uasik zu kaufen, sagte, dass er ihn für rund 160 000 verkauft. Dann hätte ich 100 000 wieder reingeholt.

Doch noch in Irkutsk habe ich im Internet auf einer Seite für Liebhaber von Geländewagen eine Annonce geschaltet, dass ich einen Uasik verkaufe, und es fanden sich Käufer. Es ist eine sehr merkwürdige Combo. Ich kann solche Stereotype nicht leiden, aber wenn drei finstere Typen das Auto haben wollen, von denen der eine Tschetschene ist, der andere aus Dagestan kommt und der dritte behauptet, dass er Milizionär war, dann bin ich vorsichtig. Und sie sind immer zu dritt, schwarz angezogen, kennen sich allesamt sehr gut mit den in Russland unglaublich komplizierten Formalitäten in Bezug auf Autos aus.

Welch Wunder, es stört sie nicht, dass sie das Auto nicht auf ihren Namen registrieren können, weil es in Moskau auf den Menschen zugelassen ist, von dem ich es gekauft habe. Es war ein notarielles Geschäft ohne Wechsel der Nummernschilder, aber mit dem Recht zum Weiterverkauf, wenn auch nur auf dieselbe Weise, mit notariellem Kaufvertrag.

Ich bin sicher, dass die Dreier-Combo irgendeine Nummer abziehen möchte. Ich hoffe, dass es nichts Schlimmeres als ein Banküberfall wird. Die Miliz findet problemlos zu Andrei, von dem ich das Auto gekauft habe, und er zeigt den Notarvertrag, dass er das Auto an einen Ausländer verkauft hat, damit verliert sich die Spur. Wir haben vereinbart, dass sie 70 000 Rubel (3500 Euro) zahlen. Das ist deutlich weniger als bei der Bahnvariante, aber es hatte mir überhaupt nicht gefallen, dass das Transportunternehmen nicht nur das Auto, sondern auch die gesamte Gebühr im Voraus bekommt. Es ist sehr oft vorgekommen, dass sich solche Firmen mit dem Geld aus dem Staub gemacht haben, und manchmal auch mit den Autos der Kunden.

Zum Notar fahren wir zu viert mit ihrem Auto. Mich platzieren sie neben dem Fahrer, zwei gehen nach hinten, dann schlagen die Türen zu. Automatisch. Das Geld lasse ich mir in meinem Hotel auszahlen. Auf dem Sofa neben der Rezeption, aber ich mache mir unnötig Sorgen.

Von den 228 000 Rubel (11 400 Euro), die mich mein Uasik insgesamt gekostet hat, müssen 70 000 abgezogen werden. Es bleiben 158 000 Rubel (7900 Euro). So viel habe ich für den Traum bezahlt, allein mit dem Auto den größten Kontinent zu durchqueren.

Ich habe mein Auto lieb gewonnen, wie man ein gebrechliches Kind liebt. Viele Male habe ich nach langen Stunden der einsamen Fahrt durch die Wildnis gespürt, dass ich ein Teil dieser Maschine war, ohne die ich hilflos, der Katastrophe ausgeliefert, ja sogar zum Tode verurteilt gewesen wäre. Das ist ein seltsames Gefühl, also begann ich sie in Gedanken zu personifizieren, mit ihr zu sprechen, sie zu beschimpfen, ihr Komplimente zu machen, zum Beispiel, dass sie eine sehr schöne Stimme hat. Was tatsächlich der Fall ist.

»Hast du keine Angst gehabt, dass wir dich betrügen?«, fragt mich Waleri, mit dem ich den Vertrag geschlossen habe.

»Ein wenig«, antworte ich traurig.

»Es ist ein Wunder, dass sie ihn dir unterwegs nicht geklaut haben. Was hättest du Ärmster nur gemacht?«

»Ich wäre getrampt. Oder mit der Bahn gefahren. Oder ich wäre anderswohin gefahren, vielleicht wäre ich auch dort, an dem Ort geblieben. Die Reise ist mir wichtig, nicht ihr Ziel.«

Sie interessieren sich für den Motor unseres Wagens? Wie Sie bereits erraten haben, ist dies kein Verbrennungsmotor – die waren früher einmal in Gebrauch. Vor vierzig Jahren traten Gasturbinen an ihre Stelle, die dann später eine Zeit lang mit den ersten leichten Atommotoren konkurrierten, und heute nun fahren wir in elektrischen Automobilen.

Reportage aus dem 21. Jahrhundert, 1957

Witali Ginsburg in seiner Wohnung in Moskau

MAGELLAN 2008

Zwei Menschen wollte ich unbedingt in Moskau wiedersehen, als ich 2008 gegen Ende des Winters von meiner Expedition mit dem Auto nach Wladiwostok zurückkehrte. Emma und Professor Witali Ginsburg, Mitglied der russischen Akademie der Wissenschaften. Er ist der einzige lebende Held des Buches *Reportage aus dem 21. Jahrhundert*, auf dessen Spuren ich durch Russland gereist bin. Schon 1957, als das Buch entstand, hieß es von Ginsburg, er sei ein Genie, Visionär, die Zukunft der Physik und Astrophysik. 46 Jahre später erhielt er den Nobelpreis.

Derweil verliert sich Emma im Leben auf dem Komsomolplatz. Sie ist immer noch mit Sascha zusammen. Geheiratet hat sie ihn nicht, aber sie teilen sich Geld, Essen und Bett. »Bett« ist vielleicht etwas viel gesagt. Es ist ein Haufen fauliger und mordsmäßig stinkender Lumpen in einer verlassenen Blechgarage hinter dem Leningrader Bahnhof.

Es sind ein paar Monate vergangen, seit wir uns gesehen haben, aber sie scheint um mindestens zehn Jahre gealtert zu sein. Und sie ist ganz verwahrlost. Sie sieht schrecklich aus. Violett, aufgedunsen, zerzaust und plump wie die anderen *bomschy*. Und sie stinkt genauso.

Sie hat aufgeholt. In einem Winter. Dabei hatte sie mich mit ihrer Kraft, Widerstandsfähigkeit, ihrem ordentlichen Aussehen und der Geschwindigkeit beeindruckt, mit der sie sich über die Gleise und Bahnsteige der Moskauer Bahnhöfe bewegte. Man sah, dass sie Sportlerin war.

»Warst du zu Hause?«

»Ja«, sagt sie, während sie sich von ihrem schmutzigen Lager erhebt. »Mit meinem Sascha. Für zehn Tage sind wir hingefahren. Nichts als Scherereien. Uns braucht dort niemand.«

»Und dein Sohn? Wasja?«

»Er sitzt immer noch. Er sollte freikommen, aber hat im Knast Ärger gemacht und wurde ein zweites Mal verurteilt. Lässt du ein paar Rubel für einen Schluck gegen den Kater da?«

»Mache ich. Ich habe sogar ein Fläschchen dabei.«

»Dann bleib doch ein wenig bei uns! Wir setzen uns ans Lagerfeuer, wärmen uns auf, trinken einen. Weil wir … Du siehst ja, wie unser Russland ist. Ständig versuchen wir, auf die Beine zu kommen, aber es gelingt uns nicht. Das Wichtigste ist, dass wir diese Garage gefunden haben. Eine herrliche Entdeckung. Endlich leben wir wie Menschen.«

Professor Witali Ginsburg wohnt am Ufer der Moskwa. Es ist ein ungewöhnlich elegantes, von der Miliz bewachtes Haus für die verdienstvollsten Mitarbeiter der Akademie der Wissenschaften. Er ist vor der Oktoberrevolution auf die Welt gekommen, 93 Jahre alt und sitzt seit ein paar Jahren im Rollstuhl, aber er arbeitet immer noch. Er ist Chefredakteur der wissenschaftlichen Zeitschrift *Erfolge der Physik*.

»Und was habe ich in dieser *Reportage aus dem 21. Jahrhundert* so von mir gegeben?«, fragt er, nachdem seine Frau Nina ihm das Hörgerät eingesetzt hat.

»Dass im kommenden halben Jahrhundert ›die Beherrschung der thermonuklearen Reaktionen‹ das Problem Nummer eins sein werde, was für immer und ewig unser Treibstoffproblem löse«, zitiere ich die Worte des Professors von vor fünfzig Jahren.

»Das war nicht falsch von mir«, freut sich der Nobelpreisträger.

»Und was war falsch?«

»Dass ich in die Partei eingetreten bin. Und etwa zu dieser Zeit, in den Vierzigerjahren, haben sie meine künftige Frau ins Lager gesperrt. Für nichts. Das ist der einzige Schandfleck in meiner Biografie. Es war ein verbrecherisches Regime und ein schreckliches Land, und Gott sei Dank, dass es endlich zerfallen ist.«

»Und was war das Wichtigste in diesen fünfzig Jahren?«, frage ich den Mann, der mit dem Nobelpreis für Physik ausgezeichnet wurde. »Das Überraschendste, Außergewöhnlichste?«

»Sie.« Er deutet mit den Augen auf seine Frau. »Die Liebe. Aber lesen Sie mir noch etwas aus diesem Buch vor.«

»Gut. Ich lese den Abschnitt, den ich auch in mein Buch aufnehme. Ganz am Schluss. ›Unter den Flugkapitänen der Zukunft wird es so manchen Kolumbus geben, der mit Fug und Recht sagen darf, er habe eine neue Welt entdeckt. Kein Magellan jedoch wird sich erkühnen können zu behaupten, er habe das ganze All bereist. Unendlich wie der Raum sind auch die Möglichkeiten des menschlichen Verstandes, Mittel und Wege zu ersinnen, um weiter und weiter vorzustoßen.‹«

Ich habe einen Absatz gelesen, und der Professor schläft mit auf die Brust gesunkenem Kopf. Von seiner Nase fällt ein kleiner durchsichtiger Tropfen auf den Morgenrock.

»Bitte gehen Sie nun«, flüstert Ginsburgs Frau Nina. »Sie haben meinen Mann sehr müde gemacht.«

»Das Leben hat mich müde gemacht«, sagt der Gelehrte, ohne die Augen zu öffnen.

April 2009

Professor Ginsburg starb an einem Sonntagabend, dem 8. November 2009.

Willkommen in Asien!

Milda Drüke
Die Gabe der Seenomaden
Bei den Wassermenschen in Südostasien

Der Traum vom Aussteigen – Milda Drüke sucht in Südostasien nach dem merkwürdigsten Volk der Welt: Die Bajos kennen keinen Reichtum und keinen Neid, und ihre Heimat ist das offene Meer.

Tor Farovik
Jangtse
Strom des Lebens. Eine Reise von Shanghai ins tibetische Hochland

Der leidenschaftliche Reisende und begnadete Erzähler Tor Farovik ist dem Jangtse gefolgt, in 102 Tagen vom Mündungsgebiet bei Shanghai bis zur Quellregion im tibetischen Hochland.

Andreas Pröve
Erleuchtung gibt's im nächsten Leben
Eine verrückte Reise durch Indien

Neugierig, furchtlos und mit unerschöpflichem Humor ausgestattet, macht Andreas Pröve sich auf zur abenteuerlichen Umrundung des Subkontinents, zur Pilgerfahrt ins spirituelle Herz Indiens.

Unterwegs
mit leichtem Gepäck

Gregor Sieböck
Der Weltenwanderer
Zu Fuß um die halbe Welt

Drei Jahre streift Gregor Sieböck auf Pilgerwegen durch Europa, durch die Weite Lateinamerikas und die Wildnis Neuseelands. »Eine Hommage an das langsame Reisen.«
　　　　　　　　　　　　GEO

Andreas Altmann
34 Tage, 33 Nächte
Von Paris nach Berlin
zu Fuß und ohne Geld

Einzigartiges Reisetagebuch und fesselnde Bestandsaufnahme unserer Gesellschaft. Ausgezeichnet mit dem Johann-Gottfried-Seume-Literaturpreis.

Michael Obert
Die Ränder der Welt
Patagonien, Timbuktu, Bhutan & Co.

Michael Obert eröffnet den Blick auf die magischen Orte außerhalb unseres Gesichtskreises.
»Ein begabter, ein leidenschaftlicher, ein großer Erzähler.«
　　　　　　　Frankfurter Rundschau

MALIK ■ NATIONAL GEOGRAPHIC

Mit Ilija Trojanow um die Welt

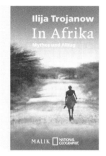

In Afrika
Mythos und Alltag

»Trojanow schildert derart gründlich, dass seine Schilderungen repräsentativ für den Kontinent sind.«

DIE ZEIT

An den inneren Ufern Indiens
Eine Reise entlang des Ganges

»Diese Reise hätte man auch gerne unternommen, am liebsten mit dem Autor selbst.«

taz

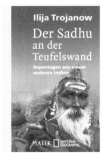

Der Sadhu an der Teufelswand
Reportagen aus einem anderen Indien

»Ein Kaleidoskop des Subkontinents für Einsteiger.«

Brigitte Woman

MALIK NATIONAL GEOGRAPHIC